无形股票实战操

YITIAN YIGE ZHANGTING

XUNZHAO QIANGSHIG

一天一个涨停板之寻找强势股

无　形◎著

中国经济出版社
CHINA ECONOMIC PUBLISHING HOUSE
北京

图书在版编目（CIP）数据

一天一个涨停板之寻找强势股 / 无形著 .

北京：中国经济出版社，2015. 8（2025. 7 重印）

ISBN 978-7-5136-3854-8

Ⅰ. ①一… Ⅱ. ①无… Ⅲ. ①股票交易—基本知识 Ⅳ. ①F830. 91

中国版本图书馆 CIP 数据核字（2015）第 148406 号

责任编辑 高 鑫

责任审读 贺 静

责任印制 李 伟

封面设计 华子图文

出版发行 中国经济出版社

印 刷 者 北京捷迅佳彩印刷有限公司

经 销 者 各地新华书店

开 本 710mm×1000mm 1/16

印 张 16

字 数 220 千字

版 次 2015 年 8 月第 1 版

印 次 2025 年 7 月第 2 次

定 价 45. 00 元

广告经营许可证 京西工商广字第 8179 号

中国经济出版社 **网址** www. economyph. com **社址** 北京市西城区百万庄北街 3 号 **邮编** 100037

[前言]

两勇相遇智者胜！

历史上有许多著名的战争，其中不乏以少胜多的战例。区区一两万甚至是几千士兵打败数万、数十万的大军。这些以少胜多的军队凭的是什么？凭的是视死如归的精神，凭的是必胜的信心。没有必胜的信心就没有资格打胜仗。

这与炒股又有什么关系？炒股就跟打仗一样。股民在股市中怎样才能取胜？同样是勇者胜！如果你连必胜的信心都没有，你就没有资格从这个市场中赚钱。

“一天一个涨停板”的书名的确是挺大的，必然会有人嗤之以鼻，认为这是吹牛。其实，“一天一个涨停板”是一种操作心态和目标。“一天一个涨停板”在实际交易过程中绝对不可能实现，这是个不争的事实。那为什么还要以“一天一个涨停板”为书名呢？这是我们必胜的口号，是我们坚定的信念，是我们追求的终极目标！与机构相比，股民的资金实力（兵力）不占优势，信息获取不占优势、分析能力不占优势……若股民们再没有必胜的信念，那用什么去与机构博弈呢？

当然，是不是有勇气就 OK？也不是。需要记住这一句话：两勇相遇智者胜！仅有信心、勇气还不够，你必须还要有智慧。而智慧就是股民要掌握精湛的股市分析技术和技巧。最终，有勇气、有信心、有智慧的股民才是最后的胜利者。

那么，就请你仔细地阅读本书，笔者相信《一天一个涨停板》系列书籍必将使您成为股市的一个勇者，一个智者，一个争战股市沙场的常胜股民，一个永无败绩的成功者！

为感谢各位读者朋友的支持，凡购买《一天一个涨停板》系列书籍的朋友，均可联系作者领取两组（约20个）股票交易技巧视频课件。

联系方式：

电话：18701147297

QQ：1741864815

无形

2015年7月6日

[目录]

CONTENTS

第一章

一天一个涨停板的心态

进行股票交易，技术是一方面，它非常重要，但是，心态也是极重要的另一方面。任凭你水平再高，如果心态不稳定，或者缺少必要的心态境界，你根本不可能自如地运用正确的技术。

但是，心态不像技术方法那样有固定的形态，笔者认为心态是对一些事物非常客观的看法。良好的心态取决于技术的提高，取决于人们对投资收益客观的认识，取决于投资经验，而在这三方面每位投资者的情况都是完全不同的，所以造成了人们的交易心态的不同。

心态的修养要靠技术的提升，有一些投资者刚接触股票，谈不上拥有正确的心态，但随着不断地学习，技术越来越好，心态自然也就越来越稳定。所谓技高人胆大，就是这个意思。

第一节
一天一个涨停板可能吗

一天一个涨停板，这可能吗？从事实的情况来讲，真的不可能，就算行情再牛，运气再好，个股也绝不可能天天拉涨停。要是整体环境非常好，在一段时间内有可能会出现这样的现象，但长期来讲，这绝对不可能的，涨得再牛的股票也有调整的时候。

那“一天一个涨停板”岂不是坑人？要单从收益的角度来说，的确有点“坑”，因为这与事实相悖，这是不好的。但是，如果从恢复投资者自信心，树立一个目标的角度来讲，“一天一个涨停板”却是好的，是应当提倡的说法。

你愿意听你孩子说，“我就维持现状了，不想考那么多分，只要考及格就行”；还是愿意听孩子说，“我会努力学习的，争取考满分”。笔者想大家都会选择后者吧？但你觉得这现实吗，有多少学生可以考满分？既然不现实，又为什么愿意听这样的话呢？这是不是代表了一种美好的期望？代表了一种信心？

你希望你的孩子满怀信心地去学习呢。还是毫无斗志地去学习？

那么，笔者提出的“一天一个涨停板”，就是想让股民充满斗志地去交易，满怀自信地去交易。这何错之有？

做任何事情，如果你连做成功的信心都没有，你觉得事还能做成吗？做任何事都要树立一个目标，没有目标就去做事这是盲目的。许多企业家都希望自己可以成为首富，但是首富只有一个，为什么这么多人会有这些不切实际的想法呢？其实是代表了他们一种强烈的愿望，在这种愿望的驱使下，他们动力十足，不断攻坚克难，创造事业奇迹。

从技术上来说，投资者完全可以筛选到走势不错的股票，也可以筛选到上涨概率极大的股票，至于有没有什么方法可以买到只会涨停的股票，笔者的看法是“没有”。这就好像是赛马，你可以通过各种方法判断出哪几匹马会跑进前三名，但你绝对判断不出到底哪匹马能跑第一。个股能不能涨停，在它涨停之前是没有任何方法可以判断的，能筛选到的只是上涨概率极大的个股。因为涨不涨停普通投资者是根本做不了主的。

虽然书名是“一天一个涨停板”，但笔者真正能够教给大家的就是如何通过正确的技术找到上涨概率大、技术形态好的股票，至于这些股票能不能涨停，就得看其中的机构是否给力。

“一天一个涨停板”作为我们的终极目标，要成为激励我们的一句话，而绝对不要把目光盯在收益上。否则，一天一个涨停板，若以10万元来投资，100个交易日就变成十几个亿，这是绝对不可能的事情，一定要理性看待这一点。满眼都是收益的投资者，在这个市场里是注定要被淘汰的，因为眼中只有收益就看不见风险。

在“一天一个涨停板”信念的支配下，我们要做到：运用技术去把握市场中的热点板块或是龙头品种，以求在技术范围内获得最大的收益。涨停板可以当作是市场对我们技术运用的奖励，而不作为奢求，只要选中的个股按照我们的预期波动，给我们带来预期中的收益。这岂不是最好的吗？这样交易起来也非常轻松。

真正的炒股应当是很轻松的，因为价格的波动状况了然于胸，心中没有恐惧，没有担心，一切都严格按照技术要求操作，技术上要求开仓就去开仓，技术上让出局的就毫不犹豫地离场。这样的投资者必然吃得香，睡得好，股票只是生活的调剂品，而不是必需品。即使手中的股票没有涨停，这样的投资者也赚大发了——收益赚到了，生活赚到了，健康更是赚到了。

所以，投资者们，请千万不要让股票成为你的负担，这样炒股就真的没有意思了，更不能让“一天一个涨停板”成为你交易的包袱。它应当成为你奋斗的目标，成为你快乐的源泉，时刻让这句口号鼓舞起你不息的斗志！

一天一个涨停板可能吗？现在您有答案了吧。它是可能的，但它不存在于我们的资金账号里，而是存在于我们满怀斗志的内心。

第二节

明白什么是合理性收益

进入股票市场的投资者是为了追求高收益的。虽然想着多赚钱并没有什么错，制定一个宏伟的收益目标也不是什么错，反而可以鼓舞斗志，但是，从我们的内心也必须要清楚什么样的收益才是合理的。如果你不知道怎样的收益是合理的，你将永远处于一种迷茫的状态。

先从上市公司来说吧。一家上市公司如果净资产收益率为10%，它是不是一家好公司呢？年报大家年年看，相信大家心中有数，这样的公司绝对是好公司。如果净资产收益率在20%呢？对这只股票更是要“咬定青山不放松”。

公司的净资产收益率10%或20%意味着什么呢？意味着这家公司辛辛苦苦经营了一年，结果只赚了一个涨停板，或是两个涨停板。那为什么能赚一个涨停板或两个涨停板的公司就是绝顶好公司了呢？

这是因为现在实业的竞争太激烈，并且各种产品的价格都很透明，谁都无法像一二十年前一样有赚到暴利的机会。从经济学的角度来说，如果一个行业存在暴利，那么，就会有大量的资金涌入这个行业，从而竞争加剧，利润分摊，最终使利润达到市场合理化水平。

市场合理化收益水平又是什么意思呢？一般来说，不管你是搞房地产开发，还是开采煤炭，或者开个小饭店，公司的净资产收益率都大致相当，这样，各行业才会平衡良性发展。正是因为实业具有这样的特性，所以不管你从事哪个行业，其收益率都相差无几，所以各行各业才都会有所发展。

笔者对一些产业客户进行培训时曾做过调查，公司的净资产收益率在10%—20%的占绝大多数；公司的净资产收益率在20%—30%的次之；还有一小部分公司的净资产收益率不足10%。你看，人家一年赚的钱都不到10%，却还在坚持，想想我们股民该是多么幸福啊，碰上行情，几天就赚出来人家做一年才能达到的收益，还有什么不知足呢？

从股市来讲，什么是合理收益呢？笔者的看法就是：根据指数这一年的实际上涨幅数，再上浮10%就是这一年的合理收益，若全年下跌就以实际跌幅计算。以自然年起止时间评，即从1月1日到12月31日。

下面我们看一下2004—2014年股票市场的整体表现。因软件显示原因，左侧的K线图数据可以任意调出，但右侧数据栏处的信息则是无法更改的，只能固定显示为笔者制图当日的数据，因此，左右两侧数据会有所不同。

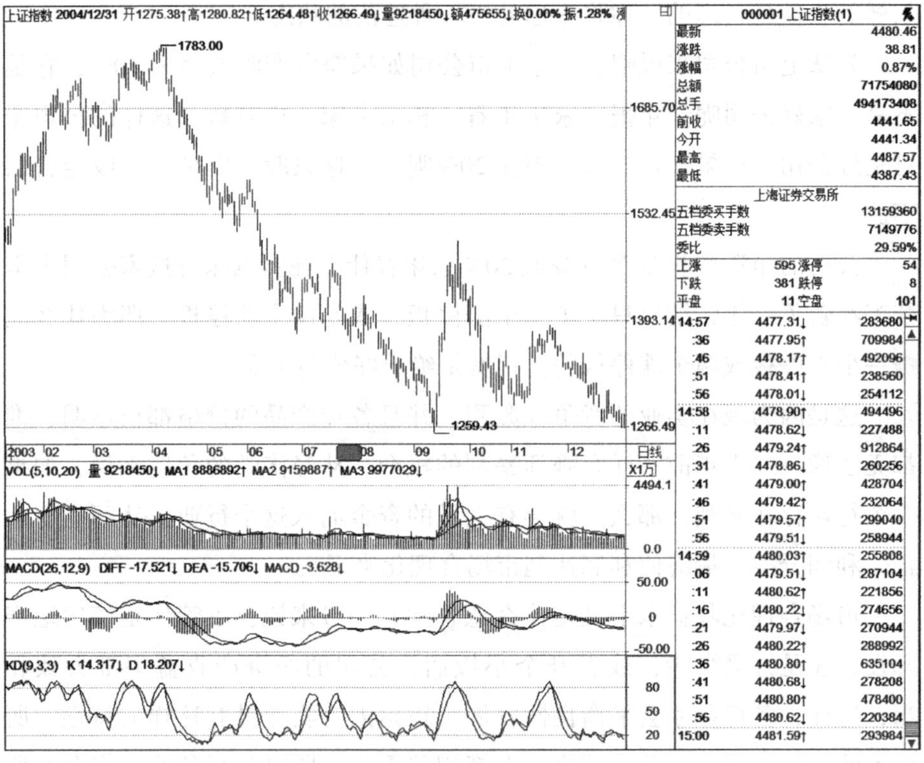

图1-1　2004年全年涨跌情况

在图1-1中，上证指数2004年下跌了15%，也就是说，2014年全年没有赚钱的机会，其实从这一年的K线图来看，别说亏损15%，就是亏损25%的股民都是高手。

回想一下您在2004年全年的实际收益是多少？

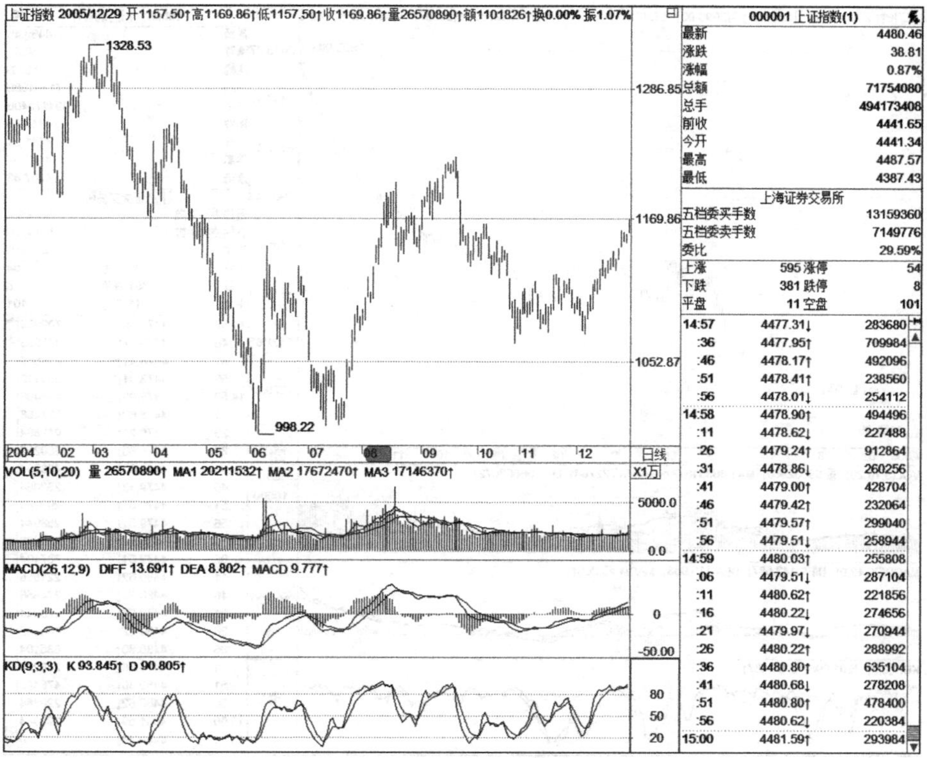

图 1-2　2005 年全年涨跌情况

2005 年又是不好赚钱的行情。指数全年下跌 8.5%，全年整体跌幅并不算大。不过行情有涨有跌，所以实际亏损幅度也基本上与指数的亏损跌幅相对应，技术高一些的股民，在这种行情中会实现净盈利。

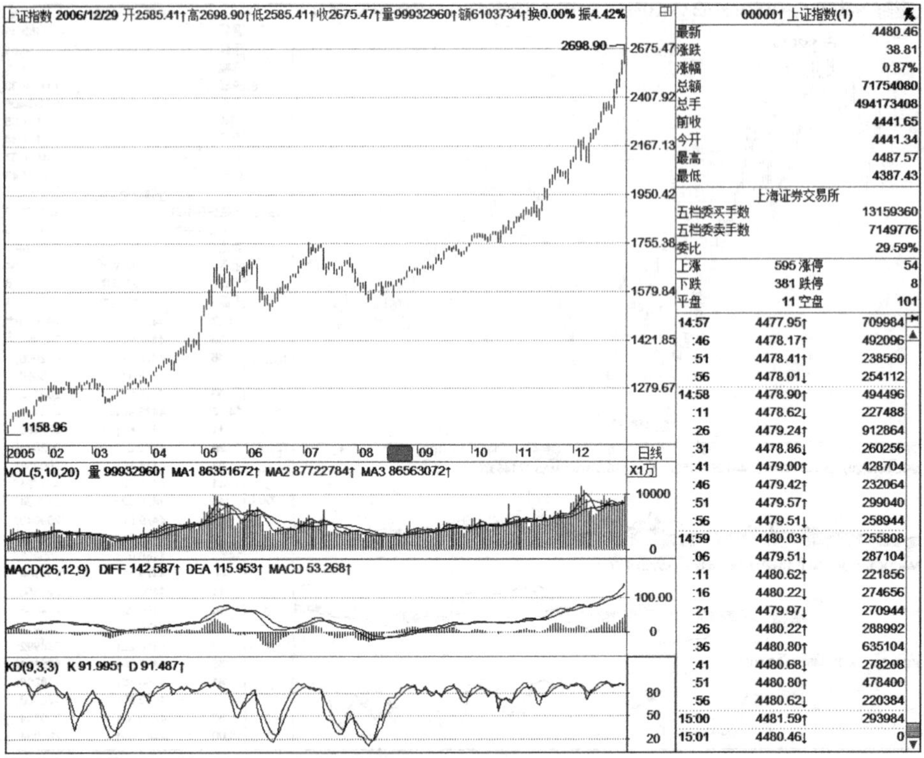

图 1-3　2006 年全年涨跌情况

2006 年是个快乐年。这一年，指数上涨了 132%，再上加 10%的收益，投资者在 2006 年的净收益应当是 142%。相信这一年实现 142%收益的投资者不在少数吧？

2006 年的行情是不是与自 2014 年 7 月份开始的行情一样？全民炒股的时代又来了。

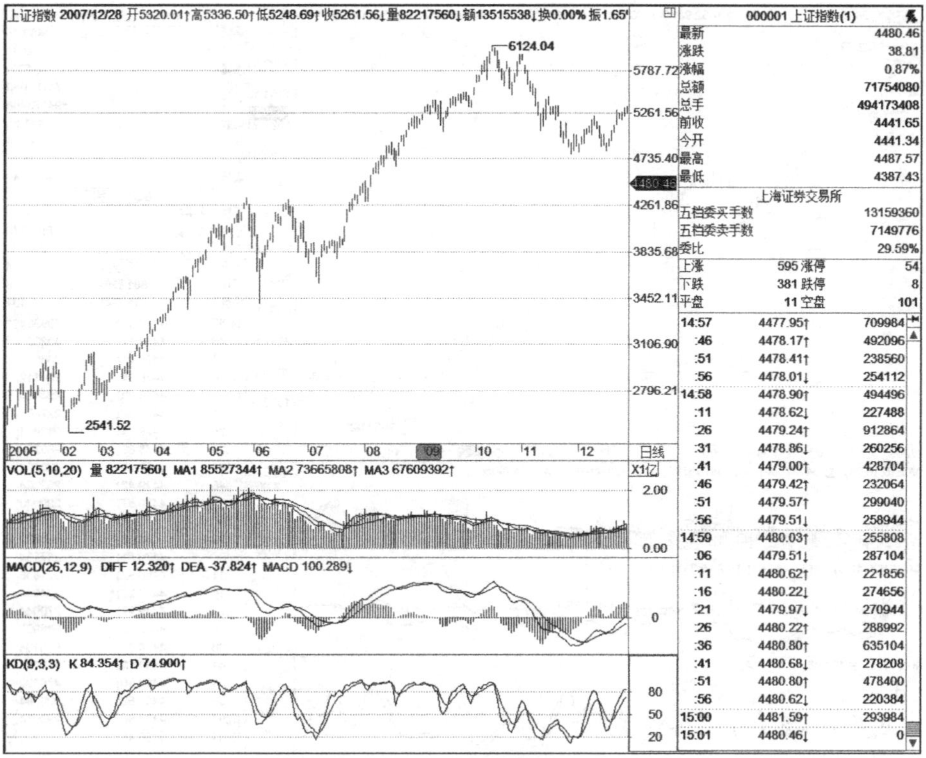

图 1-4　2007 年全年涨跌情况

2007 年的行情也算不错。这一年，指数上涨了约 98%，加一个 10%的收益，在 2007 年投资者应当至少实现 108%的收益。这两年的行情让投资者赚得盆满钵满，两年就可以实现两次翻倍。这可是一变二，二变四的买卖啊！

一旦某个行业存在暴利，必然会回归合理的。

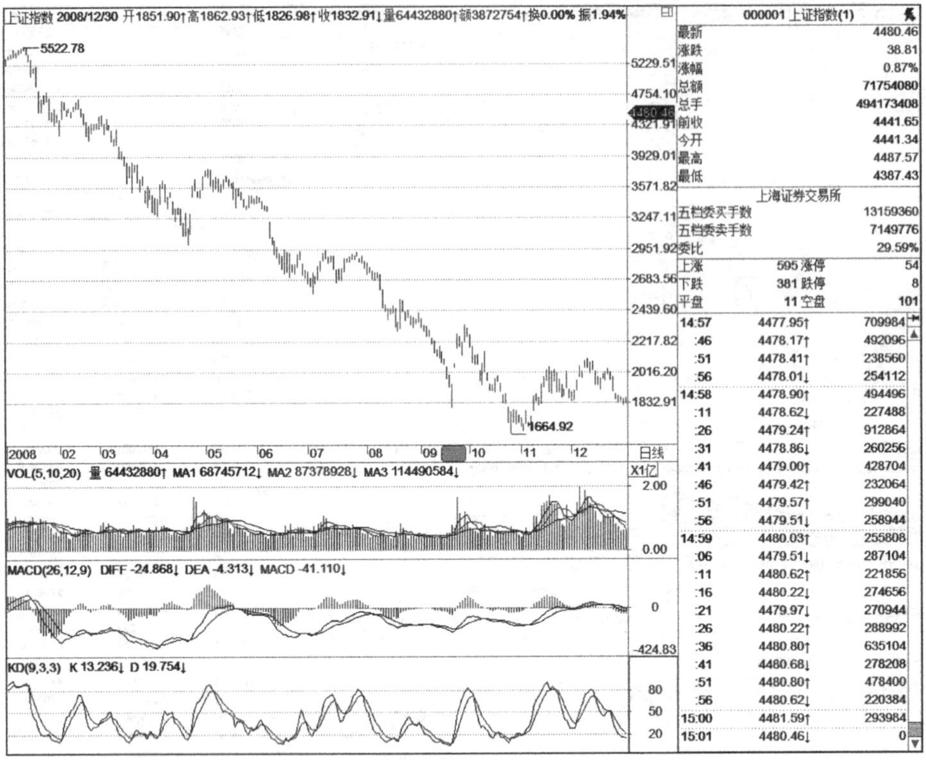

图 1–5　2008 年全年涨跌情况

2008 年，惨痛的一年。相信不少老股民记忆犹新吧。不少股民也因为这一年的行情而退出股市。不过到了 2014 年下半年和 2015 年上半年，这些股民又回来了。

2008 年，指数下跌了约 65%，市场收益开始重新配置。

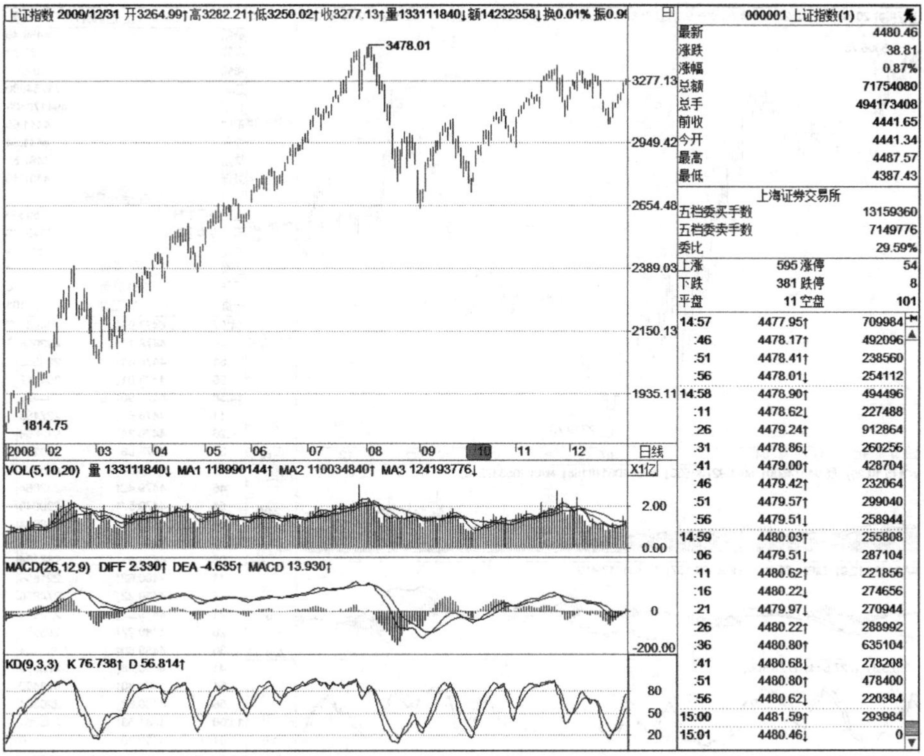

图 1-6 2009 年全年涨跌情况

在“4 万亿投资”政策的刺激下，2009 年的股市又打了一个翻身仗，这一年，指数上涨了约 80%，实际收益为 90%。其实，面对指数这样单边上涨的行情，只要有正确的技术方法，别说 90% 的收益，就是 190% 的收益也很容易实现。但统计数据以指数上涨幅度为主。

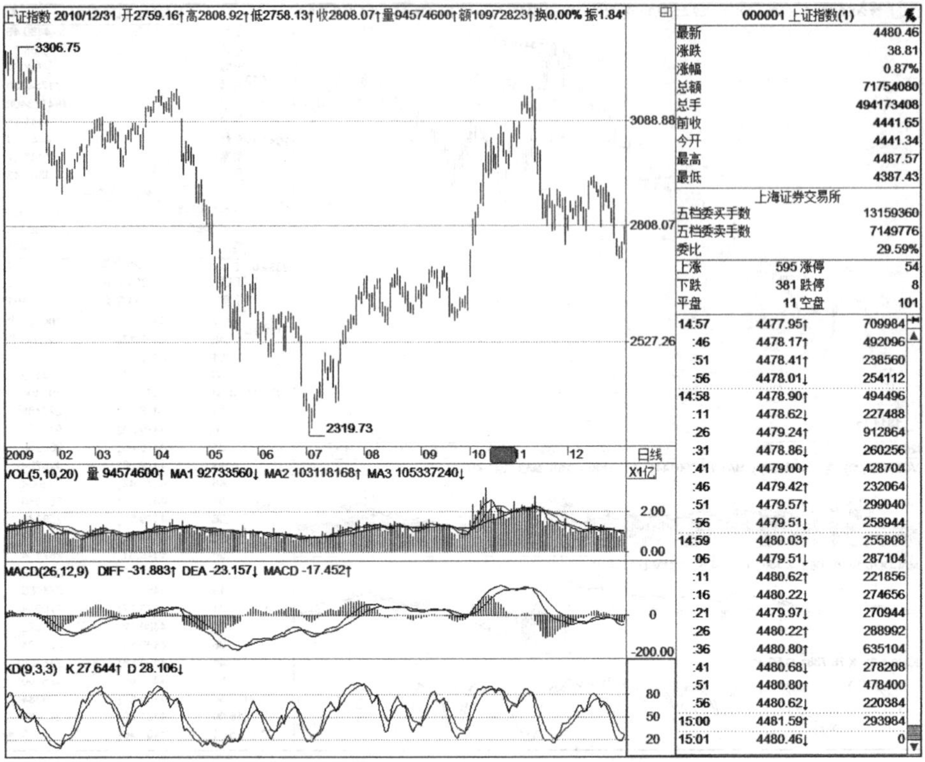

图 1-7 2010 年全年涨跌情况

2010 年，指数没跌太多，下跌了 15%，相比之前的上涨，跌得不算多。这一年虽然经历了熊市，但的确也有一轮大行情，但是盈亏相抵后算笔总账，还是会有投资者产生亏损。但如果技术全面，抄底与逃顶做得漂亮，其实也完全可以在下半年的时候实现盈利。

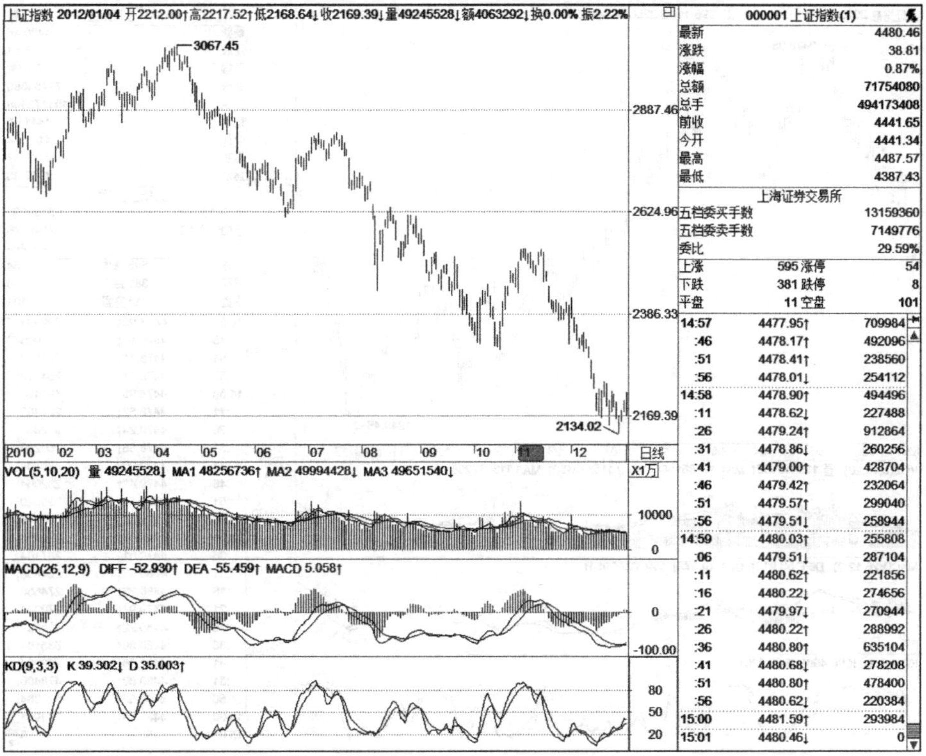

图 1-8 2011 年全年涨跌情况

2011 年，指数全年下跌了 23%，全年内上涨带来的收益远不抵下跌造成的亏损。这一轮的整体走势注定是赔钱的，但如果投资者交易时风险回避手段不够，其亏损绝对会超过 23%的。

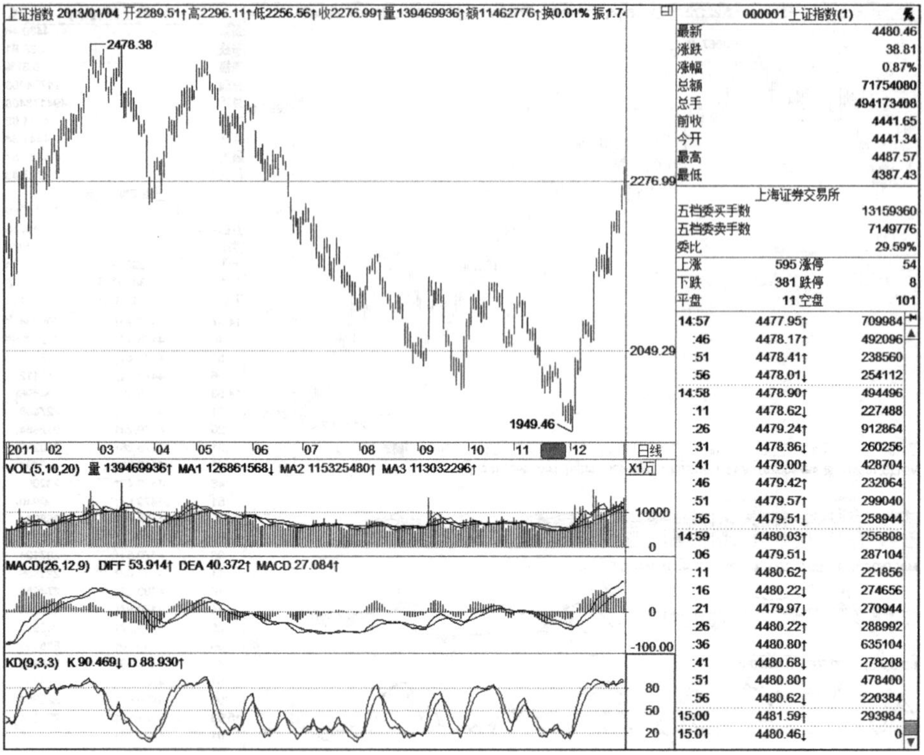

图 1-9 2012 年全年涨跌情况

2012 年，指数全年上涨 4%，不过到了年末，一轮行情刚刚开始。这一年的收益按 14%算。年初的行情与年尾的行情都不错，只不过年中那几个月却让投资者饱受折磨。指数上涨 4%，其实对应正常的交易这一年也应当是亏不了钱的。

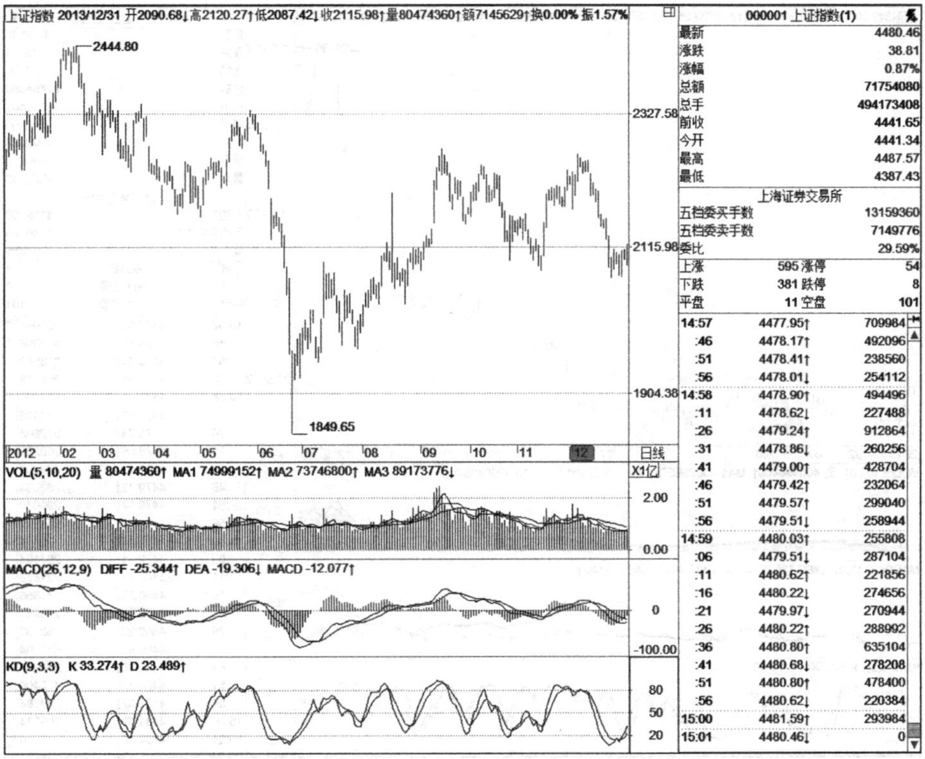

图 1-10 2013 年全年涨跌情况

2013 年，指数全年下跌了 6%，从全年的走势来讲，跌得也不算多。重大的风险就在指数那轮快速的下跌行情中，其实如果躲过了那一波的下跌，这一年的行情整体来说并不算太坏，还是有机会实现盈利的。

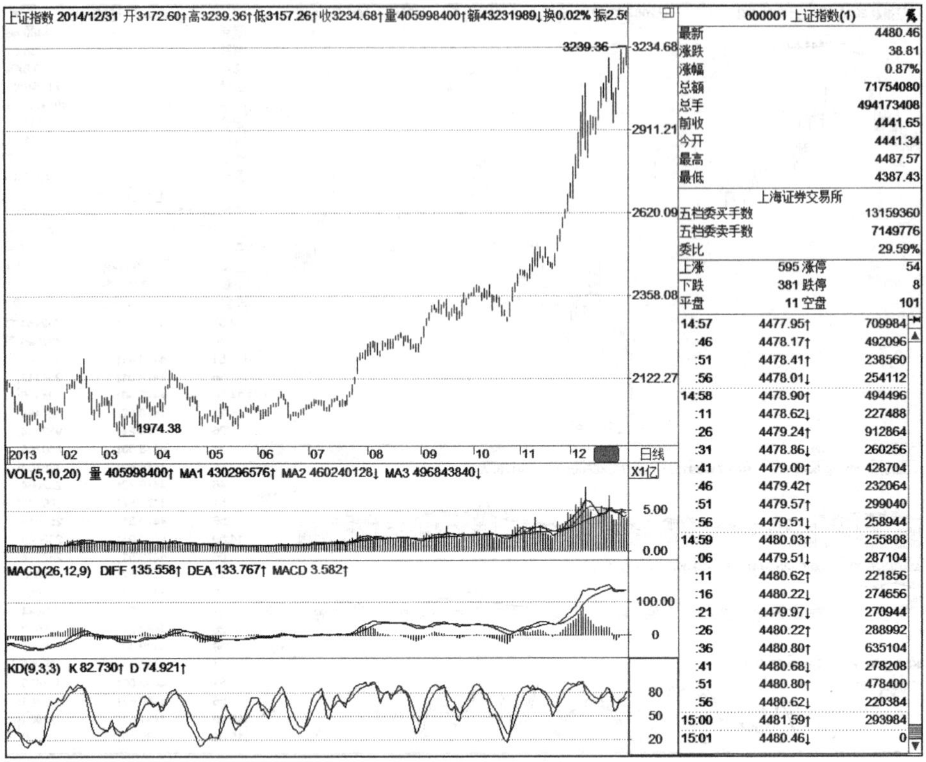

图 1-11　2014 年全年涨跌情况

2014 年又是一个丰收年，全年指数上涨约 53%，收益按 63% 计算。2014 年的行情非常火，如果不是有之前被套住的股票，这一年，投资者肯定都能实现不错的收益。

因为 2015 年还没结束，所以这一年的数据就没必要统计了。现在我们有了 11 年的数据，下面来看一下这 11 年合理化收益是多少吧。

答案是：24. 95%。也就是把 11 年的盈利相加，减掉其中亏损的年份的数据，而后除以 11 年。按笔者的统计方式来计算的话，这 11 年的平均年化收益为 25%。这意味着什么呢？如果你长期在这个市场生存，你每年的收益也许根本不止 25%！但如果这 11 年你真做到了每年收益 25%，说真的，你比巴菲特还牛！

也许你不相信这个事实，或者你是新股民，你会说 2014 年和 2015 年这两年的行情多好，我都赚了 250% 的收益呢。这种情况笔者见得多了，笔者也在股市里生存了17年，见过许多风浪。十年后你还笑得出来吗？

在实业上可能一年10%—20%的净资产收益率就是很不错的了，而在股市，一年25%的收益才是合理化收益，如果我们开一个公司，每年可以赚25%的净收益，那这个公司就太棒了，这是多少企业家都期盼的收益率。但在股市，却没有人能看得上这25%的年收益率。如果股市年年能实现大量的收益，还做什么企业家，还开什么淘宝网，直接来炒股算了，过不了几年就比马云还有钱。正是由于这个合理化收益率与做实业的差不多，所以，整个经济社会才不会“偏科”，才会显得非常均衡。

看到这里你可能依然不服气，不可能，股市绝对不会只这么点收益。你说的是大盘，大盘波动平稳，收益肯定算得少。我们再找一只股票来统计它十几年的行情数据，来看看个股合理化的收益是多少？

我们选一个上市时间长的，经历的牛熊市转换多的股票如何？就以万科股票为例，用该股18年的行情数据进行分析。

因为数据的问题，选择1997年1月3日为起始日。计算数据时，以每年的第一个交易日做买入，以每年最后一个交易日做卖出，与上市公司的年报一样。那为什么不直接把1997年的开盘价买进一直拿到现在？中国股市有多少人可以持股在5年以上的？有多少可以持股在10年以上的，又有几个人还拿着18年前股票的？就算有，也凤毛麟角。以下数据均以后复权方式进行。

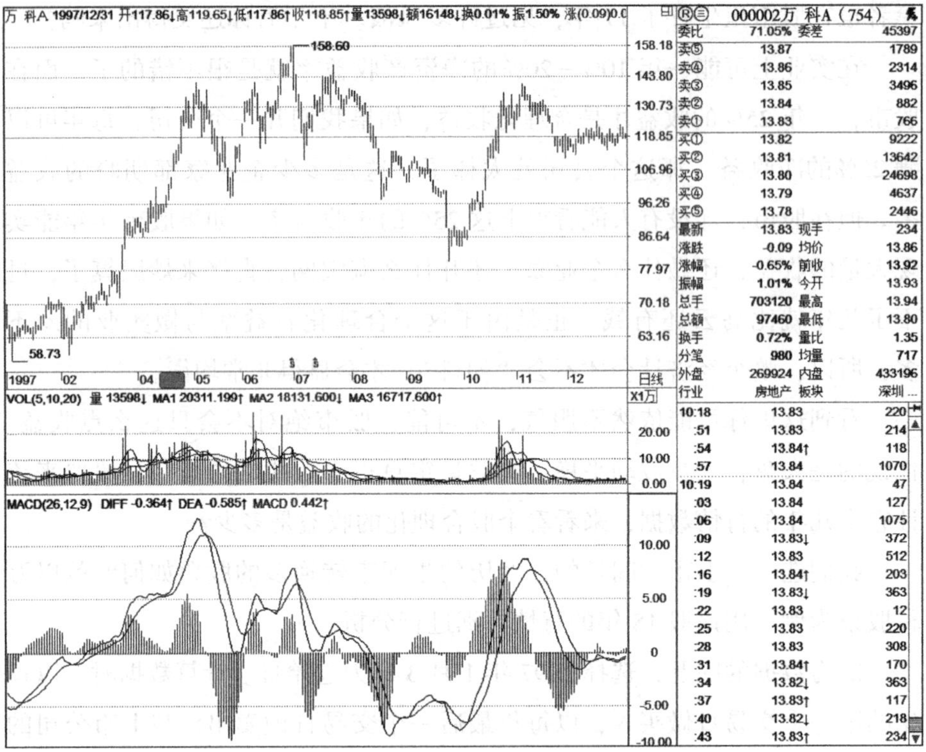

图 1-12 万科 A（000002）1997 年走势

1997 年，万科 A 的走势在上半年还是非常不错的，下半年虽然差一些，但平均来讲也应当亏不了多少。

全年万科 A 的涨幅为 81.26%。

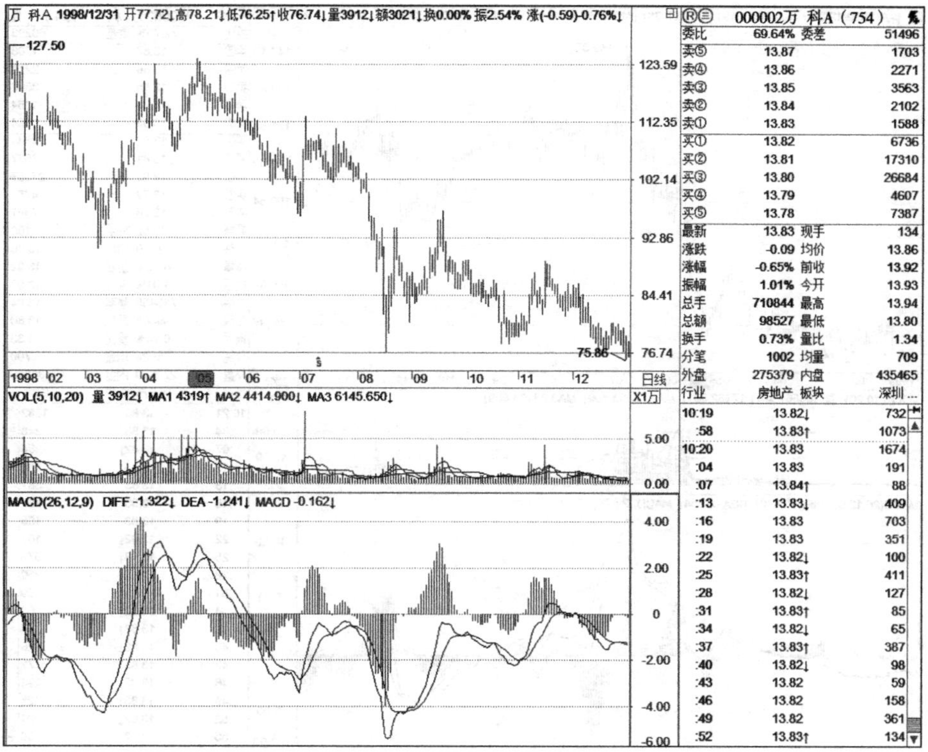

图 1–13　万科 A（000002）1998 年走势

1998 年，万科 A 下跌，如果不是技术高超的投资者肯定是要亏损的。这一年万科 A 下跌了 37.8%。

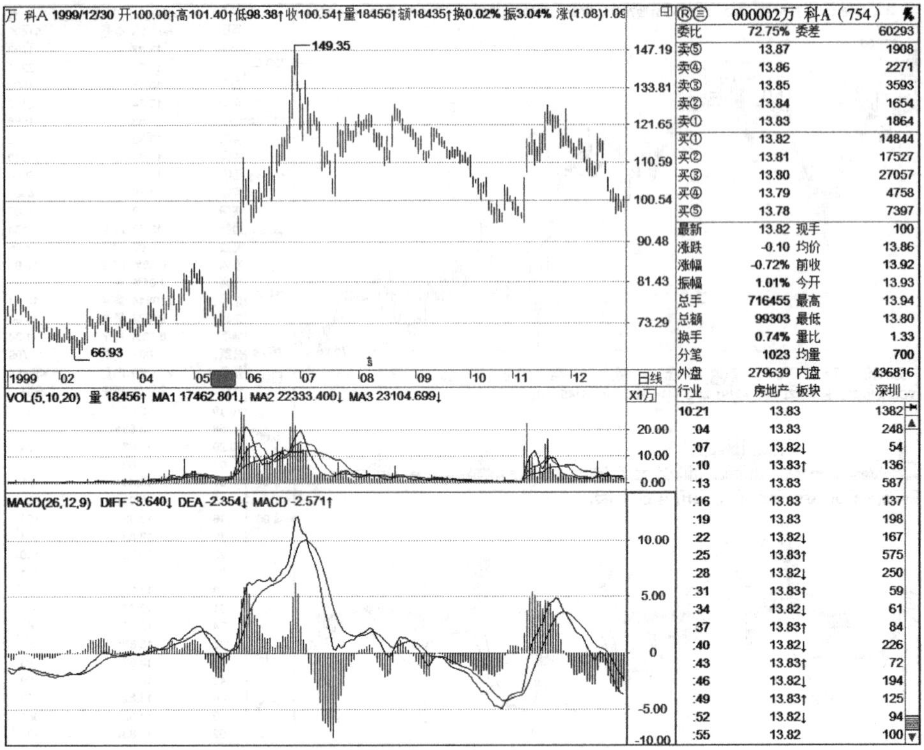

图 1-14　万科 A（000002）1999 年走势

1999 年，做万科 A 也是可以赚到钱的，同样是在上半年出现了不错的行情。

这一年万科 A 上涨 34.44%。

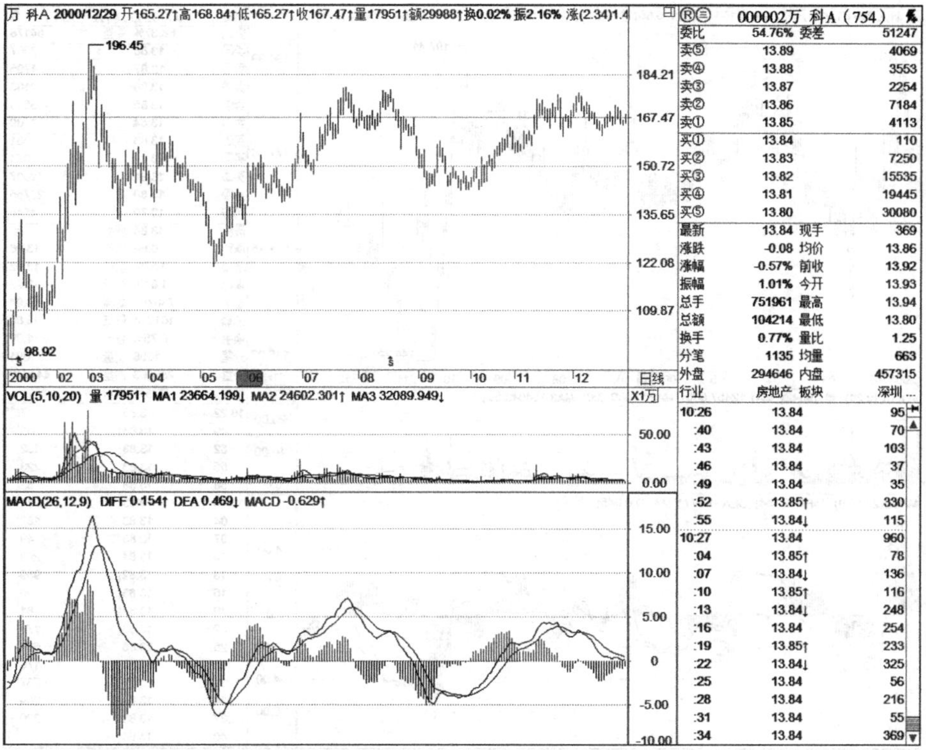

图 1-15　万科 A（000002）2000 年走势

2000 年，万科 A 的行情也算不错，又是一个不可能亏钱的年份。

这一年万科 A 上涨 57.3%。

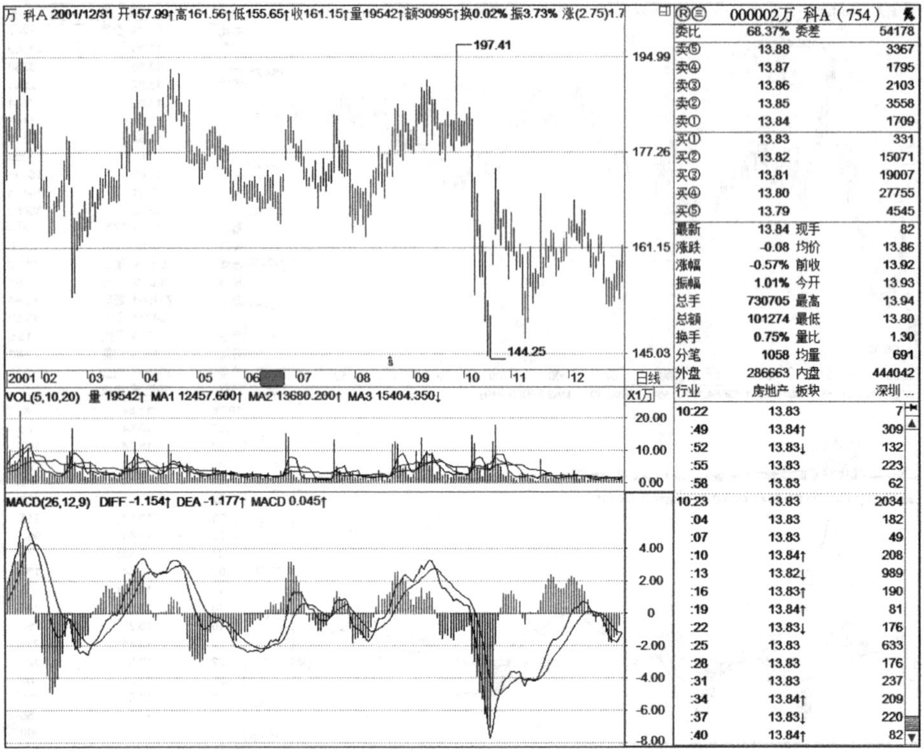

图 1–16　万科 A（000002）2001 年走势

2001 年，万科是震荡行情，这种行情对于普通投资者来说很难操作，但对于高手来说有许多的高抛低吸的交易机会。

这一年万科 A 下跌 7.4%。

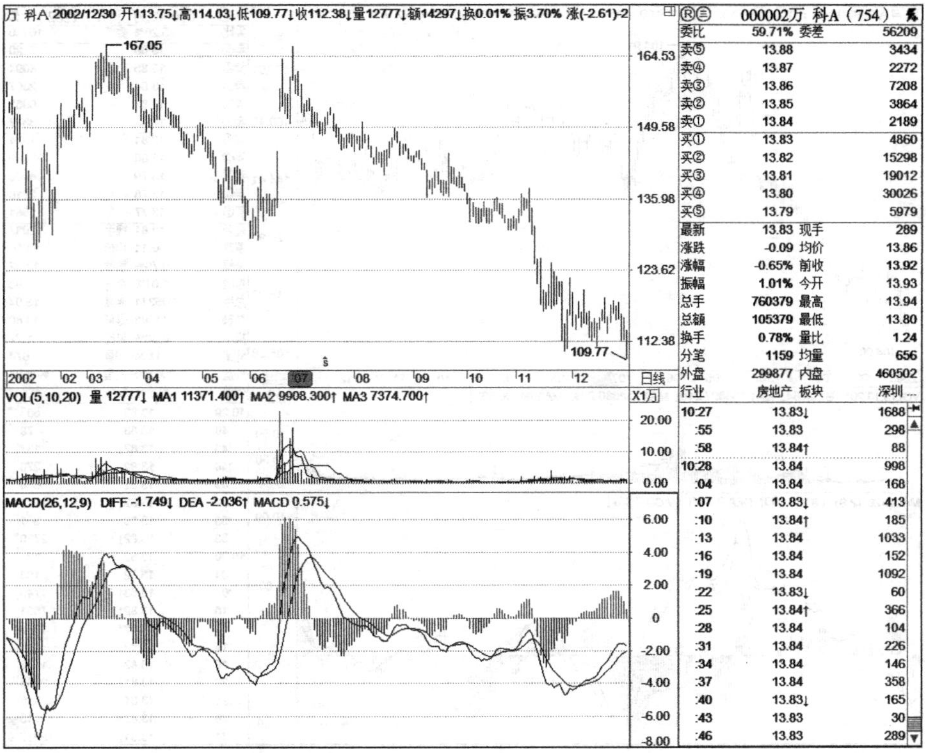

图 1-17　万科 A（000002）2002 年走势

2002 年，万科 A 整体下跌，是一个亏损年，除了年初以外，整体趋势都是连绵不断的下跌。

这一年万科 A 下跌了 27.61%。

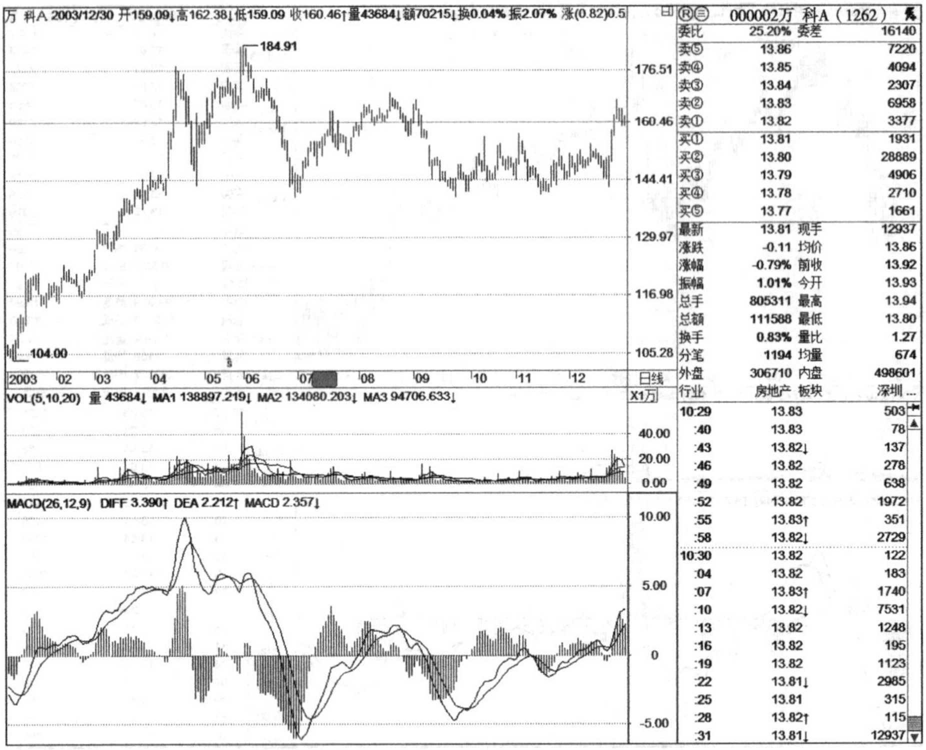

图 1-18　万科 A（000002）2003 年走势

2003 年，行情也算不错，着重在上半年，整年来讲肯定也是赚钱的。这一年万科 A 上涨了 52.44%。

图 1-19 万科 A（000002）2004 年走势

2004 年的行情又是一个交易难度较大的震荡行情，总体来说可以实现一定的收益。

这一年万科 A 上涨 17.1%。

图 1-20　万科 A（000002）2005 年走势

2005 年，万科 A 先抑后扬，肯定是亏不到钱的。

这一年万科 A 上涨 27.47%。

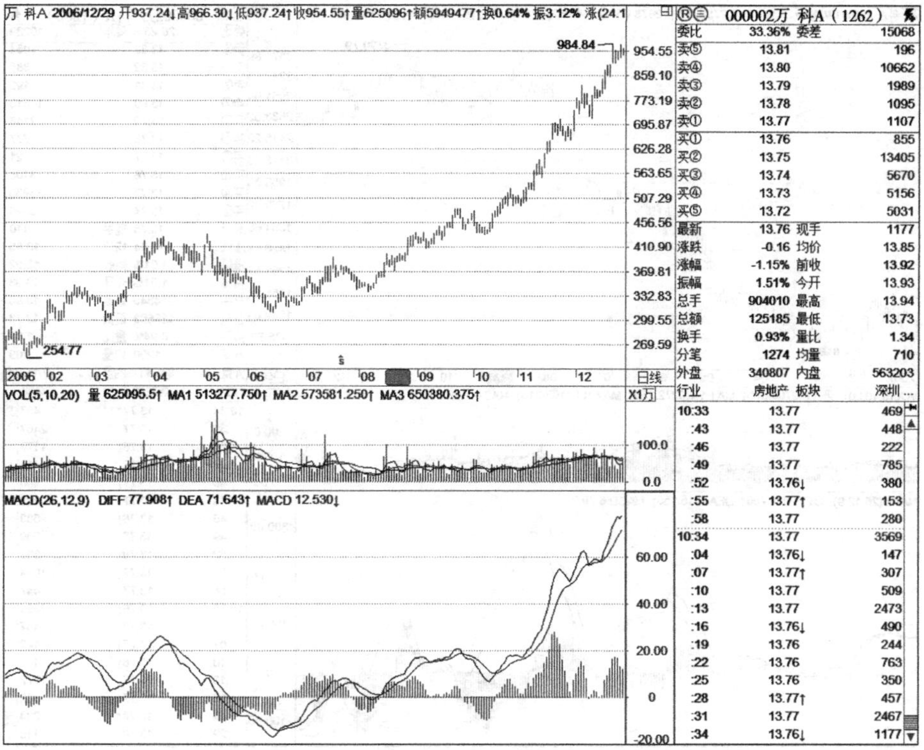

图 1-21　万科 A（000002）2006 年走势

2006 年是好年景，股民要大赚了。在这种行情下入市的投资者才会感觉股市的钱太好赚了，好赚到没有风险意识。

这一年万科 A 上涨 242.28%。

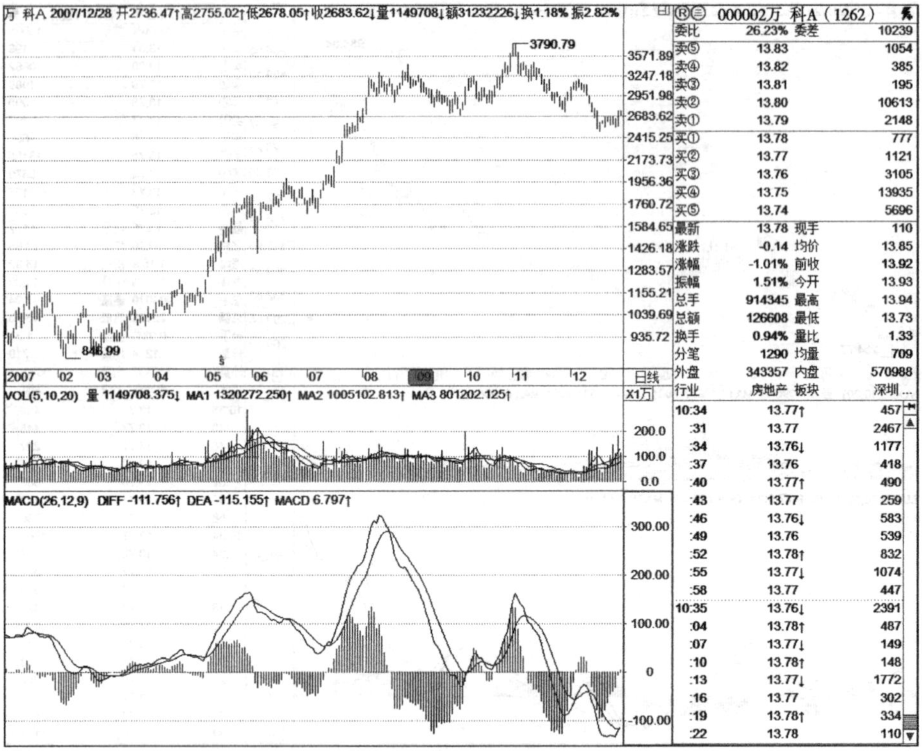

图 1-22　万科 A（000002）2007 年走势

2007 年，万科 A 的表现也很不错，投资者继续暴赚，不理性的投资者再度认为股市不过如此。

这一年万科 A 上涨 180.41%。

图 1-23　万科 A（000002）2008 年走势

2008 年，万科 A 下跌，肯定是赔钱的一年，连涨了两年跌一跌也很正常。

这一年万科 A 下跌了 64.8%。

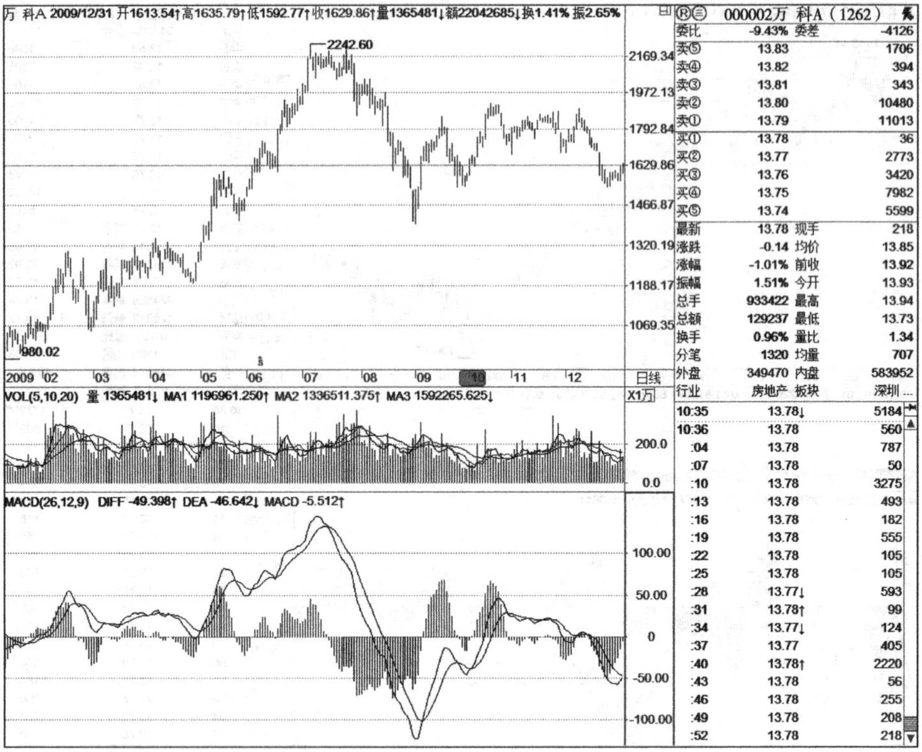

图 1-24 万科 A（000002）2009 年走势

2009 年，万科 A 表现还好，投资者在上半年完全可以赚钱，只不过下半年要回吐一些。

这一年万科 A 上涨 60.95%。

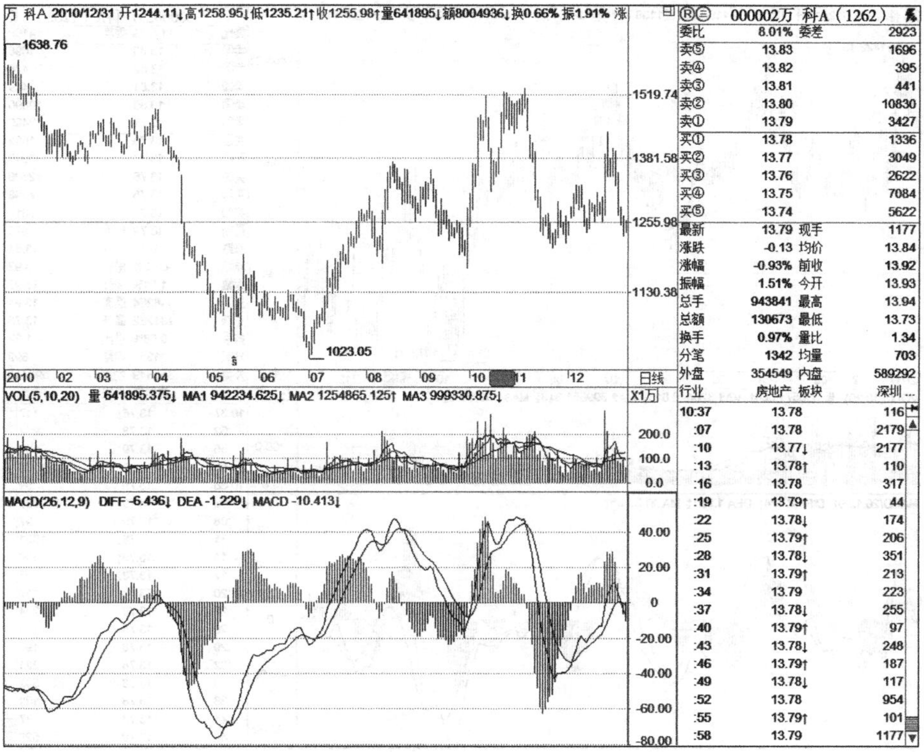

图 1-25　万科 A（000002）2010 年走势

2010 年，万科 A 的投资者上半年日子很难过，不过下半年舒服了些，但其实交易难度也不小，宽幅震荡。

这一年万科 A 下跌 21.43%。

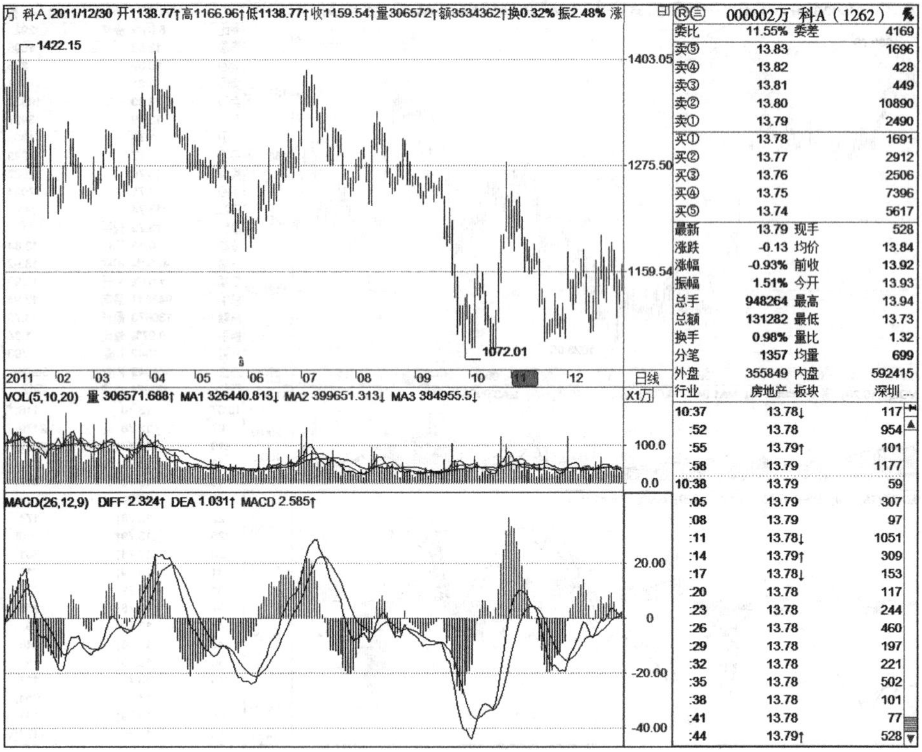

图 1-26　万科 A（000002）2011 年走势

2011 年，万科 A 震荡下跌，虽然整体跌幅不大，但如果方法不对也可能亏损不少。

这一年万科 A 下跌 13.6%。

图 1-27　万科 A（000002）2012 年走势

2012 年，万科 A 表现还行，肯定是亏不了钱的。

这一年万科 A 上涨 38.04%

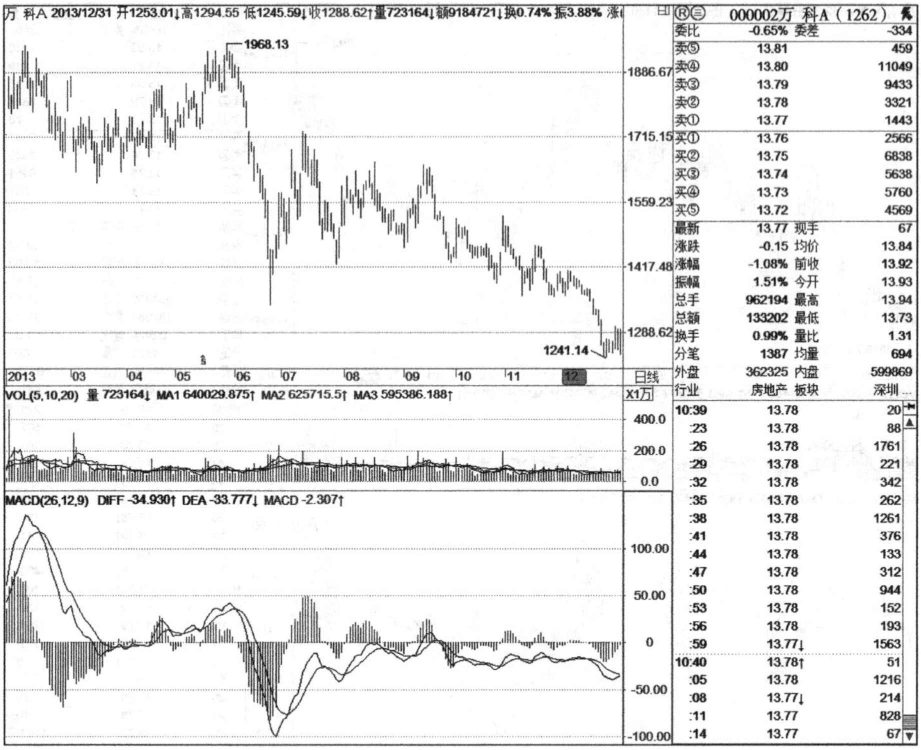

图 1-28　万科 A（000002）2013 年走势

2013 年，持有万科 A 的投资者的日子又不好过，股价连续下跌，注定是亏损的一年。

这一年万科 A 下跌 25.16%。

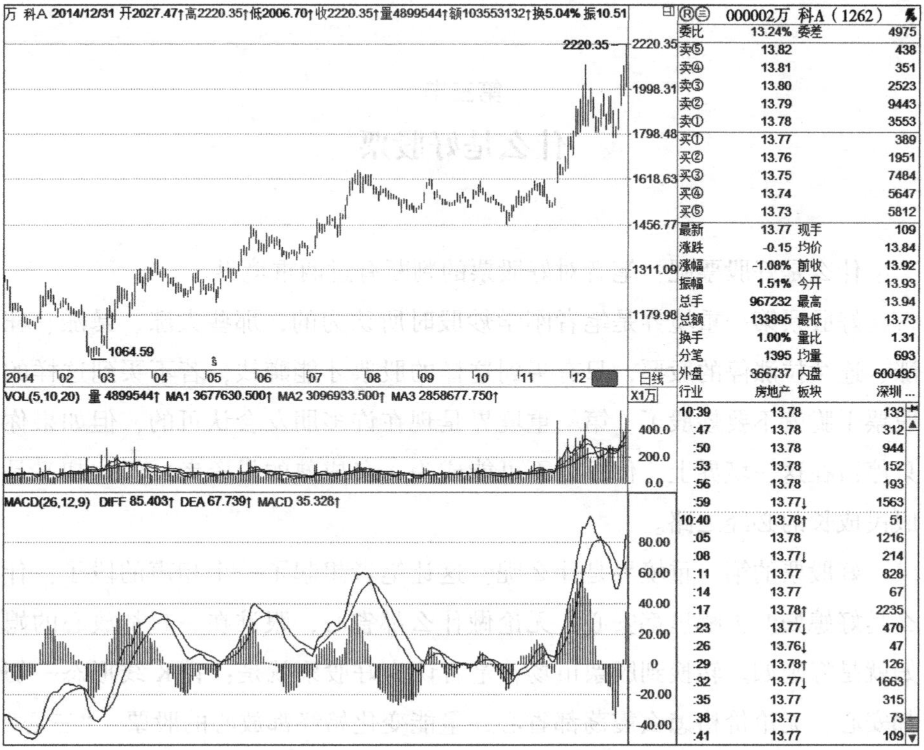

图 1-29　万科 A（000002）2014 年走势

2014 年，好年景又来了，股价持续震荡上涨，肯定赚钱了。

这一年万科 A 的股价上涨 73.1%。

万科 A 18 年的平均年预期收益是多少呢？每年 37.055%。比指数高出 12%，这高出来的 12%其实就是个股波动活跃性大于指数的那部分收益。

从指数来看，一年不过是 25%的涨幅，从个股来看，一年不过是 37%的涨幅，这就是合理化的收益。

如果从 1997 年按后复权的方式以 65.57 元买进万科 A，一直拿到 2014 年后复权收盘 2220.35 元，可以实现 32.86 倍的收益，折合每年 1.83 倍的收益。所以，还是巴菲特更厉害，因此他才会说，如果没有持股 10 年以上的决心，就不要买这只股票。不过拿 10 年，说真的，笔者做不到，毕竟国情不同。

现在可以确定了，股市的合理化年收益范围在 25%—40%。

第三节

什么是好股票

什么是好股票呢？笔者对好股票的判断有过两重境界。

好股票第一重境界是笔者刚学炒股时所认为的，那些大涨、暴涨、狂涨、连续拉涨停的股票，只有买到这样的股票才能赚钱，若不买到这样的股票干脆就不要炒股了。第一重境界是现在许多朋友会认可的，但如果你只停留在这一境界上，你永远不可能成为一名成熟的投资者。但这却又是股民成长的必经之路。

好股票的第二重境界是什么呢？这让笔者想起了一个相声的段子：什么是好媳妇？去哪里都安心，无论做什么都省心，跟谁在一起都放心的媳妇就是好媳妇。转换到股票市场，笔者认为好股票就是：看K线形态一切都安心，无论价格怎么震荡都省心，量能变化始终都放心的股票。“三心”股票就是你的首选对象。

买了一只股票后涨也担心，跌更担心，这真不是好股票。对于短线来说，若持有某股票，两三天不看它，你心静如水，这就是好股票；从中长线来说，若持有某股票，一两个月不看它，你照样吃得香、睡得着，这就是好股票。

买股票是为了赚钱，改善自己的生活条件。但如果自从你买了股票之后，总是提心吊胆的，有个什么风吹草动一身冷汗，这样的股票就算是连续拉涨停也不是属于你的好股票。

股票交易会产生种种的心态变化，只有在投资者身体健康的情况下，股票交易才有真实的意义。

另外，好的股票不要去比，因为它只属于你。它可能涨幅并不是市场中最大的，但它却可能是让你最安心、最放心、最省心的，那它就是好股票。

先从心态搞清楚好股票的本质，炒股是为了丰富我们的生活，为了提高我们生活的质量，所以我们需要有一个平和的心态去面对它，绝不能因此让它影响我们原本正常的生活。在这个基础上再进一步拓展，用技术的方法去寻找个人情绪上可以接受的股票。

结合技术因素的话，好股票就是心态上可以接受，又符合技术的强势个股。这种股票就是绝顶好股票。

对于投资者来说，一只股票技术上有强势特征，应当买入，如果心态也能接受，那恭喜你，你找到了属于自己的绝世好股票，开心的拥有它吧！但如果技术明确无误是好股票，但你下单时心里发虚，那就请放弃吧，咱别去受那份折磨，它是别人的好股票，不属于你，你应当继续寻找自己心态与技术都可以接受的股票。

希望通过讲解，能让投资者明白好股票的真正含义，就是“技术强势+心态接受”，只要不是同时满足这两个条件的股票，那么，它就不是好股票。

第四节
交易技巧的实效性

过去、现在、未来肯定都会有一些朋友问笔者：“您把这么好的技术公布了出来，不怕懂的人多了以后就失效了吗？”

这个问题涉及两个内容：一是一个方法懂的人多了以后到底好不好，二是方法是不是具有实效性。

先来说一说一个方法懂的人多了以后到底好不好。

首先作为一名成功的投资者，笔者觉得自己是有义务把这些方法传承下去的。任何行业的发展绝对离不老师，再顶级的高手，哪一个不是由老师教出来的？比如打网球，老师的水平可能真的比不了学生，学生得了世界第一，但老师可能一辈子也做不到。但老师的作用是什么？是把你培养成冠军。

每当听到投资者说“我用无形老师的方法捉到了几个涨停板”时，笔者就开心，这是一种成就感！但凡做老师的都有这样的体会，看到学生有成绩，心里就像是吃了蜜一样甜。

教的人多了，方法传播得广了，就会有朋友们担心，会不会懂的人越多这个方法的效果就越差。其实大可不必担心。

一只股票涨停以后，为什么会有大量的买盘挂在涨停价处？因为大家都看好它。买盘越多，价格是不是在后期也就越容易上涨呢？这个道理很简单吧？放在方法上也是这样。比如后面要讲的利用均线逢低做多的技巧，如果大家都使用它，一出现这样的形态就都会去买进，那它是不是就会更容易上涨？形态成功的概率就会更高呢？如果大家都不知道这种方法，都不在这个点位买进，那它成功的概率是不是就会降低呢？回过头来再说，如果一个方法会的人多，你觉得是好事还是坏事？只能是好事。与2014年下半年的行情一样，大家都入场，对市场有信心，指数是不是就越涨越高了？

接下来的问题就是：那机构会不会反做，故意砸盘洗盘？是有这种可能性的，但机构进入一只股票的目的是什么，为的是图利，如果有大量投资者帮助机构拉高股价，机构会不愿意吗？自己一分钱不花，股价就上涨，还有大量买盘，岂不美哉？反做也的确会有，但是，反做对于机构来说也是有成本的，少则几千万元，多则数亿元；而且，反做对机构来讲也有危险，它把股价砸下去，别的机构一看有低点机会，大举介入怎么办？最后倒霉的是谁？本来它有控制股价的能力，但却被别的机构抢去，窝心不窝心。

一轮行情的时间是有限的，机构为了多赚钱，也会在有限的时间内尽量地多拉升股票，只有在机构建仓时才会反做，真正拉升起来的时候，其上涨形态往往非常简单，根本没有时间去反做。

所以，投资者不要总是担心机构会反做的问题，志在高远的人，是不会一直在细节上纠缠不清的。

这样一来，第一个问题是不是解决了？不用再有学的人多，方法就会失效的担心了吧？相反，学的人越多，这个方法成功的概率也就越高。

第二个问题是方法会不会有时效性。

就这个方法本身来讲，只要是把握住其核心，绝对不会有时效性一说，它永久有效，不会变质，而会变质的方法根本没必要去学。

如果结合市场环境来讲，一个方法是有时效性的，但这个时效性不是方法本身的问题，而是环境改变的问题。

买进的方法只适用于行情上涨的时候，你在熊市行情向下的时候用它，肯定就不适合，所以，从环境的角度来讲，这个方法是有时效性的。但从方法本身来讲是没有时效性的。行情下跌时买进的方法的确不适合；行情上涨时，这些方法就又适合了，一定要从两个方面来看待。

如果抛开环境改变的问题，笔者可以很负责任地说：只要市场的交易制度没有彻底的改变，笔者的方法至少可以保证 12 年有效。其实笔者是认为可以永久有效的，但有数据可以证明的就是 12 年的时间一直有效。

为什么这样讲呢？笔者的第一本关于股票方面的书是在 2003 年出版的，到现在 12 年了，书中的方法到现在依然适用。这期间，有股指可以对冲了，有融券可以做空了，还有期权了，市场的交易制度有了一定的变化，但就算是有这样的变化，笔者的方法也经受住了市场的考验，依然在为投资者发挥着巨大的作用！

所以，笔者的这些方法大家一定要好好学习，因为它们都是经受了市场 12 年考验的方法，它们都是捉住了市场本质核心的方法，它们都是融合了笔者血和汗的方法，它们更是可以帮助投资者实现盈利的方法！为这些方法给个赞吧。

第二章

如何确定行情大涨主线

每一轮行情都会有主线，就像玩游戏一样，有主线任务，也有支线任务。支线任务做不做都没关系，无非就是多获得一些资源，但主线任务是不做不行的，如果不做主线任务，游戏就玩不下去。炒股也是这样，主线行情是必须要做的，支线行情有精力就做一下，没精力也没关系，主线行情做好了一切都 OK。

主线行情也就是资金聚集炒作的板块，它们可能会因为基本面的原因而扎堆炒作，也可能会因为题材的原因而聚在一起，但不管怎样，它们的上涨反映了市场最强资金的态度，跟着这些最强资金一起走，必然会赚钱。

确立行情主线的目的是缩小包围圈，先从整个面去判断片，再从片判断一个点，然后主攻这个点也就取得胜利了。在这样的分析流程中，可以通过面了解整个行情的状况，可以通过片了解资金主要流入的板块，最后再从这个板块中挑选出技术最强的品种。这样也就达到了确定行情大涨主线的目的了。

第一节
通过 ETF 选择大涨主线板块

ETF 其实就是指数型基金，现在这类基金有不少了，分门别类，有针对大盘股的 ETF，也有中小板的 ETF，还有创业板的 ETF，以及一些中盘股的 ETF。就像行业板块指数一样，除了要看整体的指数变化外，行业指数也是必须要看的，同样，ETF 也必不可少。

查看 ETF 的走势其实是一种选股策略，而不是说直接就能选到股票，投资者一定要意识到这一点。一步步的缩小范围，把目标股锁定在一个极小的范围内，这样选起股来是不是压力就轻多了呢？

有投资者说了，现在有不少软件都可以直接选出来不错的个股，还用得着这样费劲吗？的确是这样，有不少软件可以做到这个，非常省力。省力是省了，但其中的原理你明白吗？难道你想做一个赚得不明不白，赔得也不明不白的人吗？所以，这些交易的策略你是必须要知道的，在你懂得了这些策略之后，才可以让软件来帮助我们，减少我们分析工作的压力。而不是说什么策略也不懂，上来就让软件帮忙。

因为 ETF 可以代表大盘股的整体动向，可以代表中小板的动向，可以代表创业板，以及其他不同种类个股的动向，所以，就可以从这个方面入手去把握机会缩小范围。甚至说如果你懂的技术并不是太多，或是没太多精力选股，就可以直接看一下这些 ETF 哪个走势比较强，谁走势强就证明谁是市场中的热点，买这样的 ETF 的收益也是很不错的，甚至有可能超过买卖个股的投资者。

通过 ETF 进行分析来确定主线的思路就是对比这些不同种类的 ETF，看其日线走势谁更强，谁的日线形态更强，就说明资金都游走在这一区域中，就应当在这一个区域中寻找最合适的目标对象。其使用的分析方法就是对比，对比不同的 ETF，而后找出差异，并根据差异的现象制定交易策略。

在阅读本节内容的时候请各位读者朋友注意：因软件显示原因，左侧的 K 线图数据可以任意调出，但右侧数据栏处的信息则是无法更改的，只能固定显示为笔者制图当日的数据，所以，左右两侧数据会有所不同。

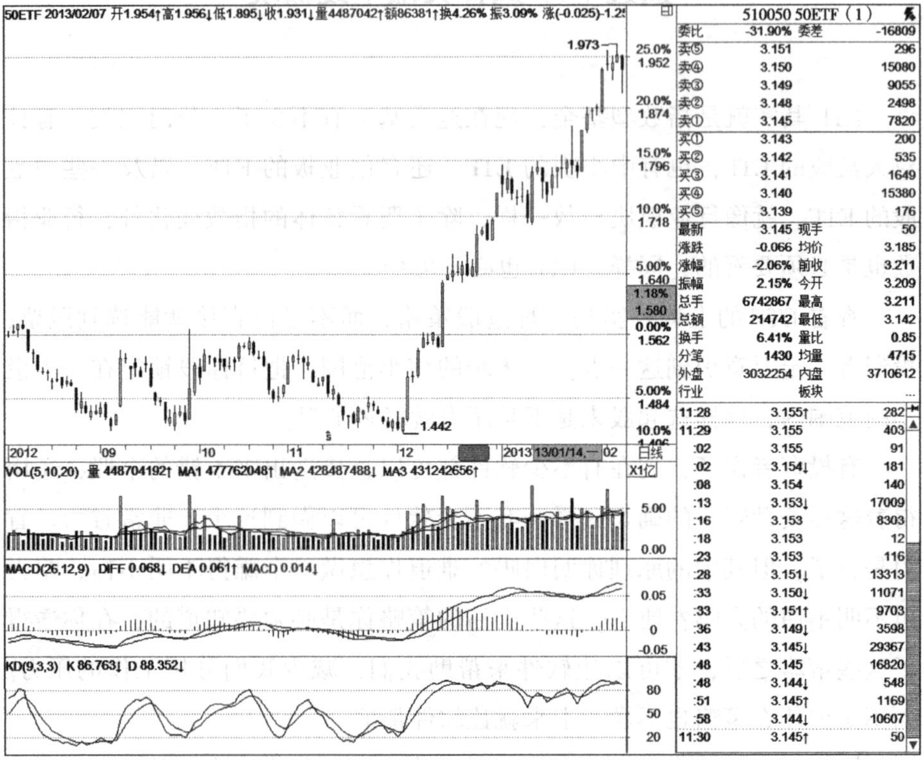

图 2-1 50ETF 2012 年 8 月至 2013 年 2 月走势

50ETF 代表了绝对的大盘股，所以，只要它形成了明显的上涨行情，那就意味着行情的主线在大盘股中，当然这有个前提，就是 50ETF 的走势一定要强于其他的 ETF。

2012 年 8 月至 2013 年 2 月，50ETF 出现了一轮较大幅度的上涨行情，这说明在这一轮上涨行情中，大盘股的表现都非常不错。该 ETF 为我们制定交易策略缩小了范围，投资者的目光应当集中在大盘股上。

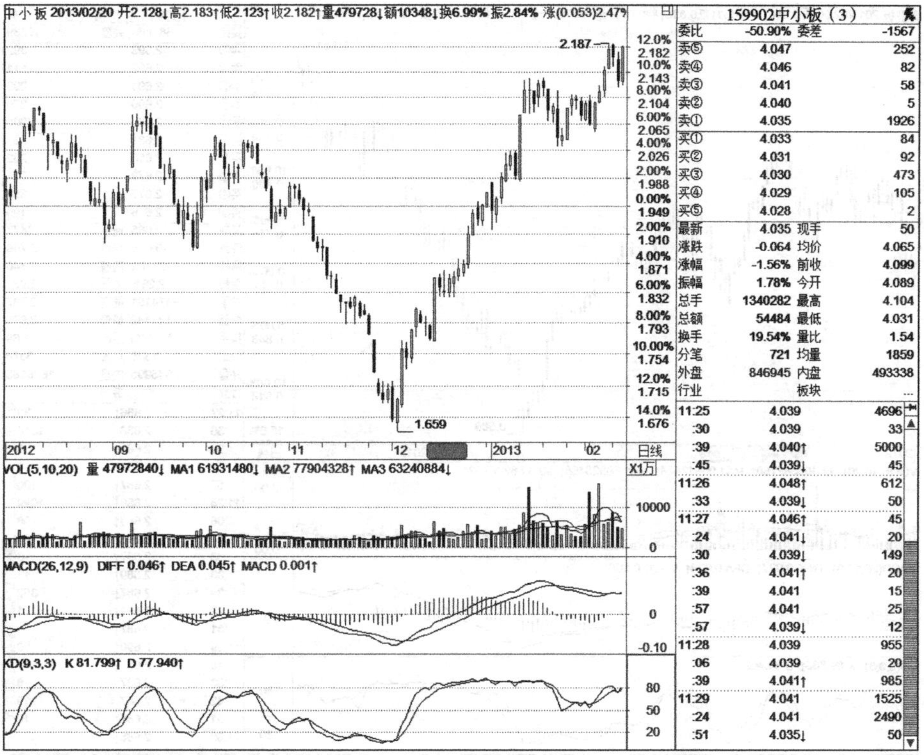

图 2-2 中小板 ETF 2012 年 8 月至 2013 年 2 月走势

中小板 ETF 代表了盘中大多数中小板的上市公司，它的涨跌可以反映这类个股的整体状况，一定要记住是整体状况，而不是单一个股的状况。因为很有可能在其他大部分中小板类个股下跌的时候，还会有强势上涨的中小板个股，也有可能在其他中小板类个股上涨的时候，还会有下跌幅度较大的中小板类个股，所以，我们关注的是一个整体的变化。

在 2012 年 8 月至 2013 年 2 月，中小板 ETF 先是出现了一轮下跌的走势，而后才出现了一轮上涨的行情。中小板类个股是这一段时间的操作首选吗？我们结合创业板类个股进行一番对比，然后再看最终的结论。

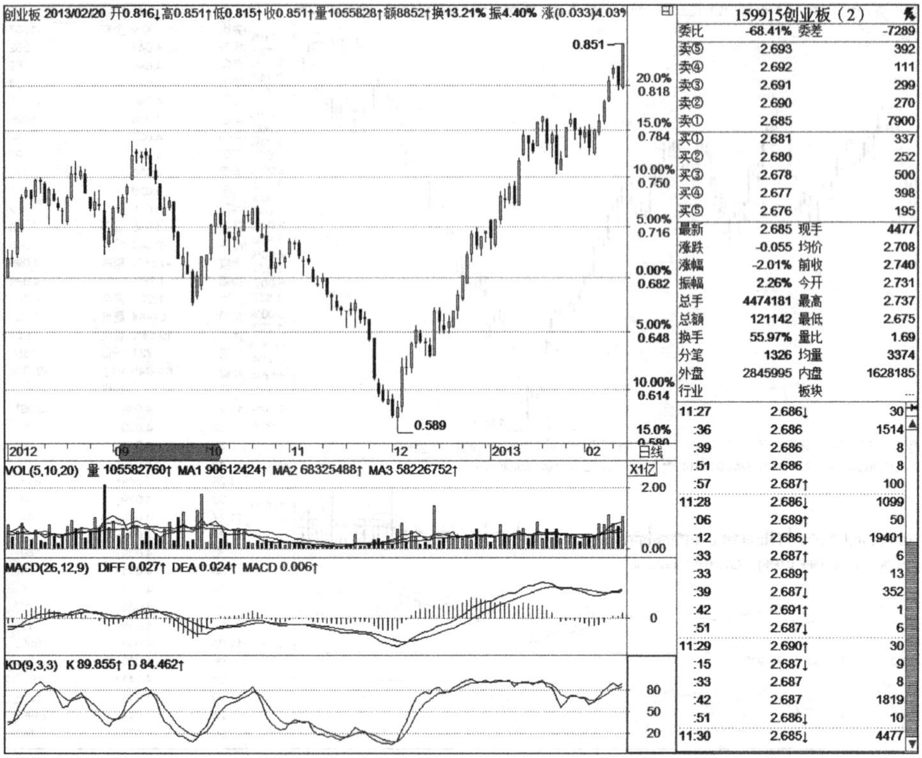

图 2-3　创业板 ETF 2012 年 8 月至 2013 年 2 月走势

创业板 ETF 代表的是那些规模更小的公司。在 2012 年 8 月至 2013 年 2 月，创业板 ETF 也是先形成了下跌的走势，而后出现了上扬。大盘股、中小板类个股、创业板类个股的动向都有了，接下来就要对比一下它们的走势。

在中小板与创业板 ETF 下跌的时候，50ETF 却并未创新低，说明这一时期，中小板与创业板的走势不尽如人意，不应当对这两类个股进行操作。随后的上涨行情中，虽然中小板与创业板 ETF 也涨了，但它们整体的 K 线形态远差于 50ETF，也就是说，在 2012 年 8 月至 2013 年 2 月，表现最好的就是大盘股。大盘股抗跌，走势形态没有出现破位，更没在破位后出现较大幅度的下跌。而在上涨过程中，大盘股的表现也远比中小板与创业板要强得多。

通过对比，我们就可以得出这样的结论：在 2012 年 8 月至 2013 年 2

月，如果你想实现更好的收益，一定要做大盘股，而不是中小板或创业板类个股。

图 2-4　50ETF 2013 年 2 月至 2014 年 5 月走势

到了 2013 年 2 月，50ETF 涨到了头，在随后的一年多，50ETF 整体出现了下跌的走势，这就意味着在 2013 年 2 月至 2014 年 5 月，如果投资者买进大盘股的话，将很难实现收益。

在大盘股下跌的时候，资金是不是都撤出了呢？我们还需要结合中小板与创业板 ETF，综合来看一下资金流向了哪里。

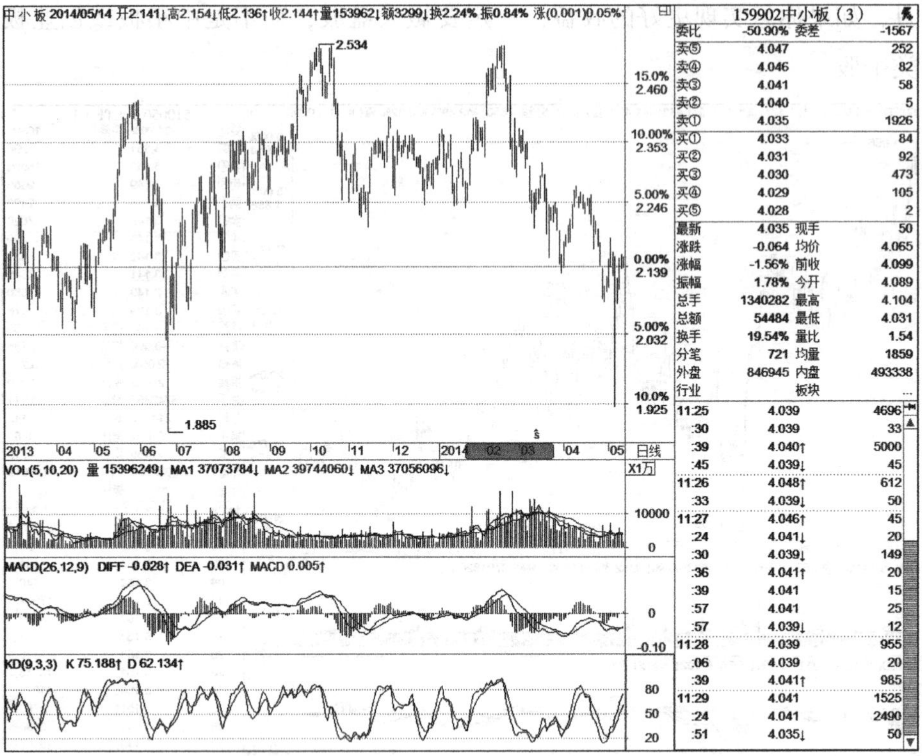

图 2-5 中小板 ETF 2013 年 2 月至 2014 年 5 月走势

中小板 ETF 在 2013 年 2 月至 2014 年 5 月，虽然出现了几次上涨的走势，但全年整体涨幅基本为 0，也就是说，如果投资者在这一段时间内操作中小板业个股，不会亏钱，但也不会赚钱。

虽然操作中小板类个股不赚钱，但相比做大盘股要赔钱，还是幸运得多，这说明有部分资金流向了中小板类个股上，但它们做多的积极性却并不是很高。

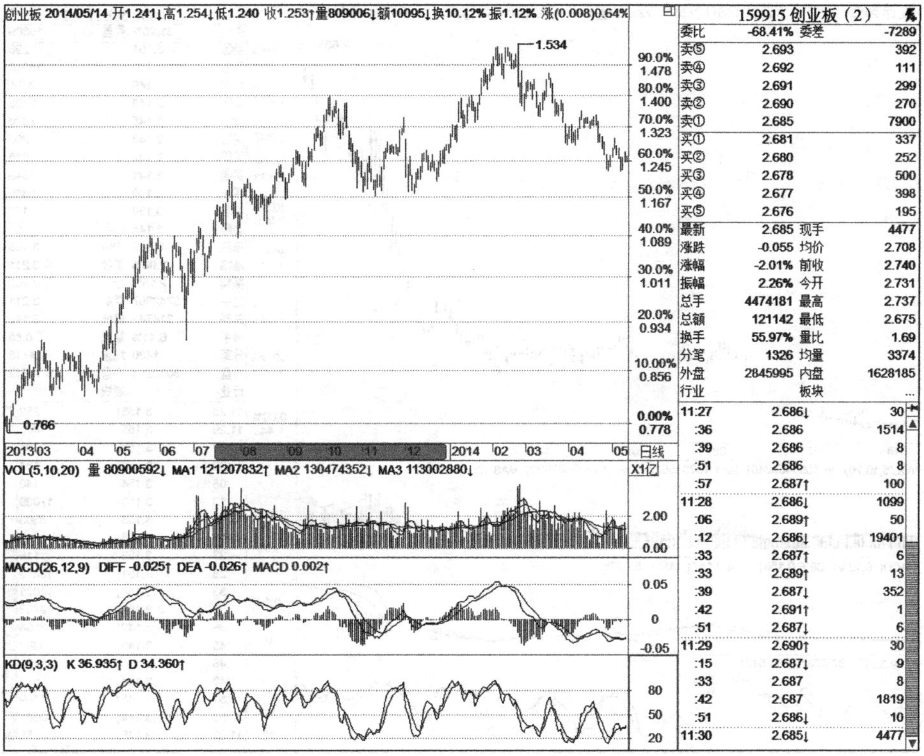

图 2-6 创业板 ETF 2013 年 2 月至 2014 年 5 月走势

再来看创业板 ETF 的走势就一下子明白了，原来在 2013 年 2 月至 2014 年 5 月，资金全部跑到创业板了。这一段时间，创业板 ETF 连续上涨，出现了一轮不小的行情。

可以看到，在 2012 年 8 月至 2013 年 2 月，资金全跑到大盘股上交易，而 2013 年 2 月至 2014 年 5 月，这些资金全部从大盘股上撤出，参与创业板的操作。所以，大盘股才会跌得比较惨，而创业板却连连上涨。

用这样的方法来进行决策，就可以很容易地看出资金到底跑到了哪里，这为我们缩小目标范围是不是起到了帮助的作用呢？

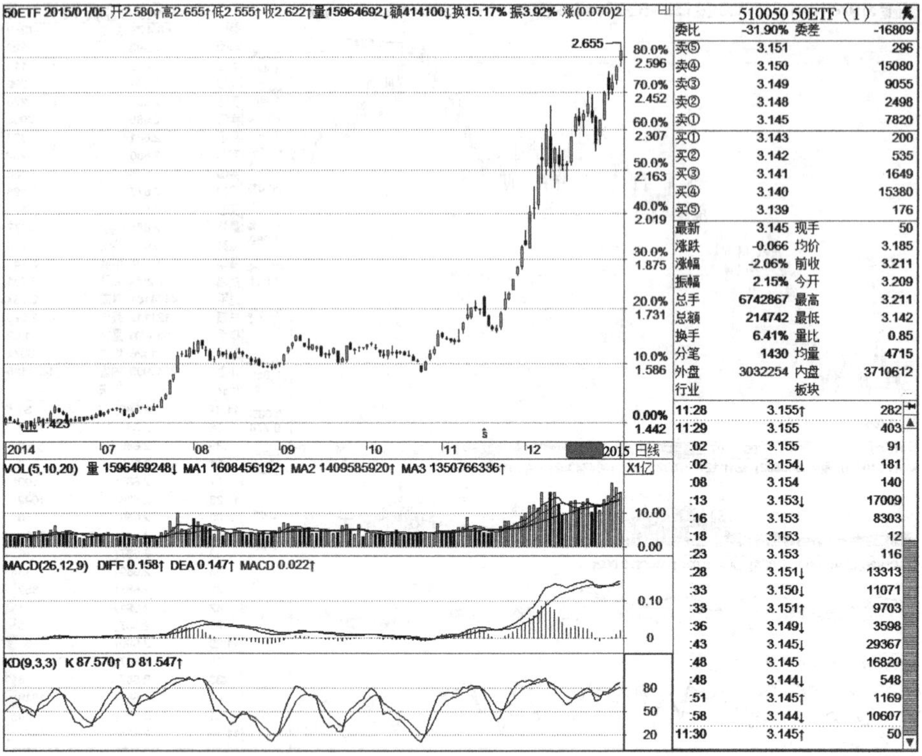

图 2-7 50ETF 2014 年 6 月至 2015 年 1 月走势

50ETF 在 2014 年 6—7 月表现平平，到了 7 月末的时候，出现了一轮上涨行情，这说明大盘股启动了。进入 8 月，价格一直调整，直到 11 月以后才再度出现一轮上涨行情。

这一段时间的交易如果从 7 月下旬开始持有大盘股的话，收益也是蛮不错的，特别是到了 2014 年 11 月后收益更是可观。

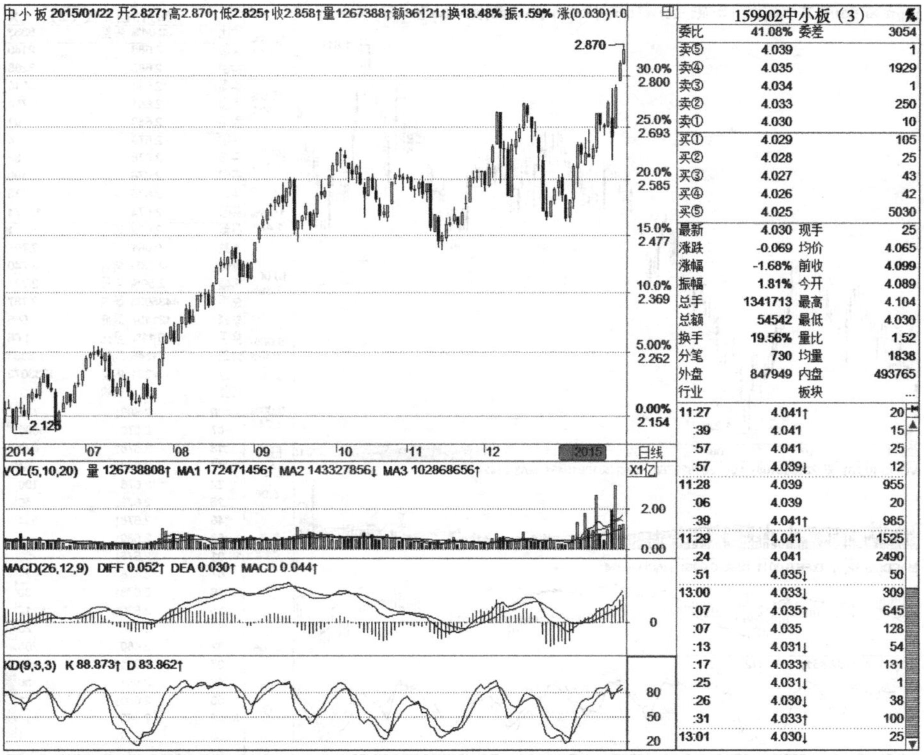

图 2-8　中小板 ETF 2014 年 6 月至 2015 年 1 月走势

中小板 ETF 在 2014 年 6 月至 7 月初的时候表现还好，这一段时间中小板类个股走势要比大盘股强。但在 7 月末，大盘股的表现超过了中小板。不过，这只是暂时现象，从 8 月开始至 11 月初，大盘股一直在调整，但这一时间中小板 ETF 却连续上涨，这说明中小板的表现要强于大盘股。

进入 2014 年 11 月下旬，市场再生变化，中小板类个股表现平平，大盘股又重新得到了市场资金的追捧。如果仅就大盘股与中小板来讲，在 6 月及 7 月应当做中小板，在 7 月下旬做大盘股，从 8 月份开始又要做中小板类个股，11 月下旬开始重新操作大盘股，这就是通过对比两个 ETF 得出的市场资金流向变化的结论。

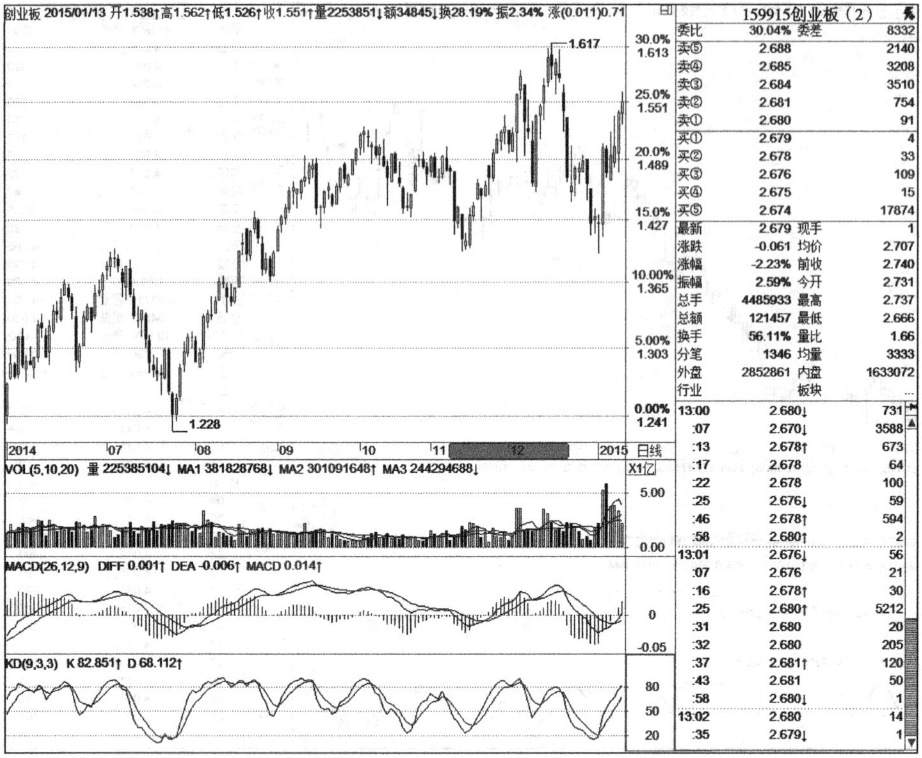

图 2-9　创业板 ETF 2014 年 6 月至 2015 年 1 月走势

创业板 ETF 在 2014 年 6 月至 2015 年 1 月，其整体表现与中小板类个股差不多，但如果仔细观察两者的 K 线形态，可以发现，中小板类个股走势要强于创业板，这说明在这一段时间内，中小板类个股更受市场追捧。并且在 2015 年 1 月时，中小板 ETF 已创出新高，但创业板 ETF 却并未创新高，这一点更可以看出中小板是当时市场的热点。

不过到了 2014 年 11 月下旬，不管是中小板类个股还是创业板类个股，都让道给大盘股，大盘股在这一轮行情中的表现最为出色。三者对比可以明显看到市场资金来回切换目标品种。如果你不知道市场资金的流向已经切换，就很难把握住市场的热点。学了这个方法以后，相信各位读者朋友把握热点的能力将会明显提高。

图 2-10　50ETF 2015 年 1—5 月走势

2015 年 1 月 50ETF 出现了调整的走势，一直到 3 月上旬才开始重新上行。虽然这一段时间内一直持有大盘股最终也可以实现盈利，但是，却要忍受一定时间的折磨。一旦大盘股有调整的迹象，就要想一下，撤出来的资金会流向哪里？是退于场外，还是去寻找新的战机？

市场不光是由大盘股组成的，那么多只个股，就算大盘股没有了机会，也不代表其他个股没有机会，市场中的大鳄是有能力创造机会的。只要发现了他们的动向，也就可以跟着一起获得不菲的收益。

图 2-11　中小板 ETF 2015 年 1—5 月走势

中小板 ETF 从 2015 年 1 月便开始上涨，这期间大盘股虽然一直在调整，但中小板类个股却早已启动了行情。由此可以看出，在大盘股调整的时候，必须要问自己一个问题：这些资金跑到哪里去了？只要仔细看一下，就可以发现答案，并找到获利的机会。

大盘股虽然在后期不断的奋力直追，但不可否认的是中小板类个股在 2015 年上半年行情中的表现远好于大盘股，想在这一轮行情中实现盈利，就必须要放弃大盘股而操作中小板类个股。

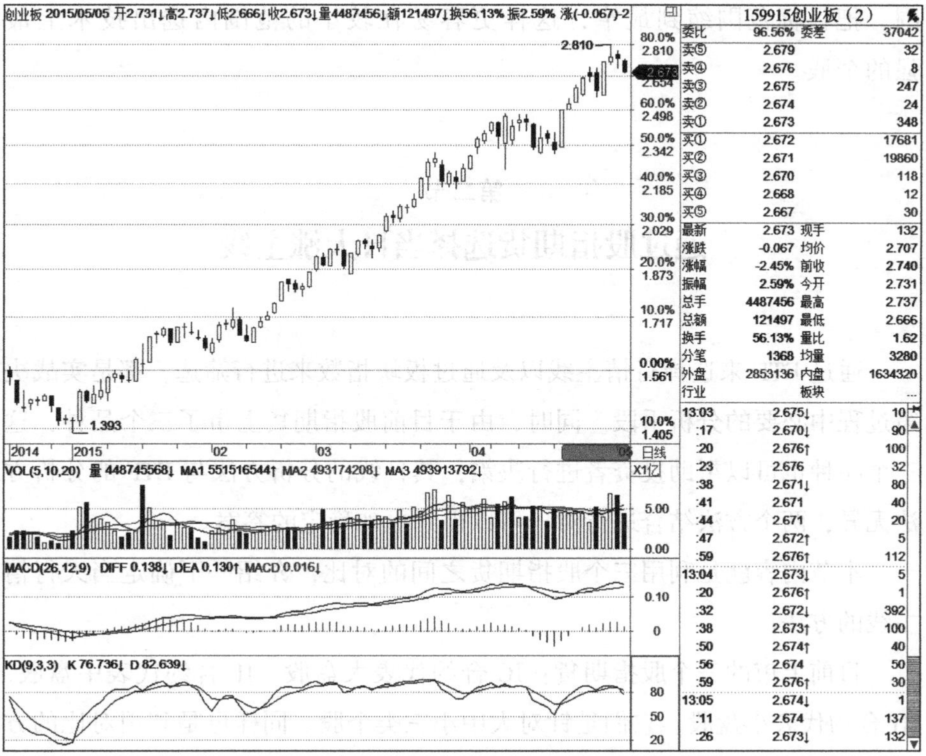

图 2-12　创业板 ETF 2015 年 1—5 月走势

创业板 ETF 在 2015 年 1—5 月的走势与中小板差不多，但是在 1 月，这类个股的起步要晚一些，不过随后的整体表现也是非常不错的。

结合中小板 ETF 与创业板 ETF 来看，在 2015 年的行情中，不管你是做中小板类个股，还是做创业板类个股都正确，都可以实现非常好的收益，做大盘股也可以赚钱，但收益却要少很多。因为这期间资金对大盘股的追捧热度不够，全都跑到中小板与创业板，资金流向哪里，就要操作哪一类的股票，这样才可能实现收益的最大化。

在实战分析的时候，绝不能只盯着 ETF 来看，ETF 只反映一个大的方向，比如看到大盘股涨起来了，到底谁才是大盘股中的龙头呢？这个时候就需要进一步细分，此时可以看一下板块指数，看哪个板块的指数表现最强，比如银行板块表现最强，那就买进银行类个股。这样的分析方法无法针对某一只个股，它的作用就是帮助投资者缩小范围，把目标范围缩到最窄，这样更容易在较小的范围内选出技术上最强的个股。

第二节
通过股指期货选择当日大涨主线

通过 ETF 来选择行情主线以及通过板块指数来进行筛选，都是实战决策过程中必要的分析手段。同时，由于目前股指期货上市了三个品种，这三个品种也可以帮助投资者进行决策，其日线的分析方法与 ETF 的分析方法无异，两个方法结合进行对比可以得到更加稳定的答案。

本节内容就是利用三个股指期货之间的对比，介绍一下确定当天行情主线的方法。

目前上市的三个股指期货：IC 合约代表大盘股，IF 合约代表中盘股，IH 合约代表小盘股。它们是针对大中小三类个股。同样也是利用对比的方法来确定当天的盘中哪一类的个股更具有操作的价值，也起到一种缩小范围的作用。

同时，如果有投资者还同步进行股指期货交易的，那在行情到来的时候，就需要看一下 ETF，先确定一下哪类 ETF 走势更强，而后选择与之匹配的股指期货合约进行交易，这样也可以做到收益的最大化。

在阅读本节内容的时候请各位读者朋友注意：因软件显示原因，左侧的分时图数据可以任意调出，但右侧数据栏处的信息则是无法更改的，只能固定显示为笔者制图当日的数据，所以，左右两侧数据会有所不同。

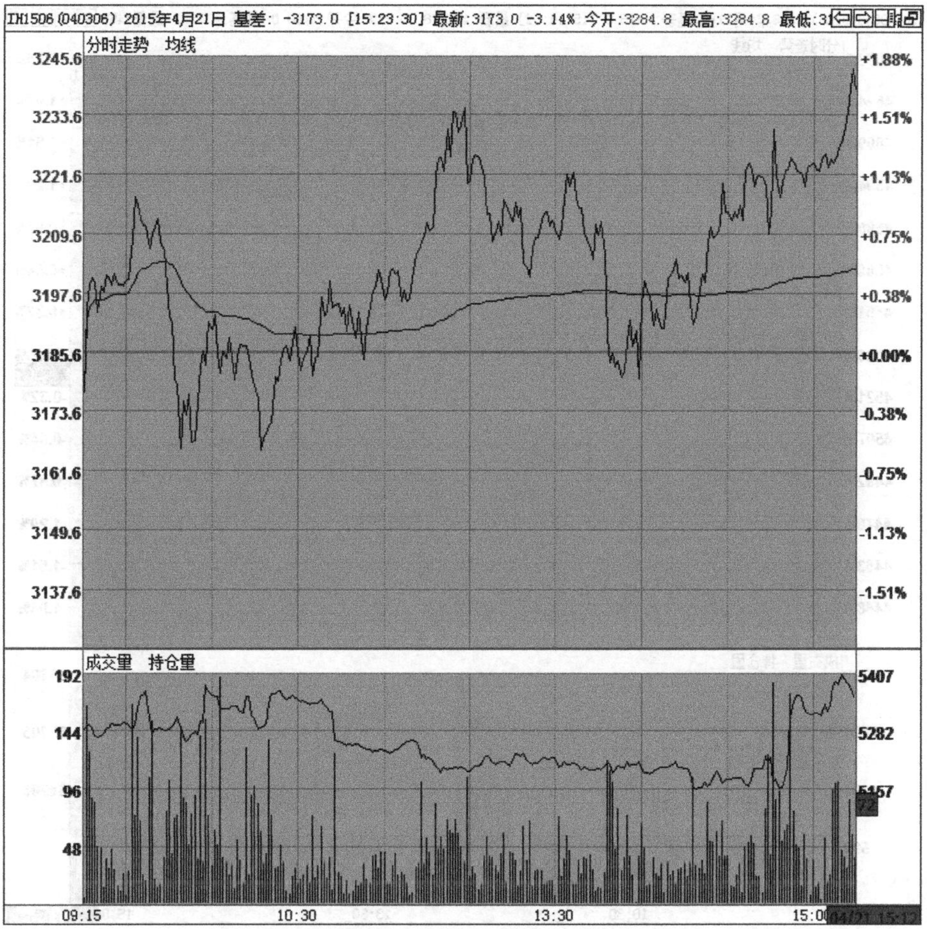

图 2-13　IH1506 合约 2015 年 4 月 21 日走势

IH1506 合约在 2015 年 4 月 21 日虽然收盘价格创新高，但在盘中的时候震荡却很多，先后两次的下跌让多方费了好大力气才拉了上去，这样的走势说明，虽然多头占据上风，但力度却并不是太大。

IH1506 合约的表现代表了大盘股的表现，这意味着大盘股在这一天整体并不是太好，多数处于震荡调整状态。

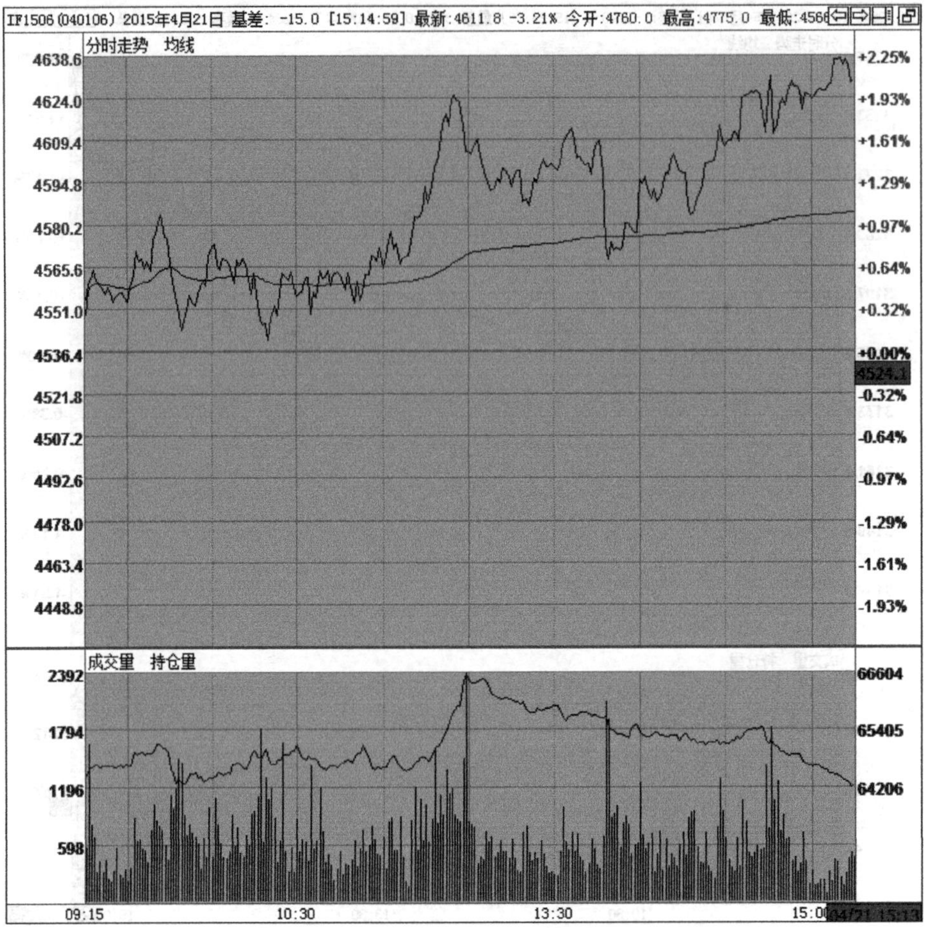

图 2-14 IF1506 合约 2015 年 4 月 21 日走势

IF1506 合约在 2015 年 4 月 21 日的表现相对好一些，这说明当天盘中的中盘股的多头力度要大于大盘股。虽然开盘后价格同样是震荡的，但却并没有出现翻绿式的下跌，这一点要比 IH1506 好。

下午价格虽然也有杀跌，但其杀跌的力度要小很多。从涨幅的角度来看，这一天中盘股的整体涨幅超过了大盘股，仅通过这两个股指合约的走势便可以判断出，大盘股并不是今天操作的首选对象。

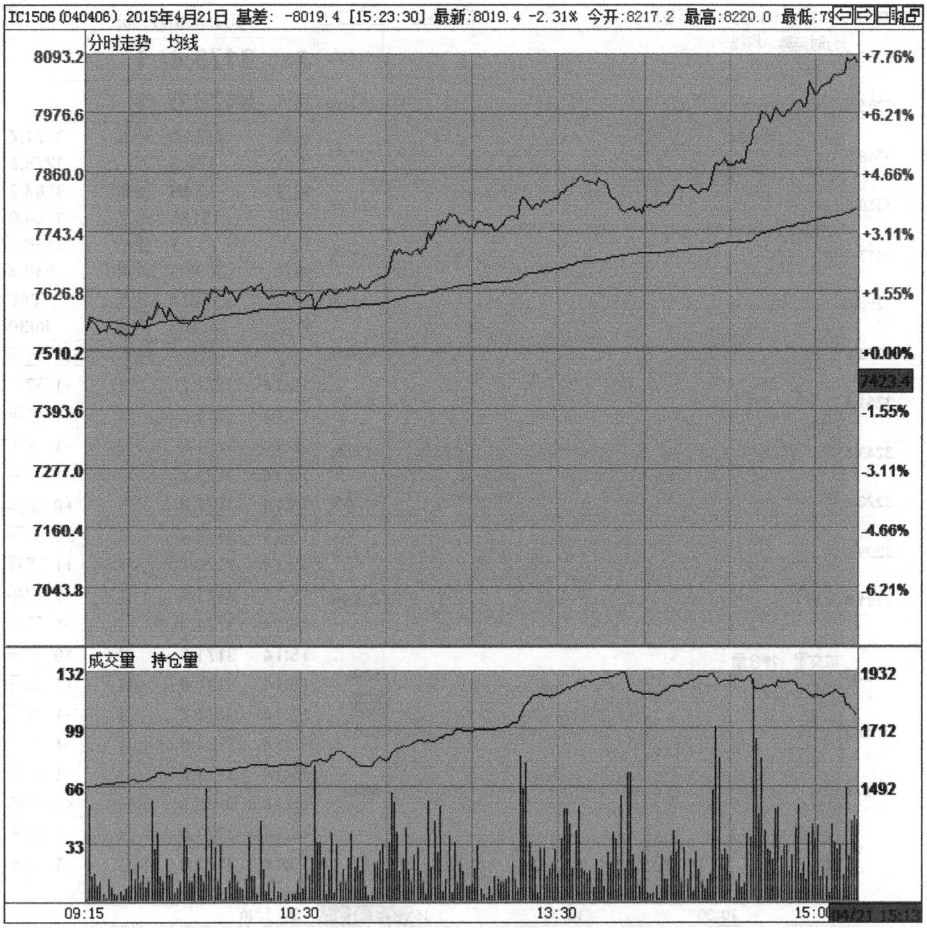

图 2-15　IC1506 合约 2015 年 4 月 21 日走势

为什么大盘股与中盘股在 2015 年 4 月 21 日表现都不是太强呢？看一下 IC1506 合约就全明白了，原来在这一天资金全部都跑到小盘股去操作了。IC1506 合约 2015 年 4 月 21 日涨幅近 8%，远远地与大盘股与中盘股拉开距离。

IC1506 合约的强势在上午便明显的显现出来，IH1506 合约与 IF1506 合约调整的时候，IC1506 合约却率先形成了低点抬高的走势，提前一步形成上升的趋势。三个合约一对比便可以很清楚地发现资金在这一天流向了哪里，如果在 IC1506 强势上涨的时候，你还在做着大盘股，在这一天当中收益肯定不会太高的。

图 2-16　IH1506 合约 2015 年 4 月 24 日走势

IH1506 合约在 2015 年 4 月 24 日不管价格如何波动，整天都是翻绿的状态，这意味着大多数的大盘股在这一天的表现都非常一般。还是之前的思路，当大盘股表现不太好的时候一定要想一下，那么多的资金都跑到哪里去了。然后分别再看一下中盘股和小盘股的变化，而后确立当天选股的思路。

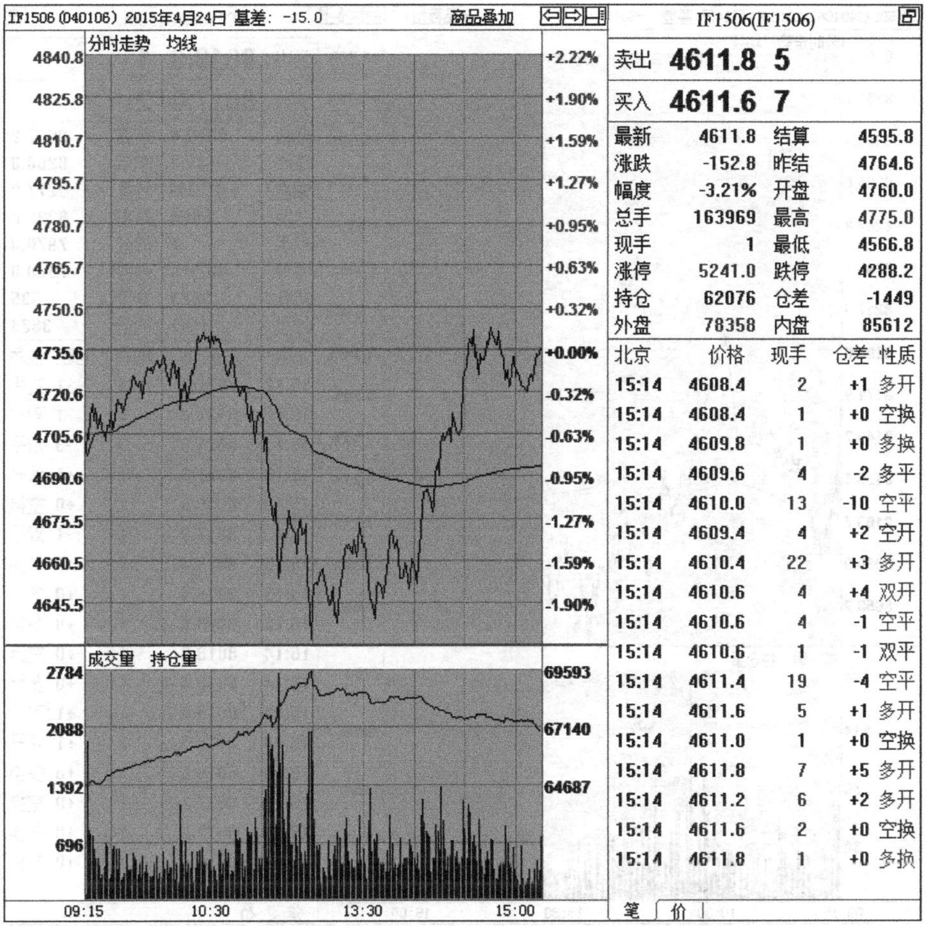

图 2-17 IF1506 合约 2015 年 4 月 24 日走势

IF1506 合约在 2015 年 4 月 24 日的波动形态要比 IH1506 强一些，至少价格还有涨幅为正翻红的时候。开盘前一小时的走势强于 IH1506 合约，下午反弹上涨时的走势也更强一些。由此可以看到，中盘股在这一天虽然也下跌了，但其疗伤能力还是比较强的。

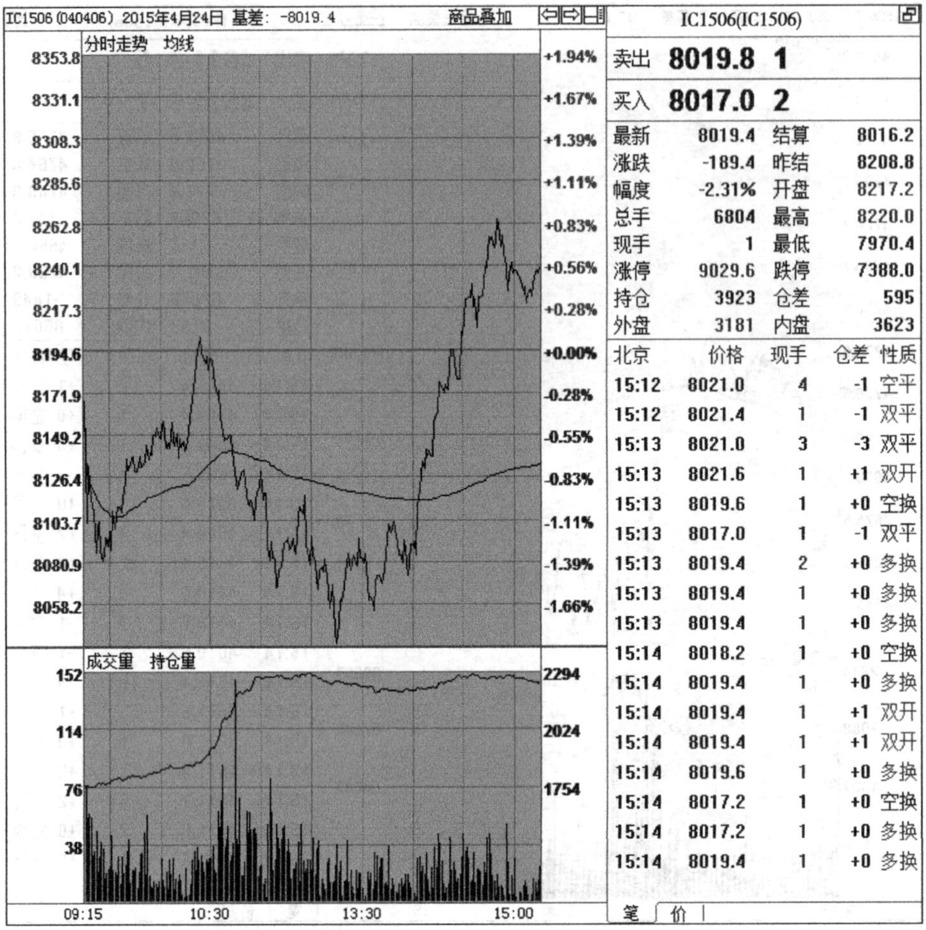

图 2-18 IC1506 合约 2015 年 4 月 24 日走势

IC1506 合约在 2015 年 4 月 24 日的整体走势远比大盘股与中盘股要强，早盘的上涨非常强，而后虽然也出现了下跌，但从分时形态来看，此时下跌的力度要远比大盘股与中盘股弱，这说明小盘股此时的下跌是受到了大盘股与中盘股下跌的带动，而并非自身原因导致的下跌。

到了下午，IC1506 合约大幅上行，并创出当天的新高，这是另外两个股指合约所没有出现的走势，这说明当日下午的资金又再度袭击小盘股，因此，下午操作的对象应当放在小盘股上。

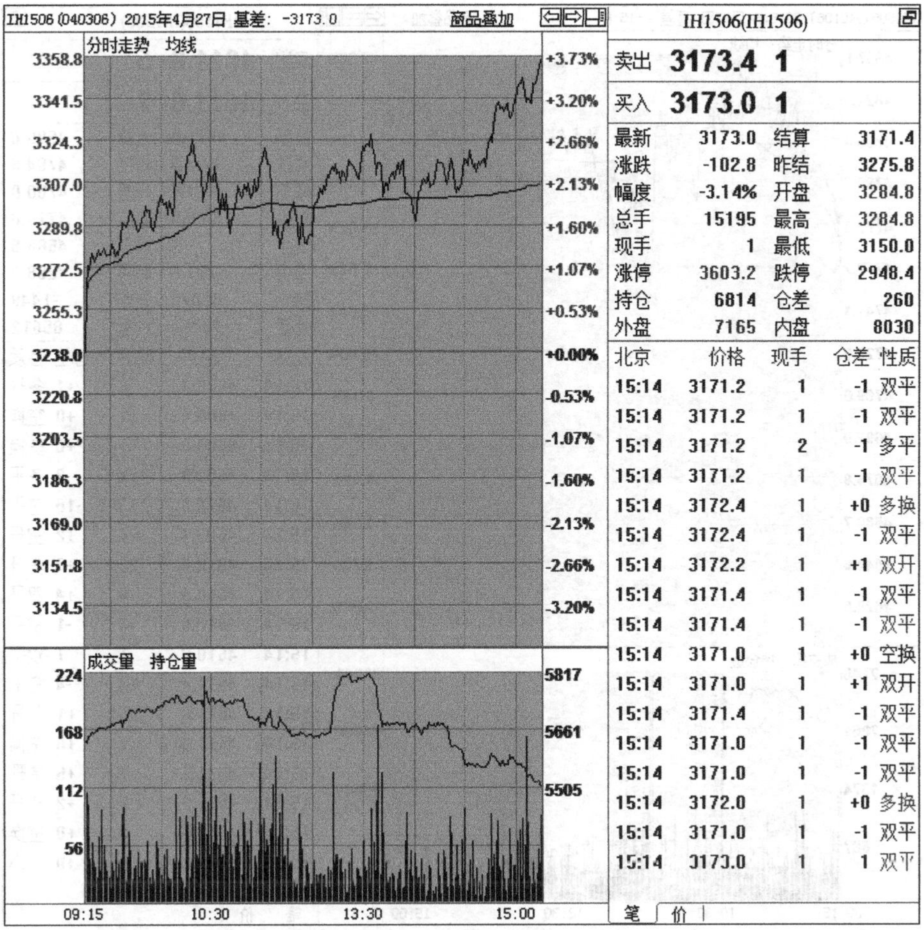

图 2-19　IH1506 合约 2015 年 4 月 27 日走势

IH1506 合约在 2015 年 4 月 27 日开盘之后价格出现了一波温和的上涨，而后形成一段时间的震荡，到了下午，大盘股集体发力，IH1506 合约创下当天的新高。

整体走势虽然强势但特征并不是太突出，不过多头绝对完胜空方。大盘股表现在当天还算可以，但是不是这一天行情的主线呢？对比一下其他两个股指期货就知道了。

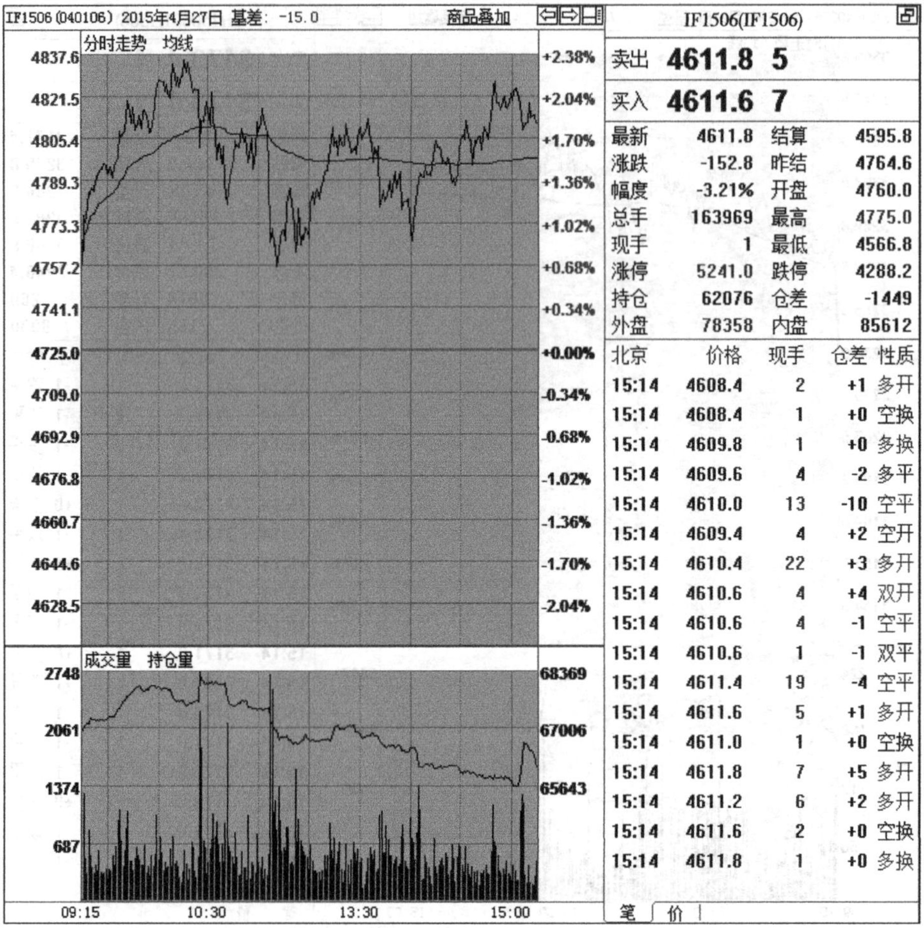

图 2-20 IF1506 合约 2015 年 4 月 27 日走势

IF1506 合约在 2015 年 4 月 27 日开盘期间的走势非常迅猛，要比 IH1506 合约强得多，这说明在早盘期间，中盘股的表现要强于大盘股。

早盘的上涨结束后，形势发生了变化，IF1506 合约出现了下跌，早盘的高点成了当天的最高点。但 IH1506 合约却创出新高，可见，除了早盘外，其他时间中盘类个股都不是这一天的首选操作对象。

图 2-21 IC1506 合约 2015 年 4 月 27 日走势

IC1506 合约在 2015 年 4 月 27 日早开盘期间的走势异常凶猛，没多久便上涨了三个多点，对比三个股指合约，资金在早盘期间对中小盘个股的操作是非常积极的。

不过就在上冲结束之后更明显的分化来了，代表小盘股的 IC1506 合约快速下跌，将早开盘的涨幅全部吃掉，并且随后一直保持着弱势震荡的走势。IC1506 合约相比 IF1506 合约走势明显弱了许多，相比 IH1506 合约更弱。

这样的分化走势说明，当天的早开盘交易的资金又转换到了大盘股，大盘股才是当天的热点。

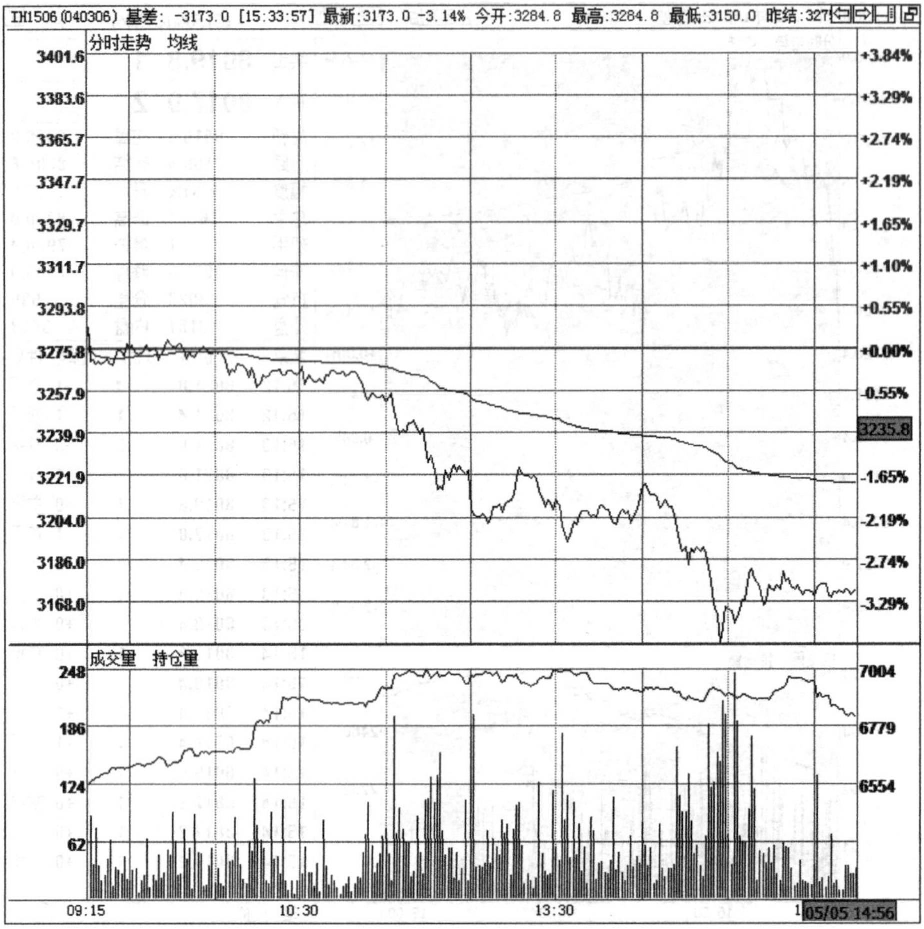

图 2-22 IH1506 合约 2015 年 5 月 5 日走势

IH1506 合约在 2015 年 5 月 5 日开盘后弱势震荡，而后在当天形成了持续下跌的走势。依据之前的观点，一旦大盘股开跌，就先想一下资金会在哪个板块中进行操作，同步看一下中盘股、小盘股的变化形式。

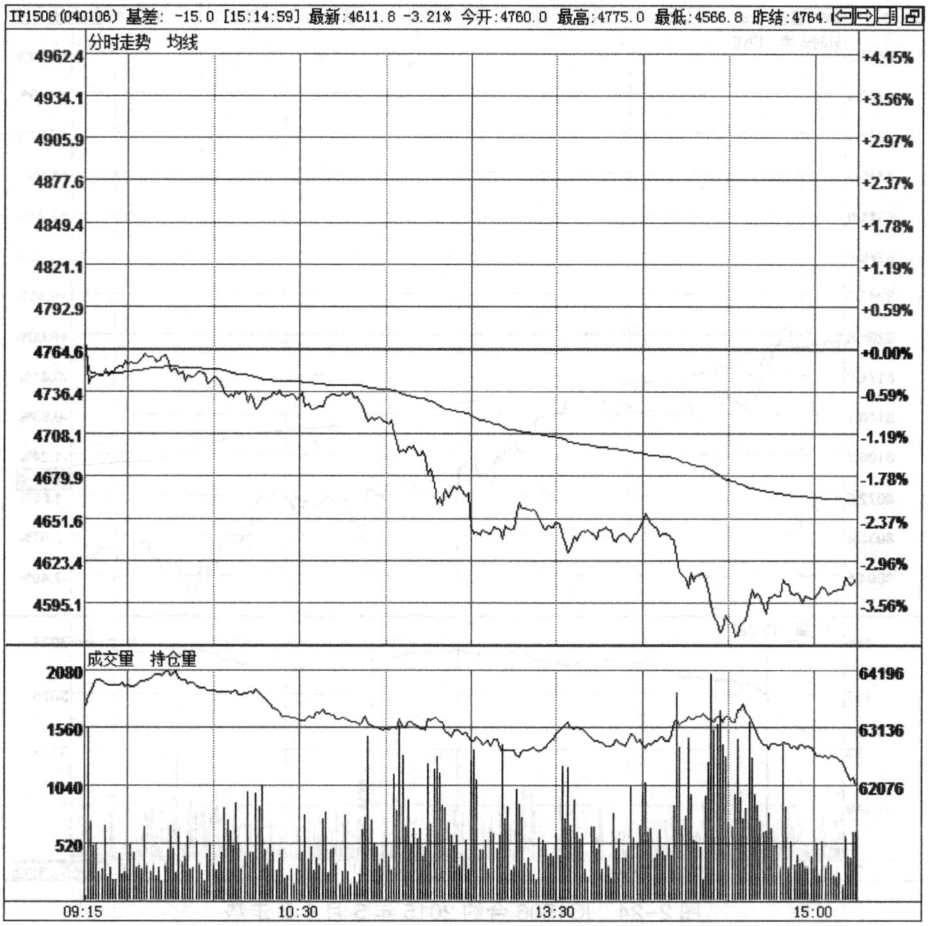

图 2-23　IF1506 合约 2015 年 5 月 5 日走势

IF1506 合约在 2015 年 5 月 5 日价格也同步出现了连续下跌的走势，看来资金没有操作大盘股，也没有操作中盘股。会不会在操作小盘股呢？去看一下。

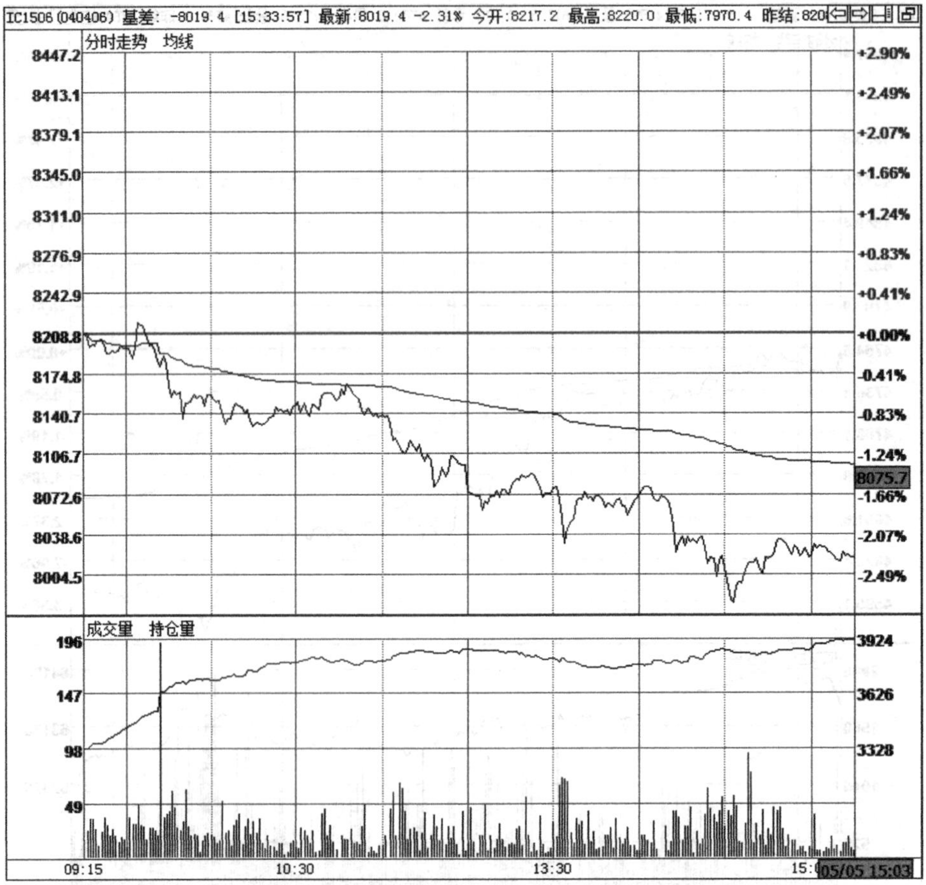

图 2-24 IC1506 合约 2015 年 5 月 5 日走势

在 2015 年 5 月 5 日，IC1506 合约与 IH1506 合约、IF1506 合约一起出现了连续下跌的走势，由此可以看出，在这一天资金哪儿也没去，全部退于场外。

面对这样同跌的走势，就别再想着操作了，大鳄级别的资金都在场外，这就说明他们觉得至少当天的行情不太妙，所以谁都不入场，就算小盘股容易操纵也不愿意入场操作，有钱不去赚，肯定说明今天的钱不好赚，所以投资者也应当学着退出场外。

结合大、中、小盘类个股的对比分析，便可以较为准确地了解资金的流向，不仅可以针对大级别的日线趋势进行判断，更可以在盘中进行分析，从而为短线交易打下比较好的基础，知道了资金去哪儿，也就等于知道了哪儿才能赚到钱。

第三章

如何选择强势暴涨个股

想要在一轮行情中实现较高的收益，应当买什么样的股票呢？肯定是要买主线股。主线股整体虽然都比较强，但是，其中的个股也有差异，有的主线股可能涨七八倍，有的主线股可能才涨两三倍，其中的差异也是很大的。所以，想要实现高收益，除了锁定主线群体以外，还必须要有相应的方法从这些主线群体中找出形态最强的股票进行操作。

本章将为投资者介绍笔者常用的选择强势暴涨个股的技巧，只要学会了这些方法，就算你选的股票不是市场中最强的，也会出现其他80%的个股无法达到的涨幅。

第一节
强势暴涨个股的特点

想要买到强势暴涨的个股，投资者就一定要知道它是怎么一回事，若连强势暴涨个股的基本定义，或是它独特的技术形态都不清楚，就是把它摆在你面前，你也认不出来。

什么样的个股才是强势股，才会出现暴涨的行情呢？从资金介入的角度来讲，这类个股必然是得到了实力强大的机构的认可，它在价格上涨的过程中，成交量非常大，换手率非常活跃。即使强势股只是强势群体中的一只个股，但是，它的换手率必然是这个群体中最为活跃的前几名。对这类个股机构资金的持仓量往往比较大，所以，行情才会延续的比较长。

从技术形态来讲，这类个股往往会先于指数出现上涨，一方面是因为机构对行情的把握能力非常高，一旦指数的波动没有什么大的风险以后，这些资金便会蜂拥而入，因此，总是在指数的行情还没有启动的时候，它便率先上涨。而当指数在上涨中途出现调整走势时，它又往往会提前结束调整，再一次先于指数继续上涨。

从涨幅的角度来讲，这类个股的涨幅往往是最大的，不仅体现在整体行情的涨幅上，还体现在小时间段的涨幅上，这类个股最大的特点就是很容易出现涨停板的现象。如果一只个股没有得到资金的追捧，是很难出现超过绝大部分个股涨幅的，甚至可能连指数的涨幅都超不过，而且也很难经常性出现涨停的走势。

强势暴涨股体现的就是一个字：强。当然这个强指的是多方的强，而不是空方的，多方走势强与之对应的就是它身上也很容易见到空方弱的形态，比如调整幅度小、调整时间短之类的。

但是，这个强除了可以反映在涨停板外，更多的是要通过相对比较的方式来确定。就像人的高矮一样。身高 1.9 米的刘翔与普通人相比算是很高了吧，但跟姚明站在一起还高吗？股票的强势也是如此。当你看到一只个股后，不能轻易就认定它的强弱，一定要跟指数对比一下，跟同板块中的其他个股对比一下，至少也要看看同板块的个股中它是不是最强的。也许，经过对比你会发现，原来还有比它更强的目标对象。

强势股的另一大特点就是会对整个同类板块的其他个股起到上涨的带动作用，比如万科上涨了，地产股板块中的其他个股也会随着一起上涨，也就是所谓的龙头领涨作用。如果这只个股走的很强，但却无法对同类板块中的其他个股产生上涨带动作用，那么，它只能被视为是热点，技术走势的确强，但它只是个光杆司令。一个好汉三个帮，事才能做大。

除了要带动同板块的其他个股上涨以外，它的上涨还可以影响指数的上涨，当然这个影响并不是直接的影响，不是说一只股票涨了指数也涨。影响指数有一个传导的过程，这只强势股涨了，带动起了直接相关的板块中的其他个股一起涨，而这些个股又影响了有相关性的其他个股上涨，从而促使指数上涨。也就是说，一个点的上涨带动了一个片的上涨，一个片的上涨又带动了一个面的上涨，从而形成上涨的合力促使指数上行。

但凡一只个股具备了个体强势的特征，又同时具备了对其他个股或是指数上涨的刺激能力，那它肯定就是行情主线中的一只最值得拥有的个股，也肯定会给投资者带来丰厚的投资回报。

第二节
K线对比选择强势暴涨个股

利用K线对比来选择强势暴涨的个股，是最为常用的一种手法。投资者需要将目标个股与指数的走势进行对比，同时需要将目标个股与同板块间的其他个股进行对比，以此来查看想要买入的个股是不是符合技术性的强势。

使用对比方法分析的时候，如果是对比指数的，就要把指数作为参照，标出重要的高点与低点，然后将目标品种与指数就这些细节走势进行对比。与同板块中的其他个股进行对比，任意一只股票都可以当这个参照物。

投资者应当把自己认为走得强的个股先与指数进行对比，如果它的走势都强不过指数，也就没有必要与同板块中的其他个股进行对比，它肯定不是行情主线中的好股票。只有强于指数的个股，才有资格再与同板块或是行情主线中的其他个股进行对比。

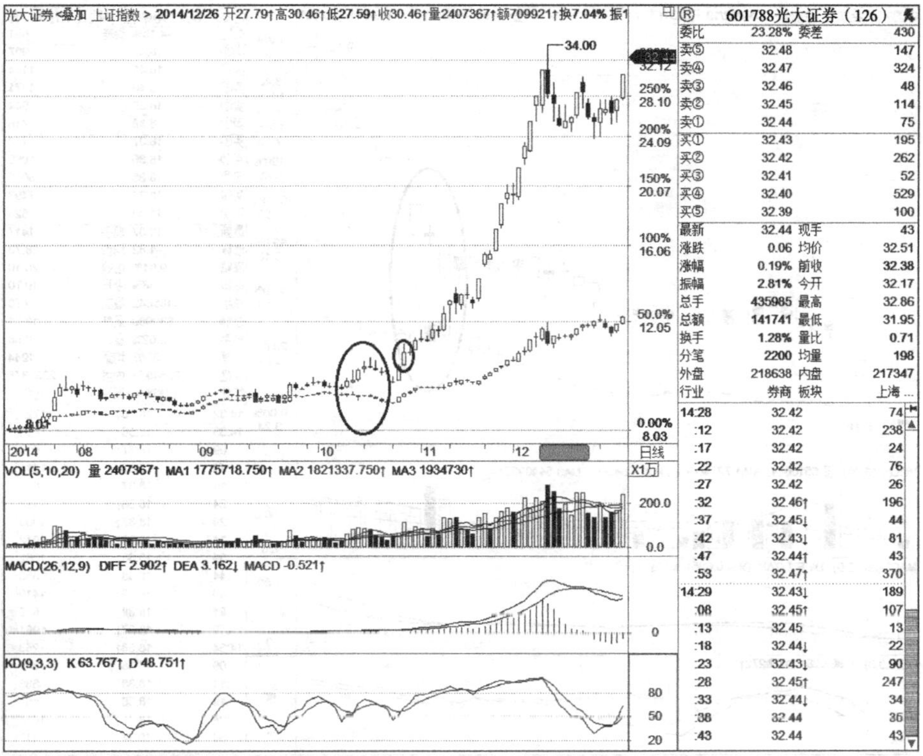

图 3-1 光大证券（601788）2014 年 10 月走势

在图 3-1 中，光大证券（601788）2014 年 10 月之前的走势并没有什么可圈可点之处，其上涨的形态不仅没有强过指数，反而还比指数更弱一些，指数在 9 月已经创出新高，但光大证券此时却并未创出新高，这就意味着在 10 月之前，光大证券在技术形态上并不是好的交易对象。

进入 10 月以后，形势发生了变化，指数出现了调整的走势，但是，光大证券却在指数调整区间温和放量创出新高。个股先于指数创新高，并且是在指数调整的时候创出的新高，这意味着强势特征的出现，因此，投资者应当开始积极关注这只股票。

随后指数调整结束，刚刚上涨的时候，光大证券便再次率先创出新高，连续两次的表现都明显强于指数，投资者肯定不能再等了，应该果断买入。也正是从强势形态出现开始，股价在后期出现了一轮大幅飙升的走势。

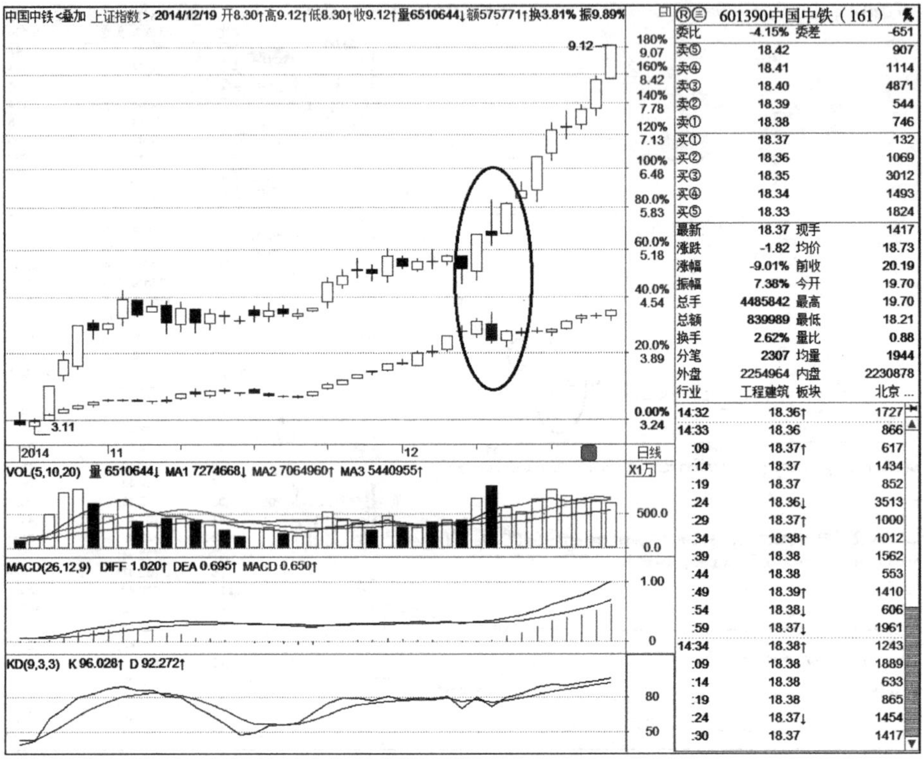

图 3-2　中国中铁（601390）2014 年 12 月走势

在图 3-2 中，我们把中国中铁（601390）在 2014 年 12 月之前的走势与指数进行对比可以看到，股价并没有形成明显的强势特征，指数怎么涨，个股怎么涨，没有自己的特征，这种随波逐流的个股遍地都是，不是值得买进的对象。

但到 12 月中旬的时候，形势就变了，指数收出了一根大实体的阴线，但中国中铁的股价却在指数大跌的时候收出了一根小实体的阴线，随后股价更是先于指数进入了主升浪行情，而此时的指数还远在前高点的下方震荡。个股吃掉上影线的时候，中国中铁的强势特征已经非常明显，虽然之前的表现并不是太好，但现在的表现却非常强劲，这说明场中的机构已经做好发动行情的准备，投资者应当及时跟上主力的步伐。

个股由强转弱，由弱转强都是非常正常的事情，在个股转弱的时候我们应当抛弃它，而在个股明显走强的时候，则应当在它形成强势的初期入场进行做多操作。结合该股强势形成之前的量能来看，之所以在12月中旬前表现平平，是因为机构正在悄然建仓，机构未建完仓自然不会去大力度拉抬股价，而一旦机构建仓完毕，就是股价一飞冲天的时候，此时，其强势特征必然会非常明显。

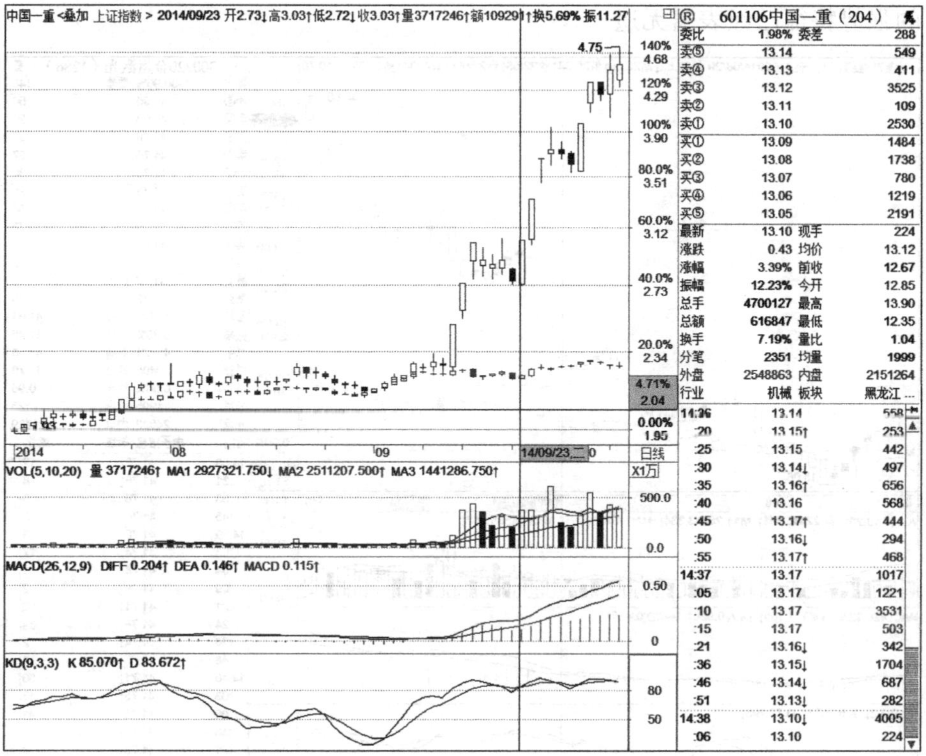

图3-3　中国一重（601106）2014年9月走势

在图3-3中，中国一重（601106）在2014年9月价格的走势没有任何特点可言，成交量非常低迷，这说明根本没有资金大举介入，由于缺少机构资金的关怀，所以股价连根像样的大阳线都没有，与指数波动形态一样的都要放弃，更何况这种连大阳线都没出现过的相对的弱势个股。

但到了9月以后，股价走势突然反转，虽然指数短线出现了调整，但是，资金却对该股产生了浓厚的兴趣，成交量突然连续变大，而后股价连续收出涨停板。虽然短线调整了一下，但第二根涨停板的收盘价支撑非常强劲，在指数刚刚想开始上涨的时候，该股再来一根大阳线，并且第二天干脆利落地创出新高，然后又是好几个涨停大阳线。

从该股的表现来看，之前虽然弱，但自从得到了机构资金的认可，股价一改往日的表现，强势上攻。虽然前三个涨停板的出现非常突然，但后面那几个涨停板是不是就可以稳稳地捉住了？因为在它们出现之前，股价的强势特征已经表露无遗。

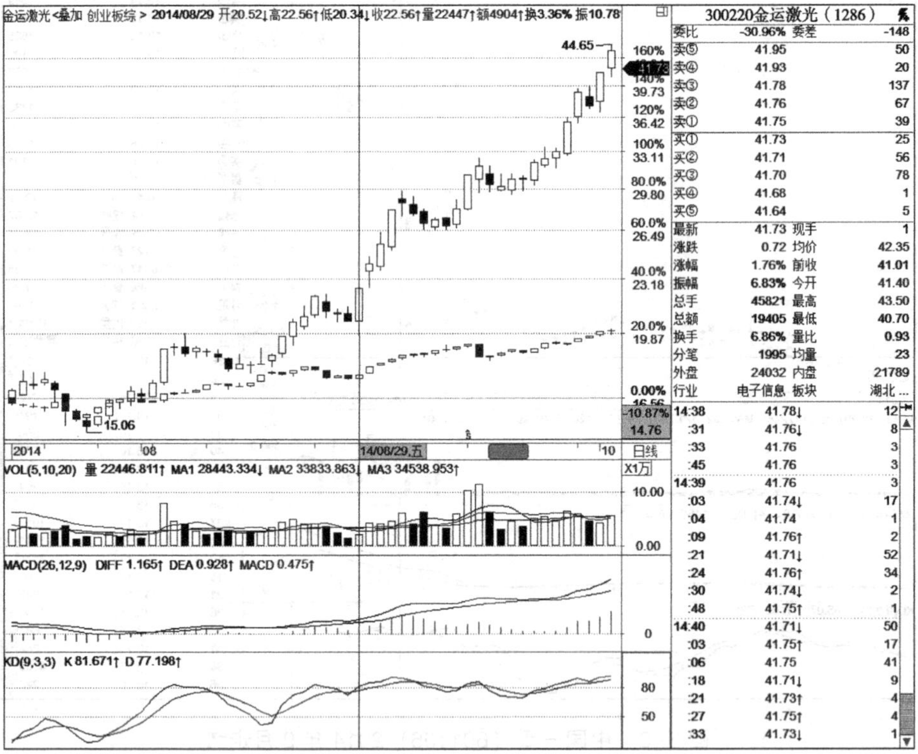

图 3-4 金运激光（300220）2014 年 8 月末走势

在图 3-4 中，金运激光（300220）直到 2014 年 8 月末，股价的波动才开始体现出强势的特点。在此之前，指数大涨，它小涨，指数小涨它调整，不仅没有强势特征，反而还有明显的弱势味道，根据弃弱留强的原则，这一时期该股是没有关注价值的。

一直到了8月末，在指数短线调整结束，刚刚收出调整后的第一根阳线时，该股的股价收出一根涨停大阳线，并一举创出新高。单看这只股票的涨停和创新高并没有什么稀奇，行情好的时候，这种类型的股票多的是，但不要忘了，这可是在指数还处于调整状态下形成的，并非在指数上涨的过程中出现的，这就显得难能可贵了。指数调整时它都敢起涨，一旦指数重新上涨，那它还了得？

正由于强势特征已经明显体现，所以，出现后边的大幅上涨行情也就没什么可奇怪的了。强势的出现往往意味着机构已经做好随时起跳的准备，在股价刚刚起跳的时候及时跟进，一天一个涨停板的目标也就不远了。

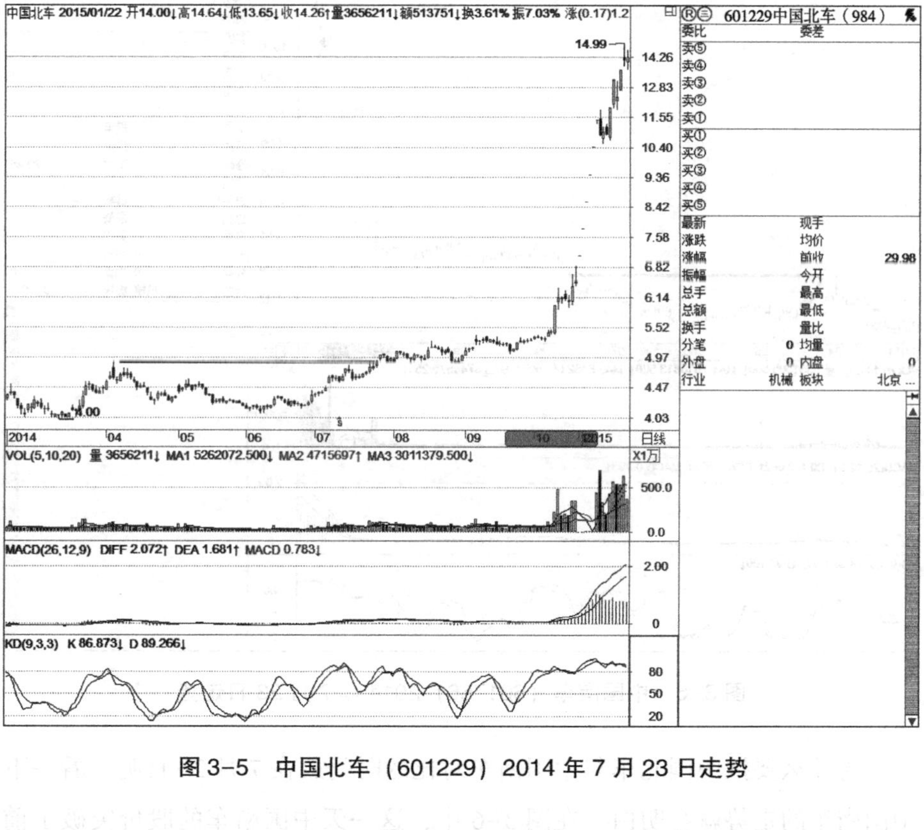

图3-5 中国北车（601229）2014年7月23日走势

在图 3-5 中，中国北车（601229）与中国南车受到合并消息的刺激，股价在后期出现了一轮大幅飙升的行情，真可谓是一天一个涨停板。股价能在后期涨得这么猛，肯定可以从之前的走势中寻找到其强势特征的存在。那么，中国北车与中国南车到底该买进谁更好一些呢，先来对比一下再做决定。

2014 年 7 月 23 日，中国北车的股价还处于前期高点的下方并没有形成突破，但也属于逼近前高的走势，这是一个较为敏感的点位，投资者是应当重点关注的。也就在突破了前高点以后，股价进行了一段时间一档缓行后，便开始四挡、五挡的高速行驶。可见股价临近前高点的时候都需要重点关注一下，一旦突破往往就存在着很不错的机会。

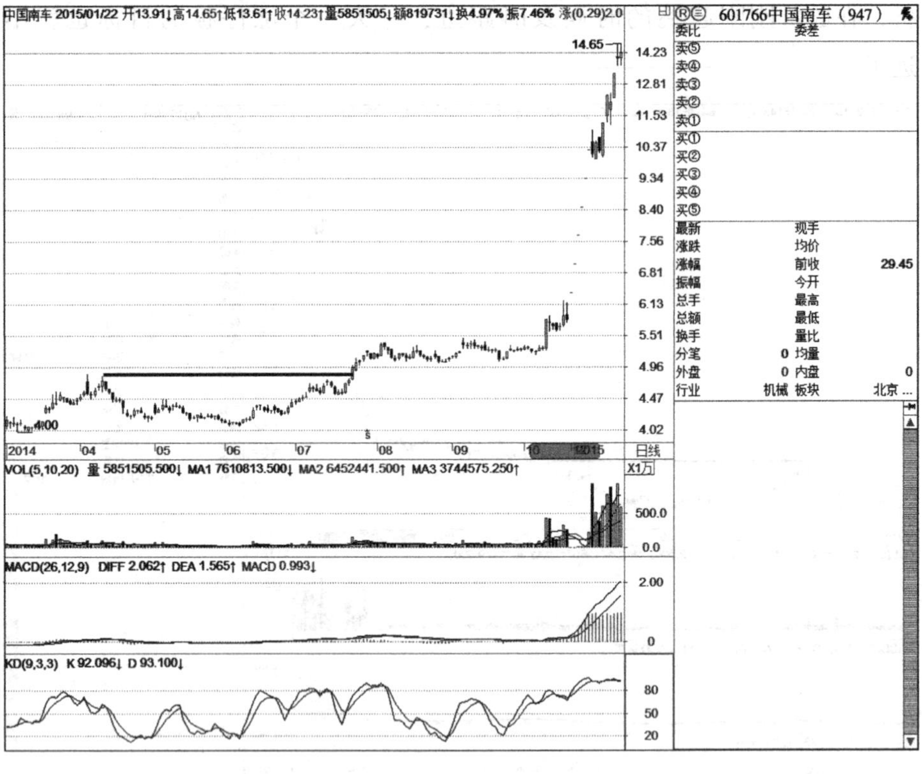

图 3-6　中国南车（601766）2014 年 7 月 23 日走势

为什么要把中国北车与中国南车对比的时间放在 7 月 23 日呢？看一下中国南车的走势就会明白。在图 3-6 中，这一天中国南车的股价突破了前期的高点，突破前高点后，在上方运行了一段时间，而后大幅飙升。

同样是 7 月 23 日，中国北车的走势如何呢？它并没有突破之前的高点。相同板块的个股，同一个大周期的波动方向，但其中一个率先突破了之前重要的高点，而另一个并未突破，你说哪只股票后期更能涨呢？因为有了消息刺激，二者涨得都差不多，但是，如果没有消息刺激，仅是正常的波动，中国南车的涨幅肯定是要超过中国北车的。因为是不是强势股，就体现在率先创新高上。

投资者掌握了这个小方法，在以后的行情中，就知道该如何选股了。一定要找出板块中率先创新高的个股，后期的走势是无法预测的，我们只能从眼前的数据着手分析，当前，谁强自然就要买谁。

图 3-7　三一重工（600031）2014 年 5—9 月走势

三一重工与中国一重同属于一个板块，但二者的涨幅实在是差得太远了。除了所谓的题材炒作外，其实完全可以从技术形态上找到二者的差异所在。涨幅有差异也就意味着二者的强弱必然有差异。

在图3-7中，三一重工在7月末，股价突破了5月的高点，虽然股价涨了，但不要因此认定它就是最强的，一定要再和同板块中的其他个股对比一下再下结论。

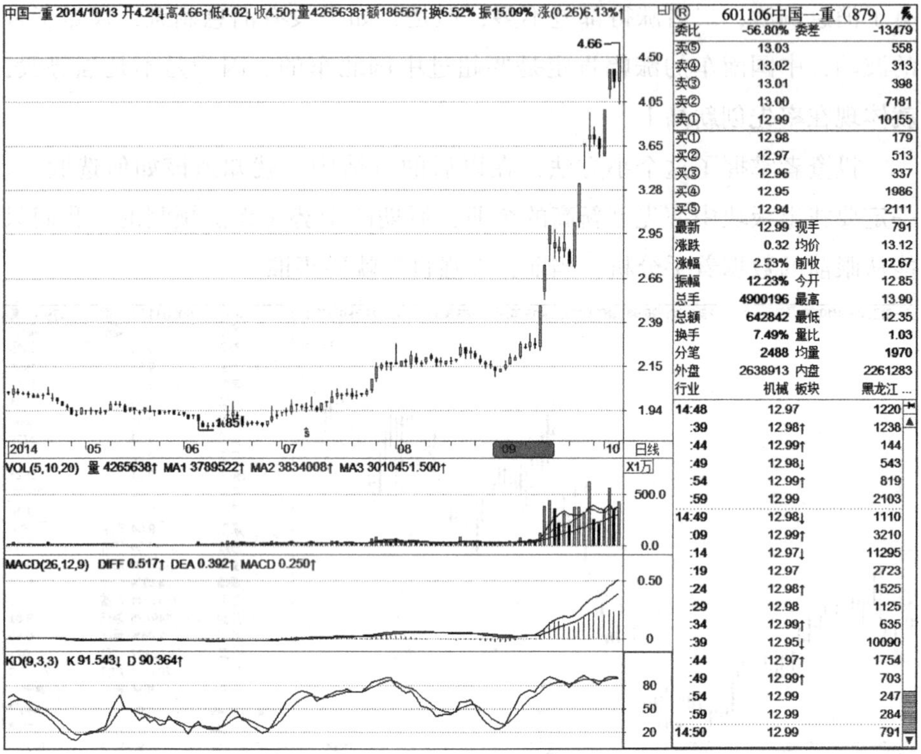

图3-8 中国一重（601106）2014年5—9月走势

在图3-8中，中国一重（601106）在2014年7月末，股价虽然也突破了5月的高点，但是，其突破的力度比起三一重工要小许多。截至7月末，投资者应首选三一重工进行操作。

在9月中旬之前，中国一重的走势一直弱于三一重工的。三一重工涨，中国一重率先横盘调整，三一重工调整，中国一重也调整。一直到了9月中旬，情况大变，在经过几根小阳线的缓慢上行后，中国一重突然收出了一根涨停大阳线，而此时，三一重工依然保持着不温不火的上涨，别说涨停了，就连一根最突出的大阳线都没有。一只个股涨停，另一只个股没涨停，其实已经不用再比什么了，因为答案已经太明显了。

除了有涨停大阳线这个最明显的对比参照以外，中国一重 9 月中旬创出了新高，但三一重工却还停留在新高（之前的上影线）的下方，强弱差异进一步变得明显。由此，也就找到了中国一重这么牛，而三一重工却要逊色很多的原因。

那些暴涨的大牛股，都有着与众不同的特征，强势，不是任何个股都能具备的，只有那些资金实力雄厚、操盘手法老练的机构运作的个股才会形成强势走势，跟着这样牛的机构走又怎么会吃亏。

第三节

均线对比选择先行暴涨个股

移动均线是许多投资者都喜欢使用的一个指标，该指标可以很好地反映价格较为稳定的趋势波动形态，同时又具备提供支撑与压力的作用，因此可以直接为投资者提供许多具有交易价值的信息。

均线除了决策买卖点所在点位之外，还可以用它来进行选股，并且选到的个股往往在未来的行情中都会有非常不错的表现。使用移动均线选股同样利用的是对比的方法，具体的使用方法为：

（1）先查看指数 5 日、10 日、20 日移动均线形成金叉的时间，以此作为对比的参照；

（2）查看个股三条移动均线形成金叉的时间，然后与指数进行对比。

如果个股形成金叉的时间晚于指数，往往意味着当时的状态下股价的波动形态弱于指数，这肯定不能称之为强势股（切记是当时的，而不是以后，以后股价有可能会转变成为强势），但如果个股形成金叉的时间早于指数，那就表明它是强势股。但这里也有一个时间的限制，晚于指数的金叉肯定是不行的，但早过指数的金叉，行情的连接性脱节了也不行，所以，个股金叉最多早于指数金叉 20 个交易日。

这种方法的使用是要先等指数形成金叉，而后再去找个股，顺序不能错。否则看到个股金叉了，指数没金叉就买了，万一指数继续跌怎么办？指数一旦形成金叉不说中长线，至少短线也会窜一下吧。这些强势股是不是也就具有了上涨的环境。所以，一定要先等指数形成均线的金叉，然后再找出来在此之前 20 个交易日之内率先形成金叉的个股。

当然请记住，虽然单一使用均线金叉就可以找到强势股，但也一定要把找出来的个股进行对比，确定出来最强的那一个，然后就可以买进它等着赚钱了。

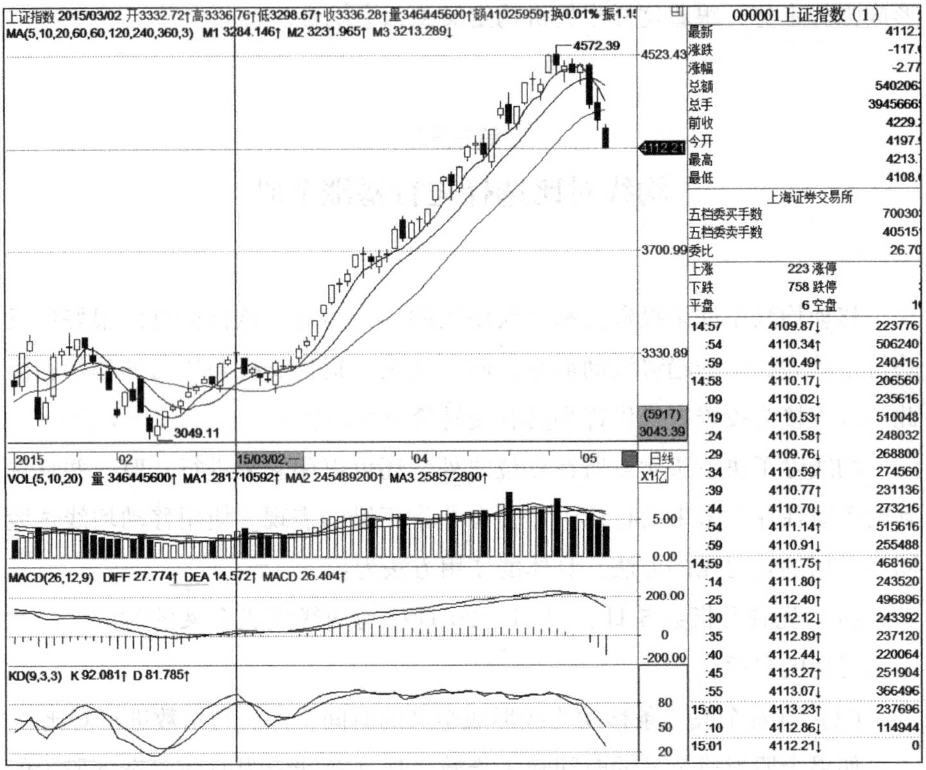

图 3-9　上证指数 2015 年 3 月走势

上证指数在 2015 年 2 月中旬结束调整开始小幅上行，随着指数波动重心不断上移，移动均线系统也开始形成上升趋势以及彼此间的金叉现象，至 3 月 2 日，所有的移动均线全部完成了金叉的走势。

指数金叉在 3 月 2 日形成，这也就意味着，如果在这一天仍未形成金叉的个股，不是此时此刻我们要交易的目标对象，此时所需要的就是提前于指数形成金叉的个股，只有这些个股才是当前行情下的强势股。

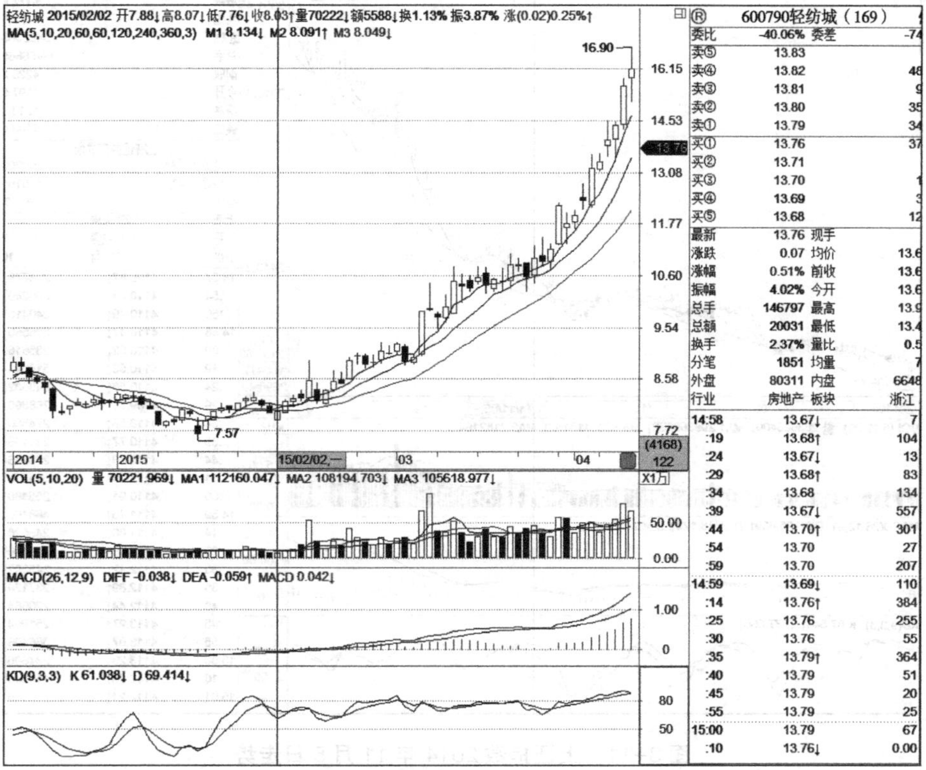

图 3-10 轻纺城（600790）2015 年 2 月走势

在图 3-10 中，轻纺城（600790）在 2015 年 2 月初结束了震荡下行的走势，随着价格小幅上扬，5 日、10 日、20 日移动均线在 2 月 2 日完成金叉，自此，一轮连续不断的上行涨情随之出现。

上证指数是在 3 月 2 日形成的金叉，而该股则是在 2 月 2 日形成的金叉，时间上早了一个月，提前于指数十几个交易日率先走强，因此，在指数形成金叉的时候，就可以在 3 月 2 日这一天买进该股。

切记买入的日期是 3 月 2 日指数形成金叉的这一天，盘中形成金叉就盘中买进，盘中没买的，3 月 3 日开盘买进也可以，而绝非是在 2 月 2 日个股形成金叉的时候买入。

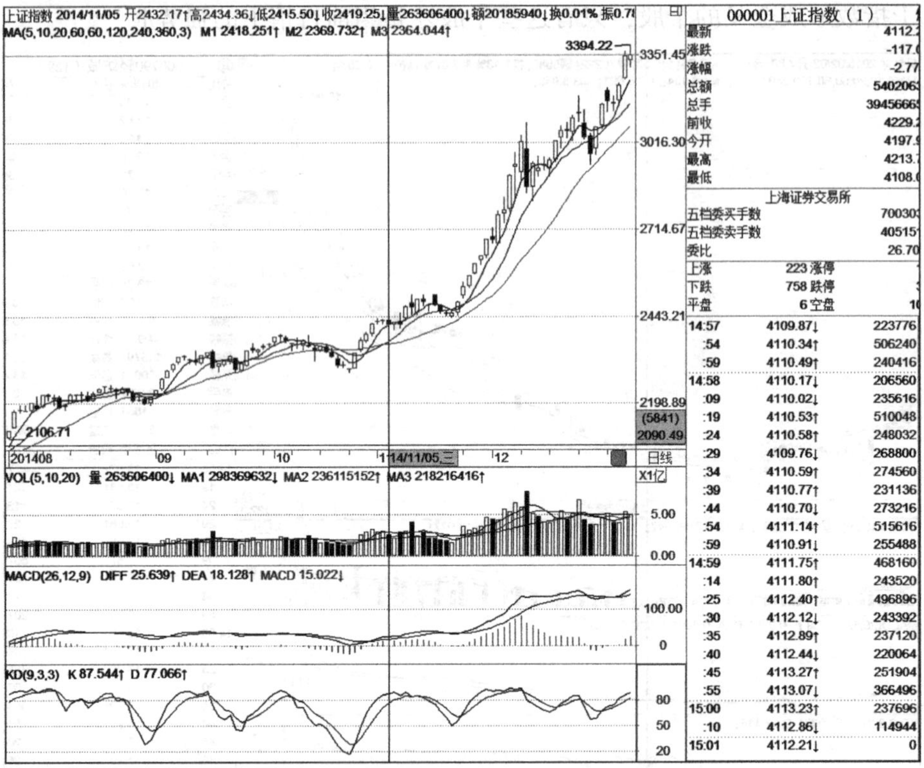

图 3-11 上证指数 2014 年 11 月 5 日走势

上证指数 2014 年 11 月 5 日结束了暂时的调整，并再次向上创出新高，从而带动了移动均线在这一天全部形成了金叉的走势。指数的波动给出了明确的信号，那么，投资者的选股也就简单了，就去找那些先于指数形成金叉的个股。

实战交易的时候，那些先于指数形成金叉的个股一定要提前寻找，找到它们后先别急着买入，万一指数下跌又把它们带下来怎么办？一定要先关注着它们，一旦指数同步形成金叉，这个时候再买进这些个股。

其实这个案例中还有另一个选股的思路，不知道细心的读者能不能看出来应当在哪个位置去选择强势股呢？

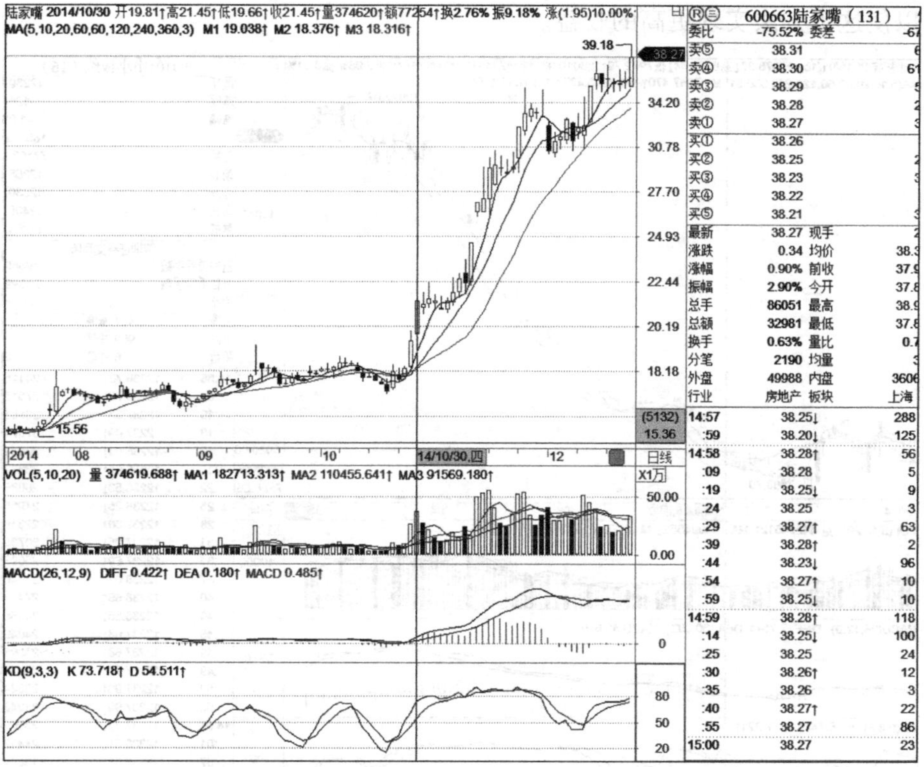

图 3-12 陆家嘴（600663）2014 年 10 月 30 日走势

在图 3-12 中，陆家嘴（600663）在 2014 年 10 月 30 日价格结束了调整并开始上涨，这一天各条均线形成金叉的现象，这样的个股是应当作为目标股随时关注的。10 月 30 日应当是你选出这只个股的日期，而绝非是买进这只个股的日期。

陆家嘴形成金叉的时间比上证指数要早，这说明该股率先于指数形成了明显的强势，但是买入日却一定要设在 11 月 5 日这一天。有朋友可能会问，再晚几天股价不又涨上去了吗？的确是会再涨几天，就是这几天岂不是意味着股价更强势了吗？一只走势更强的个股你还怕后期没得大涨吗？

对于有这种问题的投资者，可以借鉴笔者的另一个细节处理的小技巧。你可以把你预想的买入量分为二份，比如你想买一万股，那么，发现这只个股提前于指数形成金叉的那一天买进 5000 股，然后等指数也形成金叉的那一天再买进 5000 股。有的时候，方法虽然一样，但细节的处理却可以使这个方法实现更高的收益。

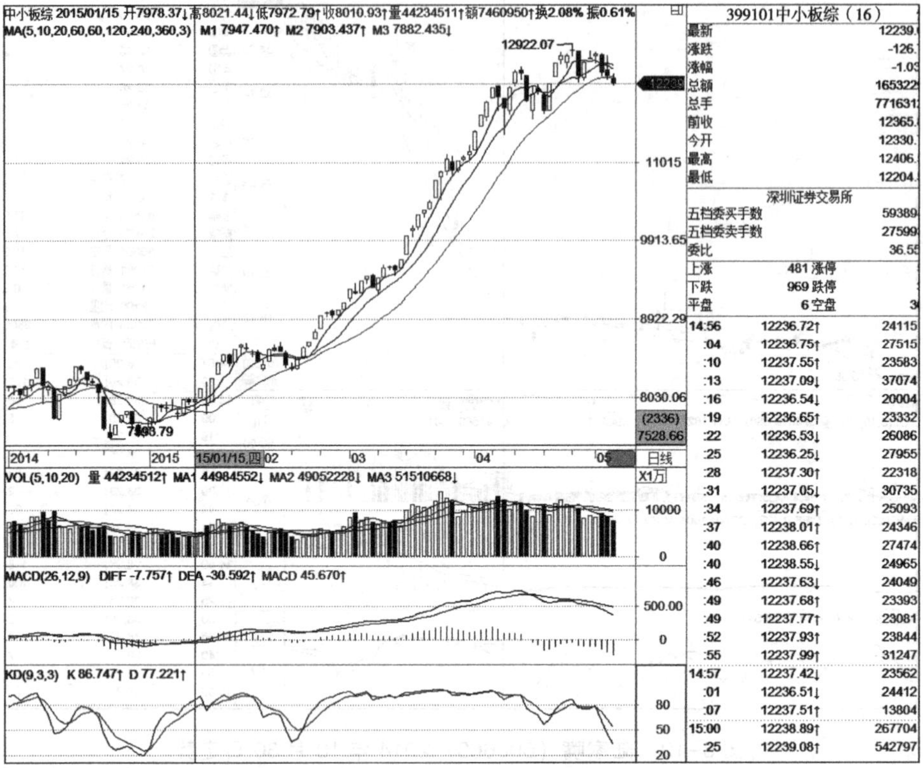

图 3-13　中小板指数 2015 年 1 月 15 日走势

在图 3-13 中，中小板指数在 2015 年 1 月 15 日结束了调整，随着 K 线的缓慢上升，各条移动均线在这一天形成了金叉的形态，这一天投资者就可以买进那些提前于指数形成金叉的中小板类个股。

使用这个方法的时候，一定要求是 5 日上穿 10 日均线，5 日上穿 20 日均线，10 日上穿 20 日均线，这才可以称为是金叉全部形成，才可以买进已选好的目标个股。

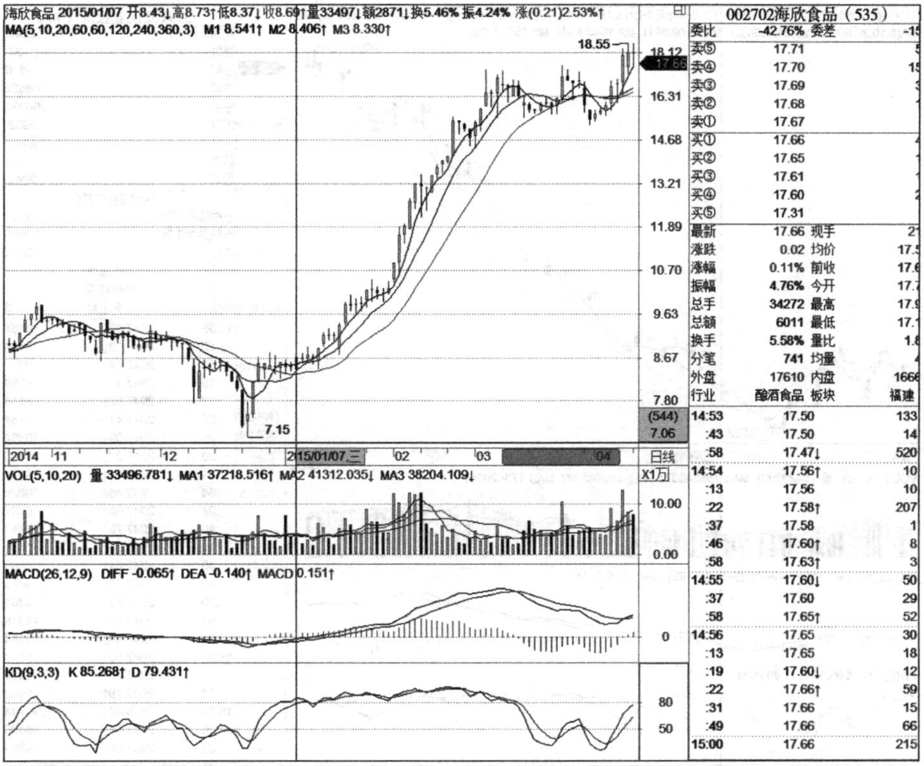

图 3-14　海欣食品（002702）2015 年 1 月 7 日走势

在图 3-14 中，海欣食品（002702）在 2015 年 1 月 7 日之前，股价的走势其实是明显弱于指数的，其下跌的时间先于指数，并且细节上的 K 线形态也弱于指数，这意味着当时肯定不能关注这类个股。但到了 1 月 7 日，形势发生了明显的转变。

中小板指数的金叉是在 1 月 15 日形成的，但该股的金叉则是在 1 月 7 日就形成了，虽然之前的走势弱，但现在的走势已经脱胎换骨转变成为明显强于指数的形态。因此，投资者便可以在 1 月 15 日大举介入该股，这样一来，后期一轮波动行情形态也就轻松捉到手了。

那些强势暴涨的个股与弱势的个股最大的区别就是，强势暴涨的个股一定是领跑者，它们会率先起步上涨，只要知道了这个技术上的核心，要选出来它们就十分简单了。

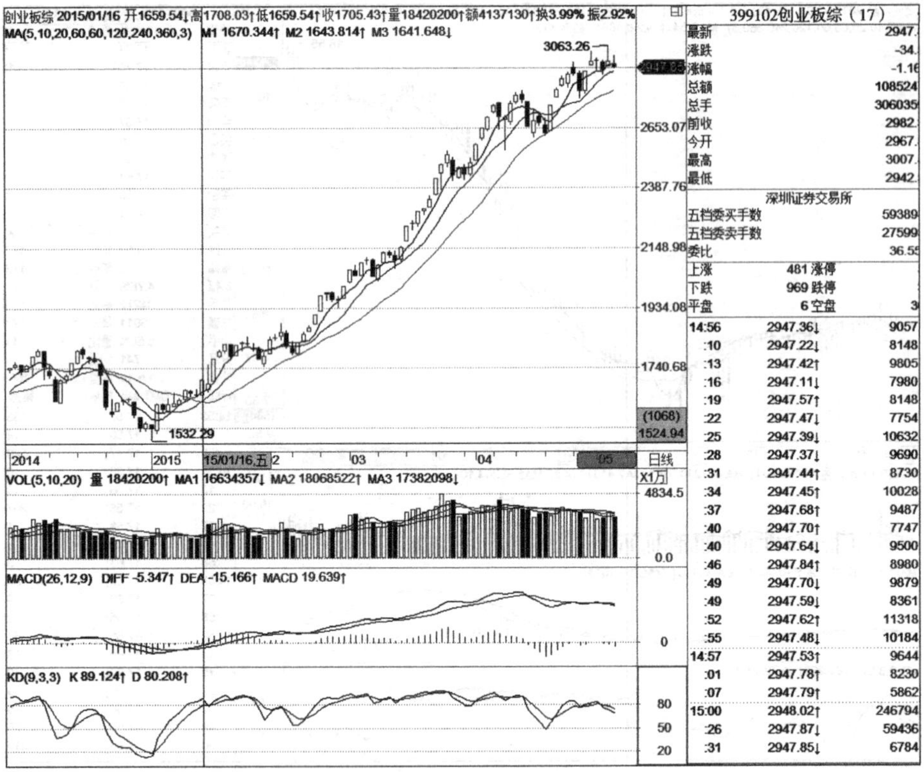

图 3-15　创业板指数 2015 年 1 月 16 日走势

在图 3-15 中，创业板指数在 2015 年 1 月 16 日虽然没有创出之前的高点，但是移动均线已经在这一天形成金叉，这意味着指数结束调整的概率极大，从指数的角度来说，这一天就是一个买点。

创业板指数的买点出现，意味着就整体创业板类个股而言，买点也出现了，接下来要做的事情就是找到创业板中那些走势强劲的个股。弱于指数的一律放弃，直到它们在未来形成强于指数的走势。

图 3-16 启源装备（300140）2015 年 1 月 6 日走势

在图 3-16 中，启源装备（300140）在 2015 年 1 月 6 日随着股价的上涨，移动均线全部形成金叉的走势，这意味着个股趋势性买点的到来。也就是从这一天开始，股价在后期出现了一轮连续上涨行情，为什么它可以持续上涨，而有的创业板个股却在这一时期表现平平呢？原因就在于强势特征是否出现。

创业板指数是在 1 月 16 日形成的金叉，而启源装备的金叉则是在 1 月 6 日形成的，这意味着个股先于指数形成了上涨的走势，能够率先起涨的个股，有极大的概率在未来也不会差。比起那些弱于指数或跟指数同步的个股来讲，在该股中运作的机构实力要更强一些，因为这些机构可以很精准地拿捏出指数上涨的节奏。

这个方法中均线的金叉不是难点，核心在于，个股先于指数形成金叉可以买进一半，一旦指数形成金叉的当天则可以再买进另一半，这种是有一些激进的做法。稳妥的方法就是在个股形成金叉时关注，一旦指数同步形成金叉则在指数形成金叉的当天买进。这样做可以防止指数未形成金叉前再度下跌而拖累个股，虽然个股此时的股价又涨了一些，但这样的操作岂不是更加安全了吗？强势股不会只涨一点儿的。

第四节

指标对比选择强势上行个股

除了可以使用移动均线来识别个股的强势状况外，还可以使用各种技术指标进行识别。投资者喜欢使用的指标是不同的，有的喜欢用移动均线，有的喜欢用 MACD 指标，有的喜欢用 EXPMA 指标。笔者以 MACD 指标为例介绍如何用指标来选择强势股，其他趋势类指标的使用方式也是一样的。

在使用指标选择强势股的时候，要选用趋势类的指标进行分析，其他性质的指标作用不是太大。使用的思路与移动均线选择强势个股的思路完全一样，都是要寻找领先于指数起涨的个股，只有先于指数上涨的个股，才会给投资者带来更多的收益。

利用 MACD 指标选择强势个股的方法：

（1）在指数上涨带动 MACD 指标形成金叉时，记录下这个金叉的时间点；

（2）查看指数形成 MACD 金叉时，提前于指数形成指标金叉的个股。

个股 MACD 指标形成金叉的时间周期要求不能晚于指数，但也不能超过指数金叉 20 个以上的交易日，否则个股的波动性质容易与指数脱离，这样的个股多会走出独立行情，受指数的影响较小，无法对比进行分析。

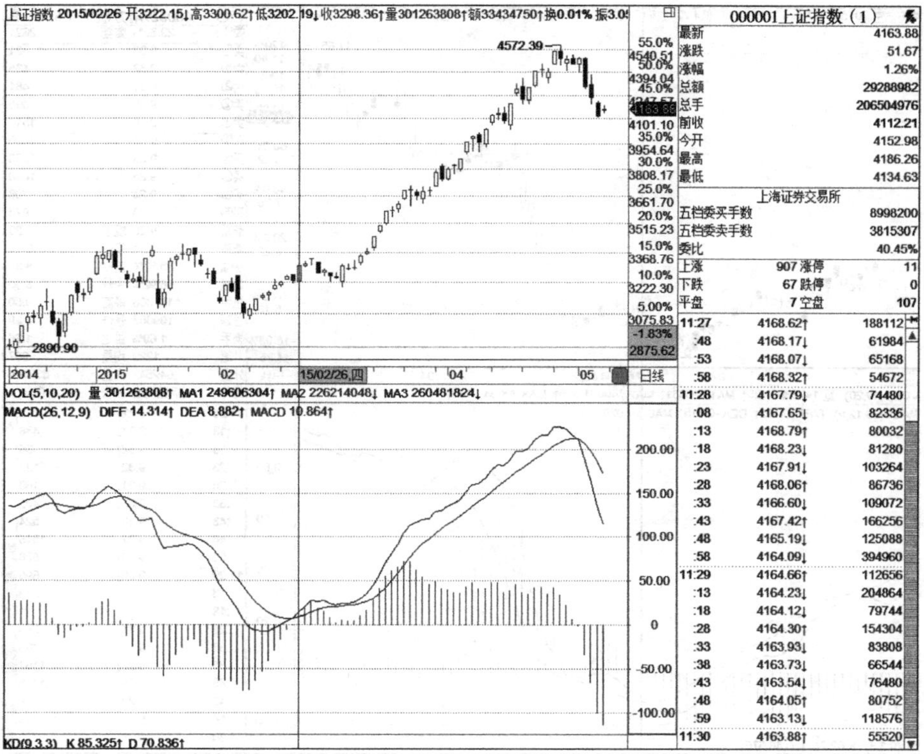

图 3-17 上证指数 2015 年 2 月 26 日走势

在图 3-17 中，上证指数 MACD 指标经过一段时间的空头排列后，在 2015 年 2 月 26 日形成金叉的走势。趋势类指数的金叉往往意味着 K 线此时的波动趋势有转变的可能，因此投资者一定要密切留意。

指数 MACD 形成金叉以后，投资者要做的就是寻找那些 MACD 指标先于指数形成金叉的个股。MACD 指标的金叉是要靠个股上涨才能带动起来的，而先于指数形成 MACD 指标金叉的个股则意味着股价已经率先起涨。

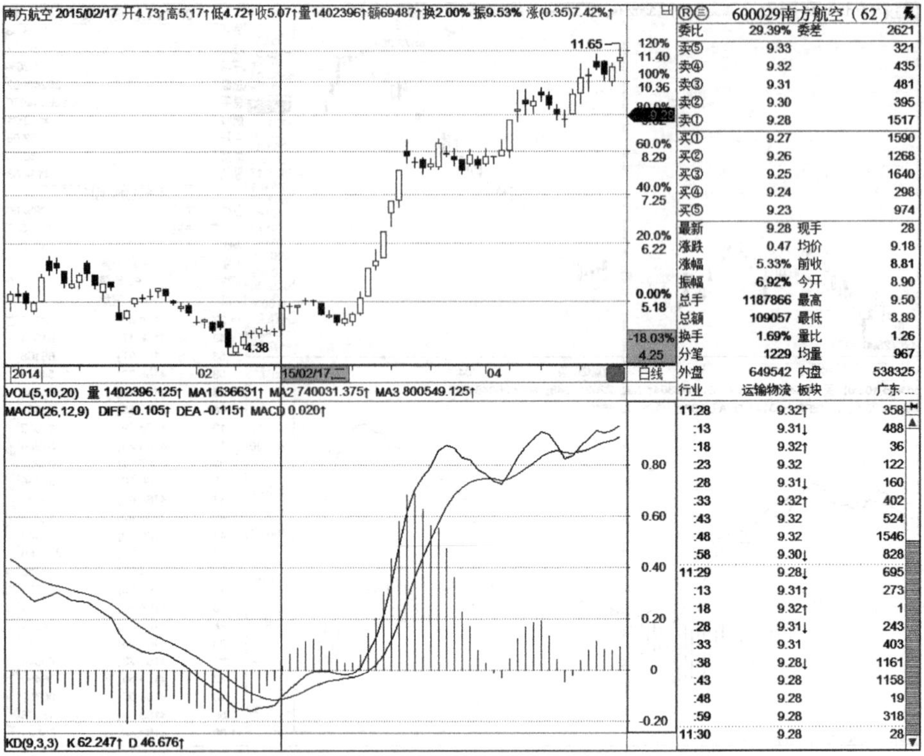

图 3-18 南方航空（600029）2015 年 2 月 17 日走势

在图 3-18 中，南方航空（600029）在 2015 年 2 月 17 日之前的走势明显弱于指数，指数的高点基本水平，而该股的高点则是明显降低。在股价波动弱势的时候自然需要放弃，个股由弱转强，由强转弱都是非常自然的，在个股弱的时候放弃它，在它强的时候再重新操作。

到了 2 月 17 日，个股一改弱势状态，终于形成了强势指数的走势：MACD 指标先于指数形成金叉，这意味着从指标的角度来衡量，股价此时的走势已先于指数起涨，从时间上来看，要提前于指数好几个交易日形成金叉。提前起涨就必然会提前带动 MACD 指标提前于指数形成金叉，所以，2 月 17 日对该股就要重点关注，一旦后期指数形成金叉，也就是在 2 月 26 日就可以买进该股。

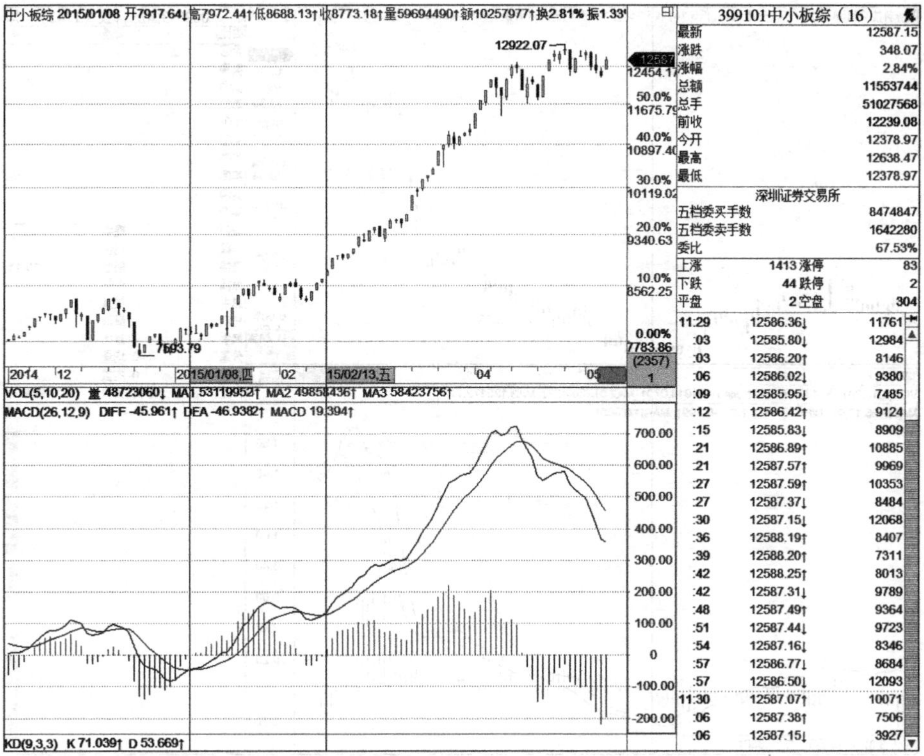

图 3-19　中小板指数 2015 年 1 月 8 日及 2 月 13 日走势

在图 3-19 中，中小板指数在 2015 年 1 月 8 日及 2 月 13 日先后两次形成金叉的走势，这样的情况该如何进行分析呢？分别来讲，投资者可以有两次选择强势个股的机会，第一次就是找出 1 月 8 日之前形成金叉的个股，第二次就是在 2 月 13 日找到之前形成金叉的个股，把先后两个金叉视为是两次对比选股的参照。

总体来讲，就是把第一个金叉作为选股的参照，把第二个金叉作为校验个股强势的参照。如果个股先于指数在 1 月 8 日之前形成金叉，证明它是强势股，如果个股能在 2 月 13 日的表现继续强于指数，那就可以放心大胆的持仓。能形成两次都强于指数的个股难道不值得持有吗？

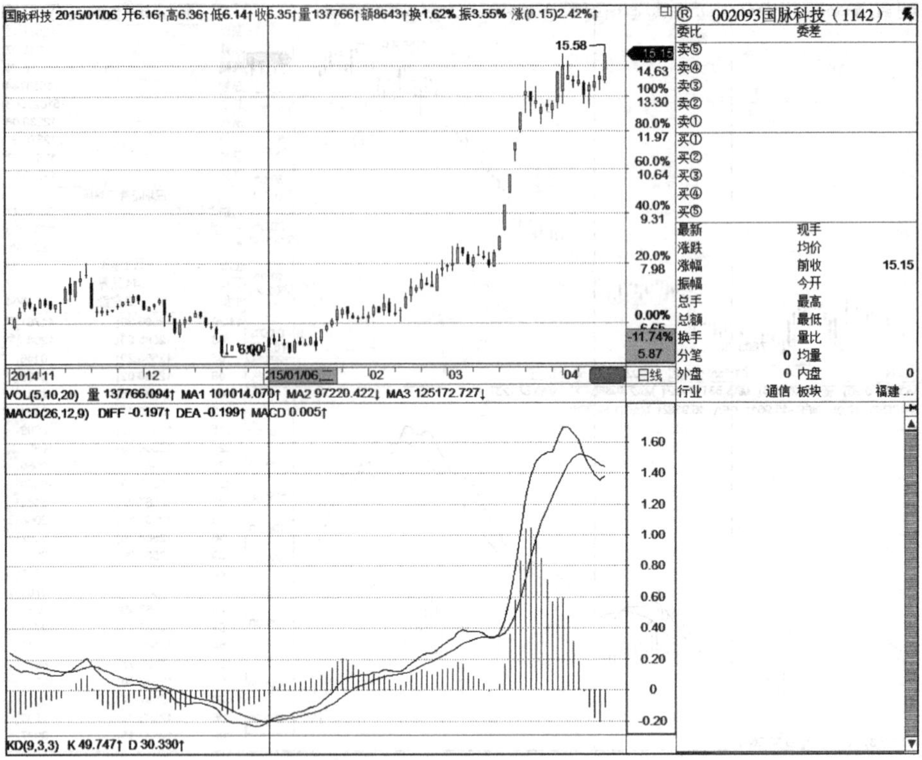

图 3-20 国脉科技（002093）2015 年 1 月 6 日走势

在图 3-20 中，国脉科技（002093）在价格震荡下跌之后于 2015 年 1 月 6 日形成金叉，个股形成金叉的时间比指数早了两天，但就是这两天的时间投资者就可以看出该股所具备的强势，当然，这个强势并不是通过 K 线形态来表达的，而是通过指标的形态来表达的。

第一次的金叉强于指数，那第二次的呢？指数在 2 月 13 日又形成一次金叉，国脉科技自从第一个金叉以后就一直保持着多头排列的状态，其间并未像指数一样再形成死叉，这意味着股价经受住了两次考验，完全可以一直放心的持股。

正是两次明显的强势特征的出现，造就了未来一波一天一个涨停板的行情，强势形成往往会对应强势上涨，所以投资者一定要花费更多的精力来掌握寻找强势个股的方法。

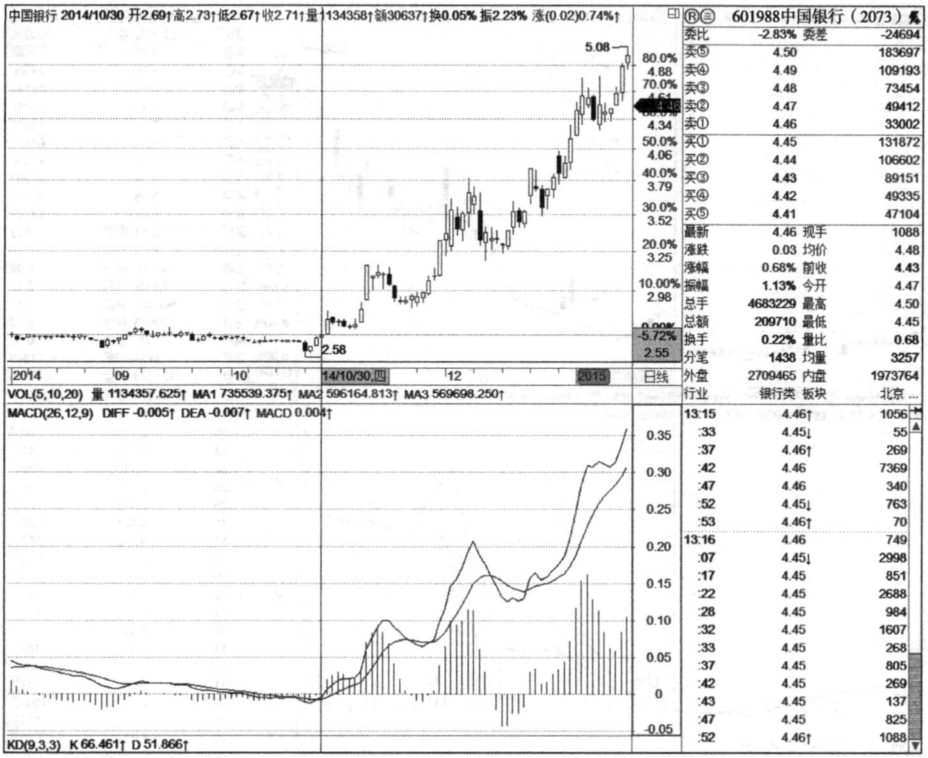

图 3-21　中国银行（601988）2014 年 10 月 30 日走势

在图 3-21 中，中国银行（601988）在 2014 年 10 月 30 日后出现了一轮上涨的行情，这一波行情中银行板块整体表现都还不错。但在一线银行板块中，中国银行是不是最值得买进的股票呢？这个问题只要彼此之间进行一下对比就可以知道。

中国银行 MACD 指标是在 10 月 30 日形成的金叉，如果这一天所有的一线银行都形成金叉，那就无所谓了，买谁都一样。但如果形成金叉的时间有先有后，那就一定要选择金叉时间在前的股票。

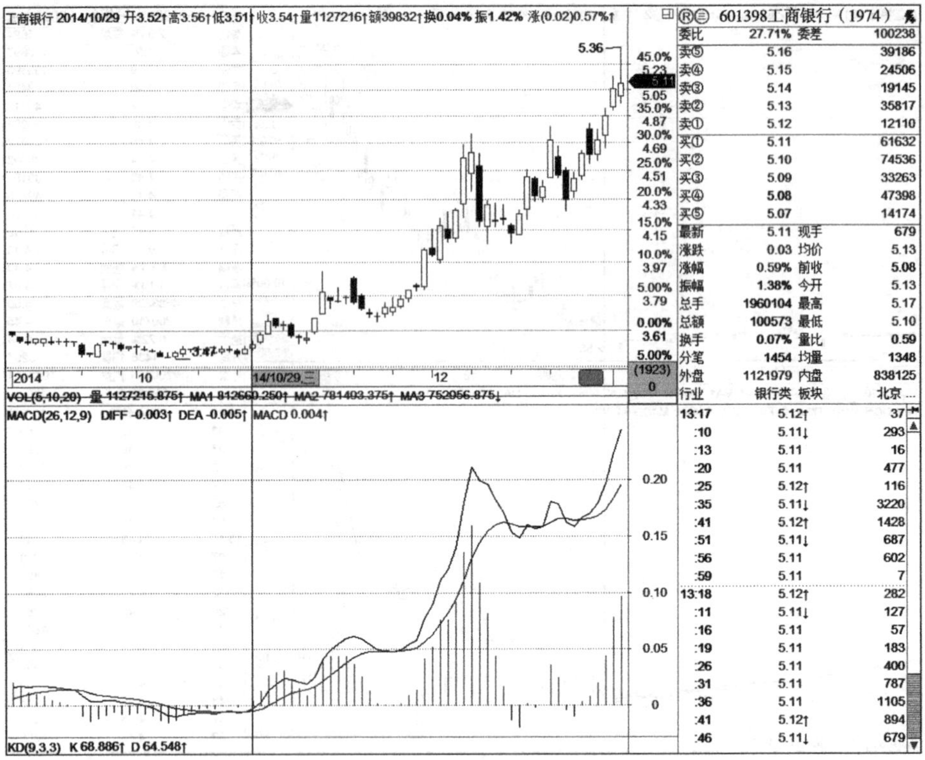

图 3-22　工商银行（601398）2014 年 10 月 29 日走势

在图 3-22 中，工商银行（601398）在 2014 年 10 月 29 日 MACD 指标形成金叉，相比中国银行的金叉时间提前了一天，别说日线上的一天，就是盘中提前 1 分钟形成金叉，它也是值得买进的股票。

但问题是工商银行形成金叉的时间虽然提前了一天，但是随后上涨的时候，它的 K 线却要弱于中国银行。这种问题又该如何看待？首先，股价后期的表现如何是不得而知的，你能知道的就是眼前时刻股价的数据状况。其次，当前强的个股，后期有可能转弱，当前弱的个股，后期也有可能转强，须知强弱的转换是很正常的事情。最后，要采取服从当下的数据进行交易的策略去解决这种问题，然后根据新的数据情况来调整交易，如果工商银行一直强于中国银行就持仓，但如果工商银行的走势弱于中国银行的走势，那就卖掉工商银行买进中国银行。

我们只能选出当前最强的股票，但请一定记住，从统计的角度来讲，强的股票后期继续强势的概率要远大于个股由弱转强的概率。当前的时刻你知道谁强，而强弱转换是你无法在此时判断出来的。当前最适合交易的对象并不一定代表未来它是最强的，或是涨幅最大的，但你不能否认的是当前它是最适合交易的对象。既然如此，肯定就要先买入它，然后再根据后期走势的变化进行调整。

图 3-23 宝钢股份（600019）2015 年 2 月 6 日走势

在图 3-23 中，宝钢股份（600019）在 2015 年 2 月 6 日股价结束了调整开始小幅上涨，从而带动了 MACD 指标在此时形成金叉。此时投资者要做的就是看一下钢铁板块中是不是宝钢最强，如果你用 K 线对比的方法选，就重点对比一下 K 线，如果喜欢用均线就把均线作为统一的对比参照，当然，如果喜欢 MACD 指标，就需要把 MACD 指标作为统一对比的参照。

如果钢铁板块中有先于宝钢股份形成金叉的，那就应当买入形成金叉时间早的个股，如果没有，那就应当在此时买进宝钢股份。

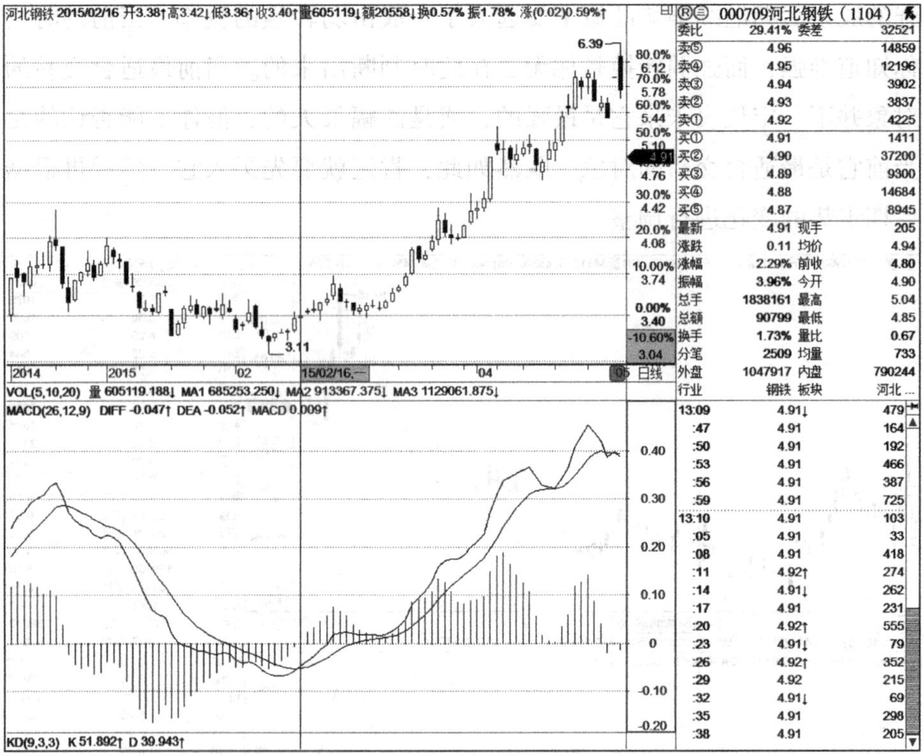

图 3-24　河北钢铁（000709）2015 年 2 月 16 日走势

在图 3-24 中，河北钢铁（000709）在 2015 年 2 月 16 日 MACD 指标才形成金叉的走势，从形成金叉的时间上来讲，晚于宝钢，因此，河北钢铁肯定不是 2 月 6 日最适合买进的个股。

虽然要买入宝钢股份，但宝钢的调整形成了 MACD 死叉，河北钢铁股价也调整了，但 MACD 指标却并没有形成死叉，这说明二者的强弱发生了改变，宝钢之前强而现在弱，河北钢铁之前弱但现在强。所以在实战操作的时候应当进行换股交易，卖掉宝钢买进河北钢铁。也正是由于强弱发生了变换，所以，河北钢铁后期的涨幅超过宝钢股份。但这并不是在 2 月 6 日就能知道的事情，这一天能知道的就是宝钢股份要更强一些。强弱的转变发生在 3 月初，也只有这个时候才可以通过新的强弱状况来调整持仓。

第五节
暴涨股的特色之一：上升途中的 W 底

有的投资者因为自身的原因，可能没太多时间查看太多的股票，或者想交易的时候轻松一些，因此会始终盯着那么一些自己熟悉的股票，这是非常提倡的操作方法。投资怎么轻松怎么来，天天把自己搞得太辛苦就享受不到投资带来的乐趣了。

如果始终盯着一些个股来看，也不采用对比的方法去选股，那该如何确定个股的强势特征呢？在本节内容中笔者就介绍一个强势暴涨个股都会出现的技术特征：上升途中的 W 底。

大多数投资者一提到 W 底想到的就是抄底，但抄来抄去底没抄到过几回，钱却被别人给抄走了。所以笔者是不提倡这种逆势交易的，特别是在交易技术不熟练、交易经验不丰富的情况下更不要这样操作。对广大普通投资者来说，笔者建议不要在价格下跌之后使用这种形态，而一定要在价格上涨之后出现这种形态时再使用。

再强的个股上涨行情也总会有调整，一旦形成调整的走势是不是就会出现波动的低点？有了这些低点不就可以形成 W 底形态了吗？所以，一定要在价格上涨以后再去看看调整区间有没有 W 底出现，一旦出现了 W 底那就表明这只个股具备了强势的特征，可以买进。

上升途中的 W 底形态的要求是：

（1）W 底形成之前，一定要有一段明显的上涨行情；

（2）右侧低点要高于左侧低点，形成右高左低的态势；

（3）介入有二种方式：一是右侧低点一旦价格有盘中上拉的动作就可以入场开仓，二是在价格创出 W 底新高时入场；

（4）止损也有二种方式：一是开仓后如果价格下跌，跌破左侧低点则止损出局，二是如果按第一种方法止损幅度较大的话，也可在买入后跌破右侧低点时止损。

这种方法相比其他的方法有所不同，改变了投资者对传统 W 底的认识。同时因为细节处理上有两种介入方式与两种止损方式，所以需要投资者根据价格的具体变化形态来调整交易的细节。

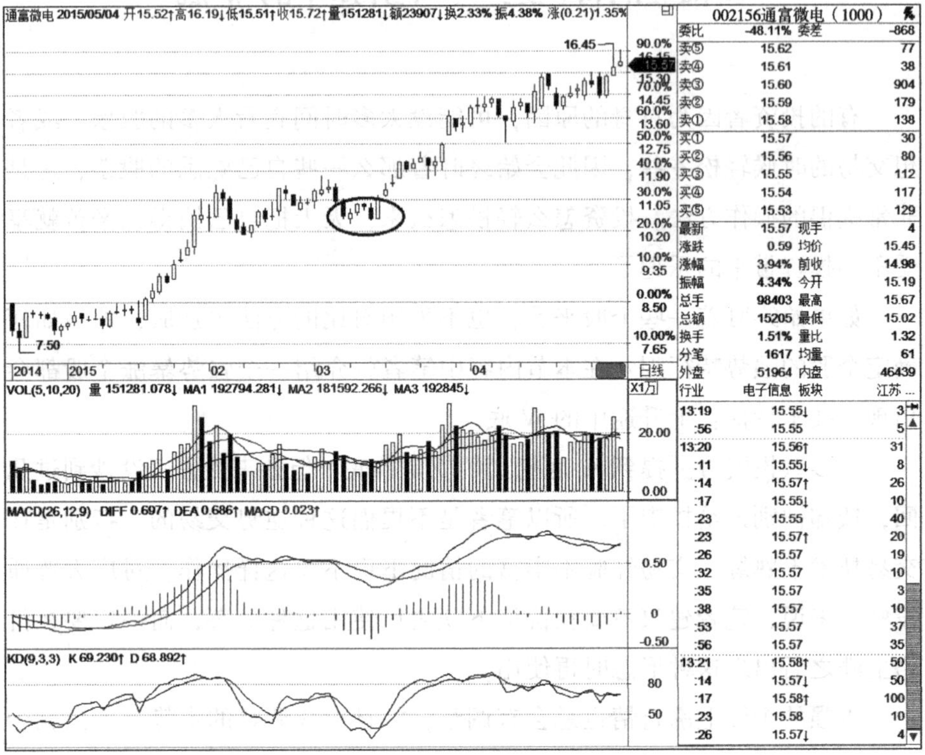

图 3-25 通富微电（002156）2015 年 1—3 月走势

在图 3-25 中，通富微电的股价在突破之前的重要高点，并上涨一定的幅度后，出现了调整的走势，经过一个月的调整，K 线走出了一个低点抬高的技术形态，这样的形成由于出现在上涨以后，所以将其称为：上升途中的 W 底。

股价此时虽然波动性质属于调整，理应是暂时性的空方占优势，但却在调整的过程中形成了明显的多头波动形态：低点抬高。因此，这样的走势往往意味着股价本身具备了明显的强势特征。这种强势并不见得一定是上涨强，它代表的是多方力度强，如果多方力度不强，调整时应当是低点降低的。显然是有资金在其中进行着护盘的操作，因此股价才可以在调整性质中形成左低右高的 W 底。

在股价调整接近左侧低点时，一看盘中有上涨的动作便可以入场进行操作，而后测量一下买点到左侧低点的距离，如果这个距离造成的亏损完全可以承受，那么，就可以将左侧低点视为止损出局的点位。如果距离过大无法承受，则可以将右侧的低点视为止损位。

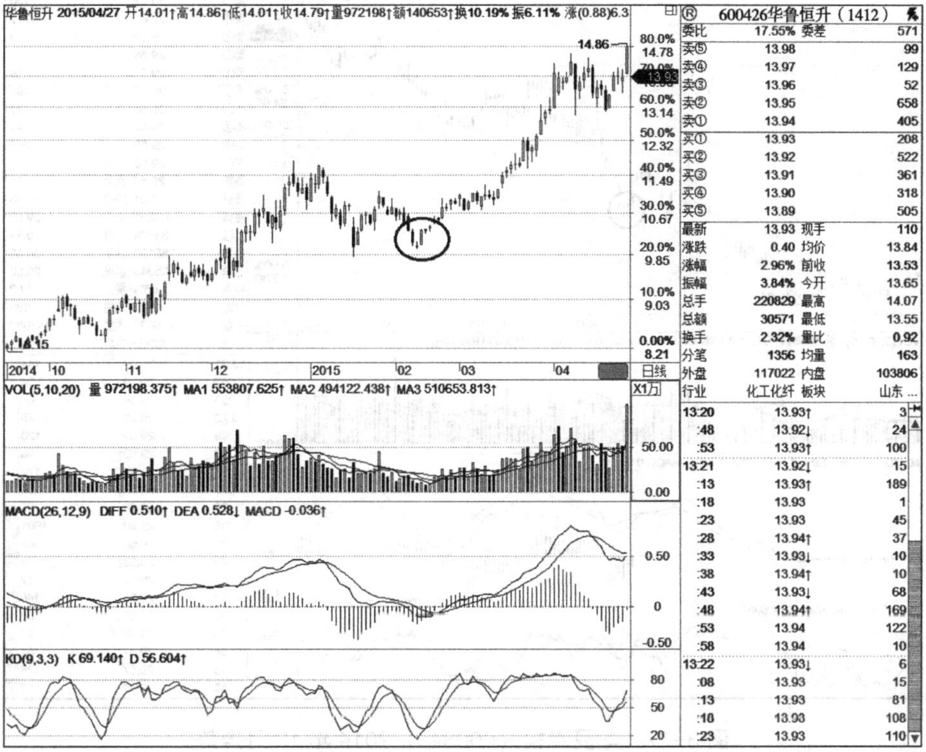

图 3-26　华鲁恒升（600426）2015 年 1—2 月走势

在图 3-26 中，华鲁恒升经过一段时间的上涨之后，股价出现了调整的走势，随着调整形态的演变，留下了两个低点，这两个低点呈现左低右高的态势，这说明虽然股价暂时下跌，但是空方却没有能力乘胜追击，将股价继续打落回来，左低右高意味着空方力量的衰竭。

在股价达到左侧低点盘中有上涨动作时，可以入场进行操作，这是第一个点的位置。如果股价向上创出新高，则可以在创新高的点位继续加仓进行操作，这是第二个开仓的点位。

虽然称之为是上升形态中的W底，但它是没有颈线的，因为它的颈线就是创新高，所以，创新高的点其实也就意味着W底的彻底形成，这个位置的交易点位实际上是最理想的，只不过此处买进就不能再用左侧或是右侧的低点作为止损位。

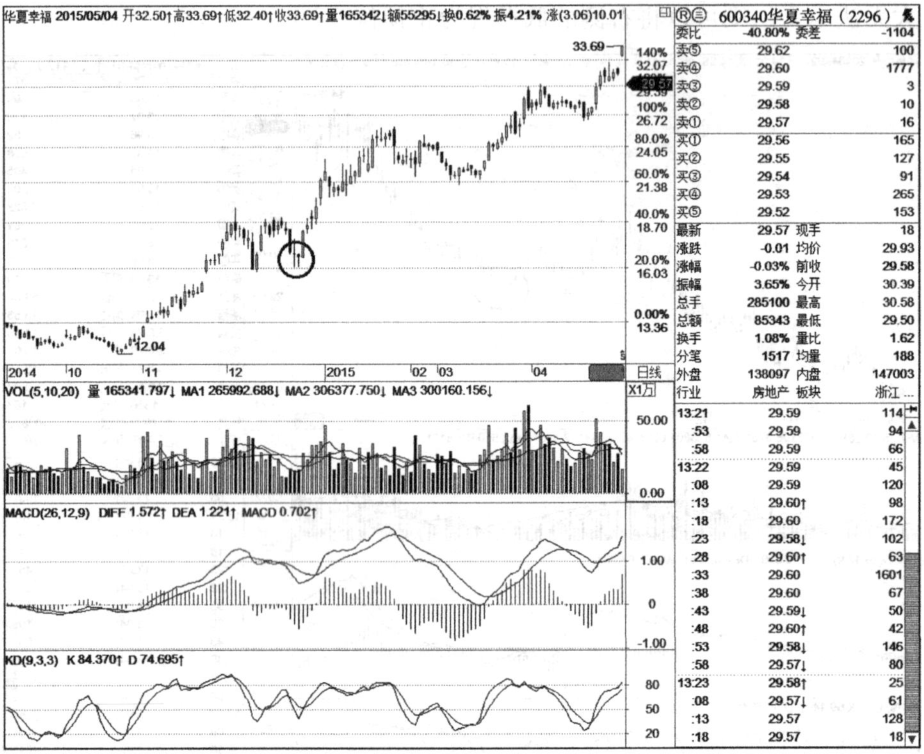

图3-27 华夏幸福（600340）2014年12月走势

在图3-27中，华夏幸福的股价上涨之后出现了短线的下跌走势，然后三根阳线拉回起跌点，但再次调整，机构这一次的洗盘打压虽然非常成功，成交量明显萎缩，但其实也给投资者留下了极好的交易机会，因为机构的洗盘行为造就了上升途中的W底。

由之前股价上涨奠定了大的向上趋势，短期虽然调整，但是低点的抬高说明股价依然具有明显的多头占上风的迹象，如果空头压倒多头，股价又怎么可能跌不破左侧的低点呢？上涨之后的调整只要是左低右高形态，那就意味着整体的多头状况并没有改变，就连调整都具备多头性质，一旦调整结束股价上涨，岂不更容易持续上行？

在股价靠近左侧低点并开始有盘中上涨动作时，便可以介入，一旦后期股价再创出调整时的新高，还可以进行加仓操作。突破点的买进价格较为容易确定，因为前高点的价格就在那里，但是低点处的开仓需要投资者灵活地根据当时的走势来自行决定介入点。

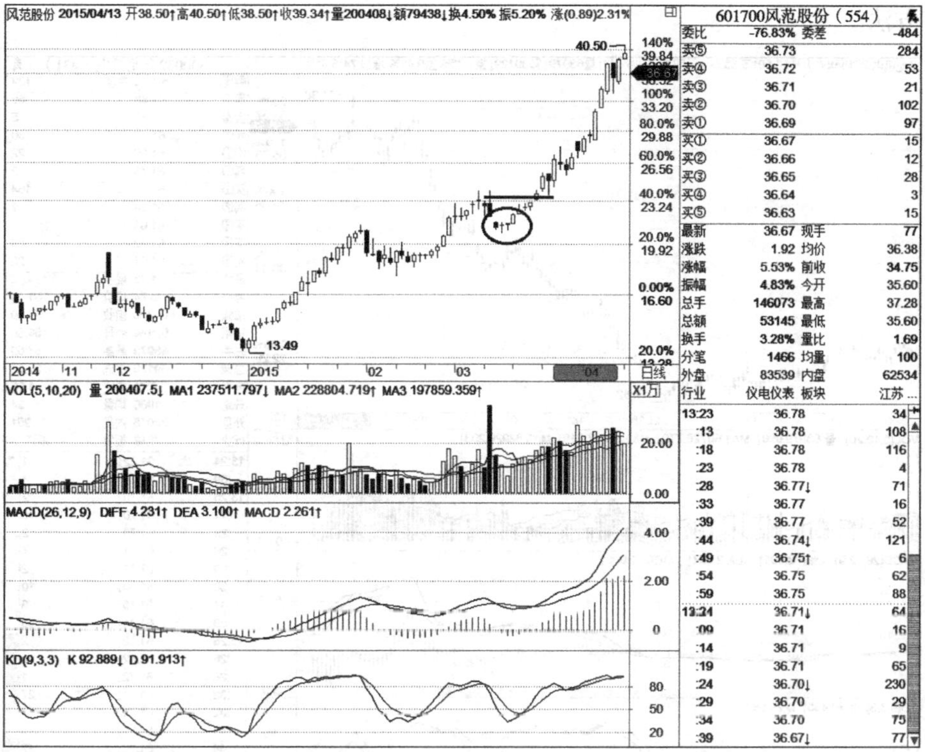

图 3-28 风范股份（601700）2015 年 2—3 月走势

在图 3-28 中，风范股价在 2015 年 1 月调整结束后出现了一轮上涨的走势，这一轮上涨奠定了股价大的上升趋势的基础。上涨之后，很正常的调整走势随之出现，第一次调整后股价创新高，而后又调整。形态的确是形成了左低右高的 W 底，但两个低点的空间差距太大，这样变化了的形态又该如何操作呢？

由于两个低点差距较大，低点的介入机会肯定不好把握。不介入，股价后边就涨了；介入，还有可能再回到左侧低点区间，这样反而会在多头形态中出现亏损。所以，应当放弃低点的介入机会，理由就是低点由于空间落差大不宜把握。

既然是低点抬高的 W 形态，股价本身上涨的概率极大，所以，可以等待第二个买点的出现，也就是在价格突破右侧调整前的高点，一旦突破这个位置便可以入场操作。这是应付左右两个低点落差较大的细节处理方法。

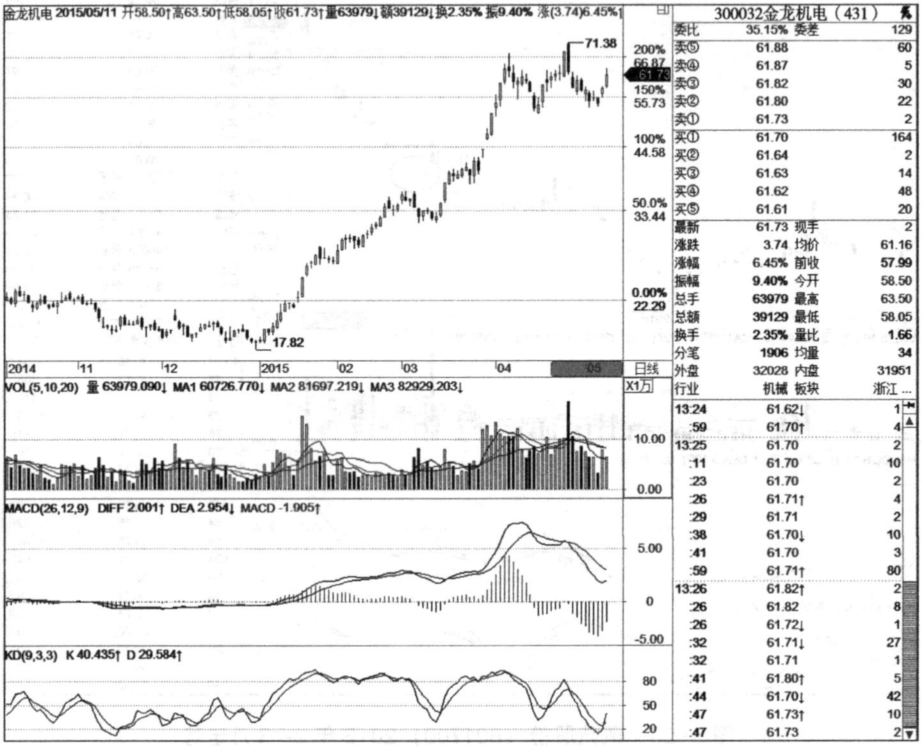

图 3-29　金龙机电（300032）2015 年 4—5 月走势

在图 3-29 中，金龙机电股价在经过了一波上涨走势后，出现了第一次的调整走势，调整结束，股价创出新高之后，再次形成调整走势，先后形成的两个低点构成了左低右高的技术形态，由于这种形态出现在股价上涨以后，可以确定，这就是上涨途中的 W 底。

在图 3-29 中的最后一根 K 线正是笔者写作本段文字时股价的走势，这一天的走势正好满足了第一个买点的条件：在右侧低点区间，股价盘中有上涨迹象。买点确定了该如何制定止损位呢？先判断一下左侧低点的股价是多少，如果距离买点较远，或是根据当前的持仓难以承受这样的亏损，便可以将右侧低点的价位作为止损位，破位则出局。

股价涨了这么高是不是顶部呢？投资者最好不要想这个问题，因为很多时候就连机构也不知道自己运作的股价什么时候是顶，行情好它就会继续做，行情不好随时成顶。操作时一切都要服从于技术形态，形态给买点了就介入，不管价格是顶或是腰，只要涨就肯定不会打破止损位，如果跌，价格回落到止损位就可以。一切交易都以市场当前的技术信号为准，而不要加入主观的情绪。

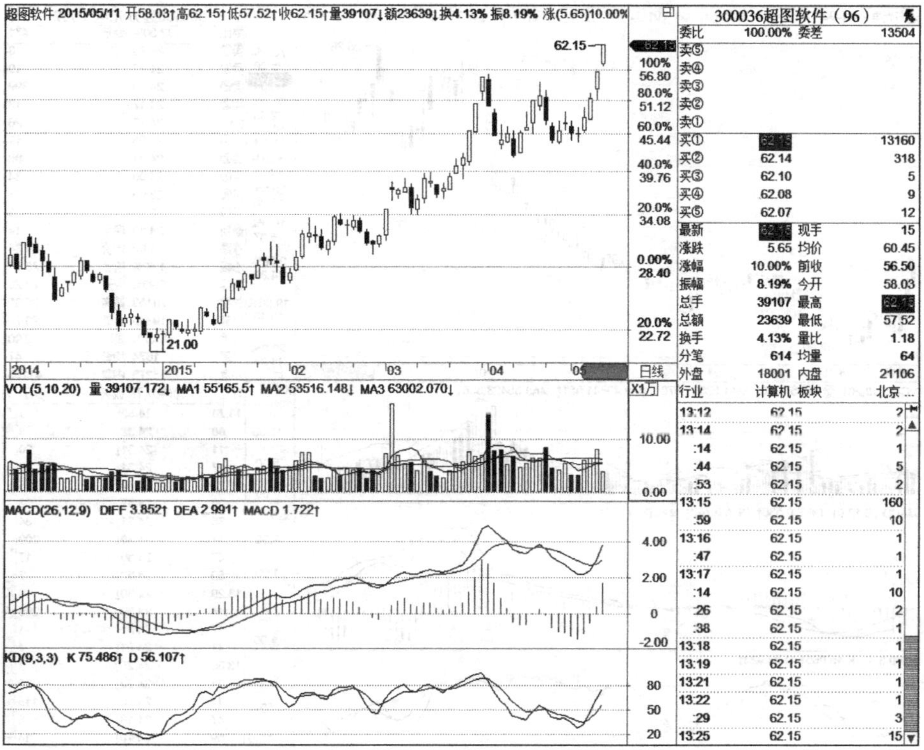

图 3-30 超图软件（300036）2015 年 4—5 月走势

在图 3-30 中，超图软件股价在经过了一波上涨之后，出现了调整的走势，而后价格再次上涨但并未突破前期高点便又再次调整，第二次的调整低点在左侧低点前便稳住了，两个低点左低右高，再加上之前有一轮上涨行情确定了大的方向，所以，上涨途中的 W 底就此形成。

在右侧低点区间，股价有上涨动作的时候，便可以入场进行操作。这个点位的介入是一个小区间的概念，只要是在右侧低点附近、股价涨幅不是很大，但盘中又明确有起涨动作时便可介入。

低点的介入机会给出之后，股价继续上涨，至笔者写作本段文字的时候，正好突破了上升趋势中的 W 底形态的高点，形成突破的走势，因此将它作为案例进行介绍，至于后面的走势具体如何就只能交给市场去验证。但笔者相信，随着突破点的形成，股价后期肯定会给在这个点位介入的投资者带来盈利的机会。

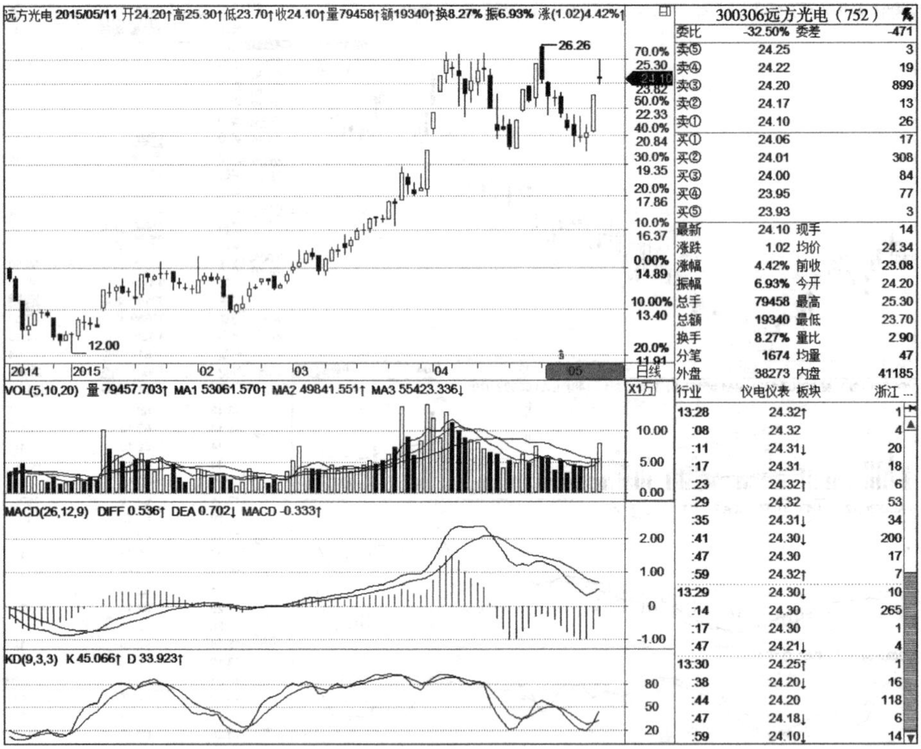

图 3-31 远方光电（300306）2015 年 4—5 月走势

在图 3-31 中，远方光电股价经历了一轮上涨后，在 2015 年 4—5 月出现了第一次的调整，随后再次上涨与调整，在 K 线图中留下了一个左低右高的 W 底形态，因为这样的 K 线形态有股价之前的上涨做背景，所以称之为上升途中的W底。

上升途中的W底，在右侧低点区间的介入没有办法解决统一的介入点问题，只能在右侧低点高于左侧，一旦价格有盘中明显上涨动作时便可买入。这个介入位多数情况下会距离左侧低点不太远，所以风险值也比较小。但如果距离左侧低点较远，或者风险难以承受，则可以将右侧低点处作为止损位，一旦破位便要出局。

在笔者写作本段文字的时候，该股已形成右侧低点区间的买入，后面的走势，笔者无法预测，介入之后，只要股价未跌到止损点，便可以继续持仓。同时，如果形成突破则又形成了另一个买点，也可入场跟进。借这个还不知后期走势的个股来一起体验一下它的成功或是失败吧！

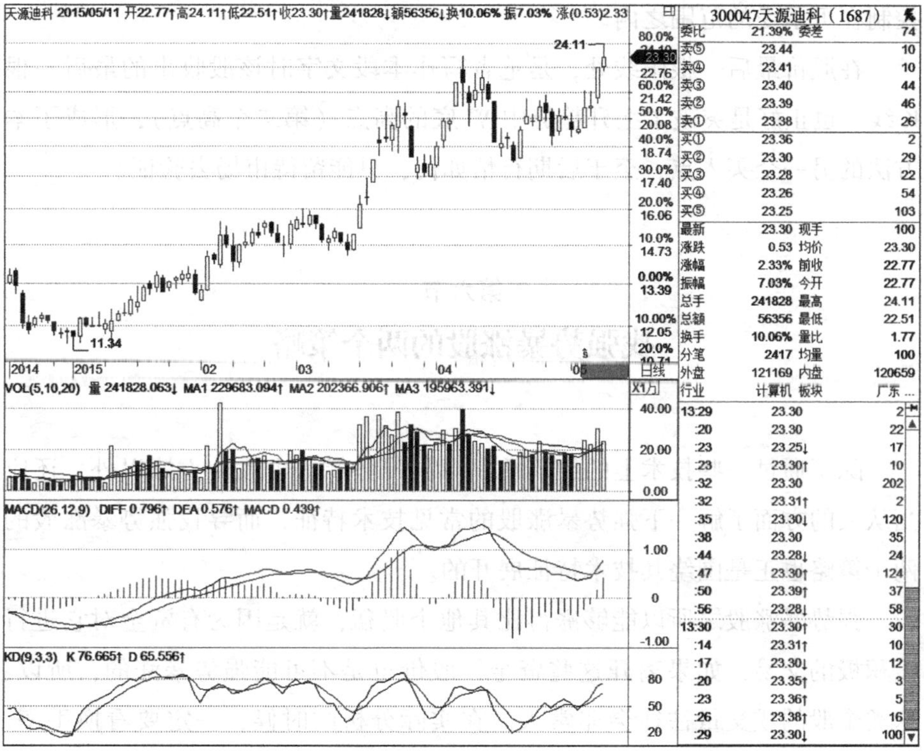

图 3-32 天源迪科（300047）2015 年 3—4 月走势

在图 3-32 中，天源迪科在 2015 年 3 月下旬股价形成一个高点后，出现了调整的走势，随后再度上涨，刚突破新高后不久便又再度调整，股价先后两次上涨调整在 K 线图形上留下了左低右高的两个低点，这种形态就可以将其视为 W 底。

由于此时的 W 底是在股价上升趋势中形成的，而不是在下跌后形成的，所以将其称为上升趋势中的 W 底，它与传统的价格下跌后的 W 底的区别仅体现在：传统 W 底形成前股价是下降趋势，而笔者所说的 W 底形成要求是之前的价格必须是上升趋势。

在价格右侧低点的时候，一旦价格有起涨的动作，那么，就可以入场进行建仓操作。如果建仓价距离左侧低点不是太远，投资者可以承受其亏损的代价，那就可以将左侧的低点视为止损位，如果左侧低点亏幅过大超过预期，也可以将开仓时的右侧低点作为止损位，这样做风险就完全可以控制在可承受的范围之内。

在股价最后一根阳线处，是笔者写作本段文字时该股收出的最后一根 K 线，也正好是突破了上升趋势中 W 底的高点（第二个高点），形成了本方法的另一个买入点，至于后期行情如何，只能留待市场去验证。

第六节

找强势暴涨股的两个策略

除了通过一些技术上的细节掌握寻找强势暴涨个股的方法以外，还应当从大的方面了解一下强势暴涨股的常见技术特征，而寻找强势暴涨股的两个策略也正是围绕其技术特征展开的。

强势暴涨股之所以能够涨得比其他个股猛，就是因为有资金对它进行了积极的交易，如果离开这些资金，股价也是不可能强势暴涨的，所以，这类个股的成交量往往会非常大。在实际分析的时候，一定要看换手率，因为换手率能更真实地体现出个股量能的活跃状况。

既然大量的资金对其进行做多操作，那该个股的涨幅也就肯定会超过其他的个股，所以，强势股多会在其上涨的过程中见到涨停大阳线。对于弱势股来说涨停板是很难出现的，但对于强势股来说，就如家常菜一样常见。即使是熊市中的强势股都会收出涨停大阳线，牛市中强势股更没理由不拉涨停。

通过这两个特点就可以总结出该如何寻找强势暴涨的个股，那就是一定要找有量的个股，一定要找出现涨停大阳线的个股。对于那些无量的个股，对于那些长时间都不见涨停的个股，就应采取放弃策略。

请各位投资者记住，找放量的、有涨停大阳线的个股是我们的宏观策略，在实际交易时，有可能个股不能满足这样的要求，但它只要具备了前几种方法中的技术条件也可以称为强势股。本节提出的寻找强势个股的方法是一种理念性的方法，是对整体波动状况进行判定，而不是对细节。整体状况确定后，必须要按着细节的方法来分析。

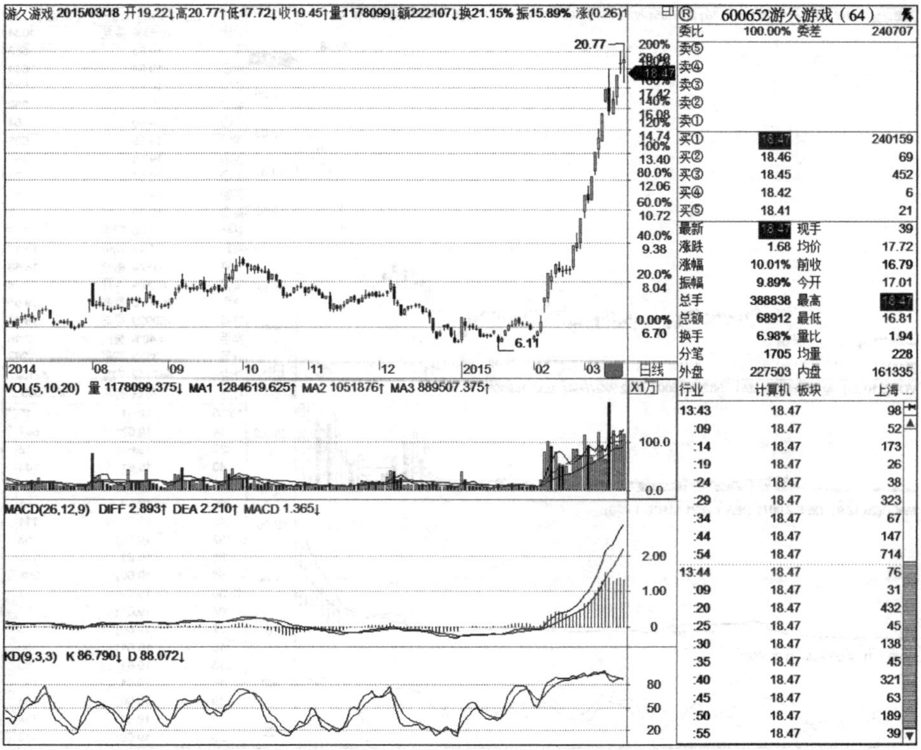

图 3-33　游久游戏（600652）2015 年 2 月走势

在图 3-23 中，游久游戏（600652）从 2015 年 2 月开始股价出现了一轮大幅上涨的行情，相比之前的走势，其技术特点非常明显。股价之前为什么涨得少，而下跌的时间长呢？主要的原因就是因为成交量始终保持着较低的水平，这是没有资金愿意积极入场的信号，没有资金推动，股价又怎么可能大幅上涨？

但之后的行情则完全不同，股价连续拉大阳线，一刻不停地上涨，原因何在？就在量能的变化上。在股价强势上涨的时候，成交量始终保持着放大的状态，这说明资金入场的积极性不仅很高，而且入场的资金数量也非常多。大量的资金推动股价，股价又怎么可能不暴涨？

一只个股想要走的牛，就必须要得到机构资金的细心呵护，而机构资金是否出现其实通过量能便可以很容易地判断出来：没量没资金，大量大资金。

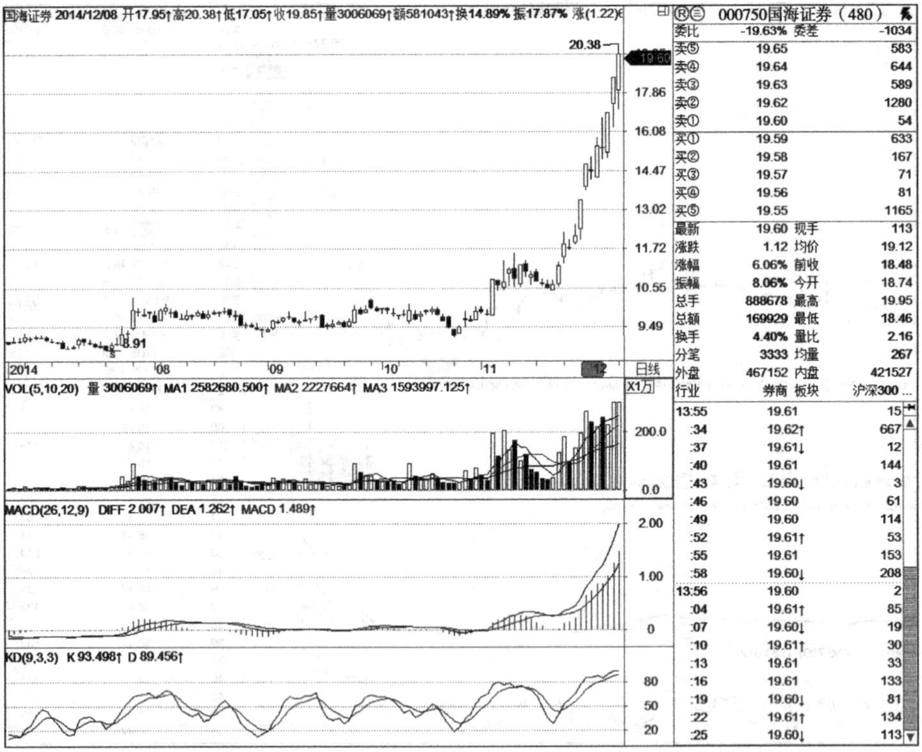

图 3-34 国海证券（000750）2014 年 11 月走势

在图 3-34 中，国海证券（000750）在 2014 年 11 月以后股价进入了主升浪的行情，之前虽然也有上涨，但是涨幅都非常小，并且大实体的阳线也很少出现，为何前后的行情反差这么大呢？其实量能的状况已经很明白地告诉了投资者，之前涨不起来是因为动力不足，没有资金入场。

随后的上涨使成交量急剧增加，大量的资金蜂拥而入，从而推动股价大幅上涨。这只个股的流通盘不小，普通投资者的买盘是不可能把它的价格给推上去的，因此，能推动这种大盘股上涨的资金必定是机构资金，它们雄厚的资金能保证想让股价怎么涨就让股价怎么涨。

很难想象一只上涨力度极大的个股会没有放量现象的出现，所以，想要找到暴涨的强势股，第一步就是去看看股价波动时有没有明显的放量，如果没有明显放量，那就说明机构资金还未介入，也就别想着暴涨的行情出现。

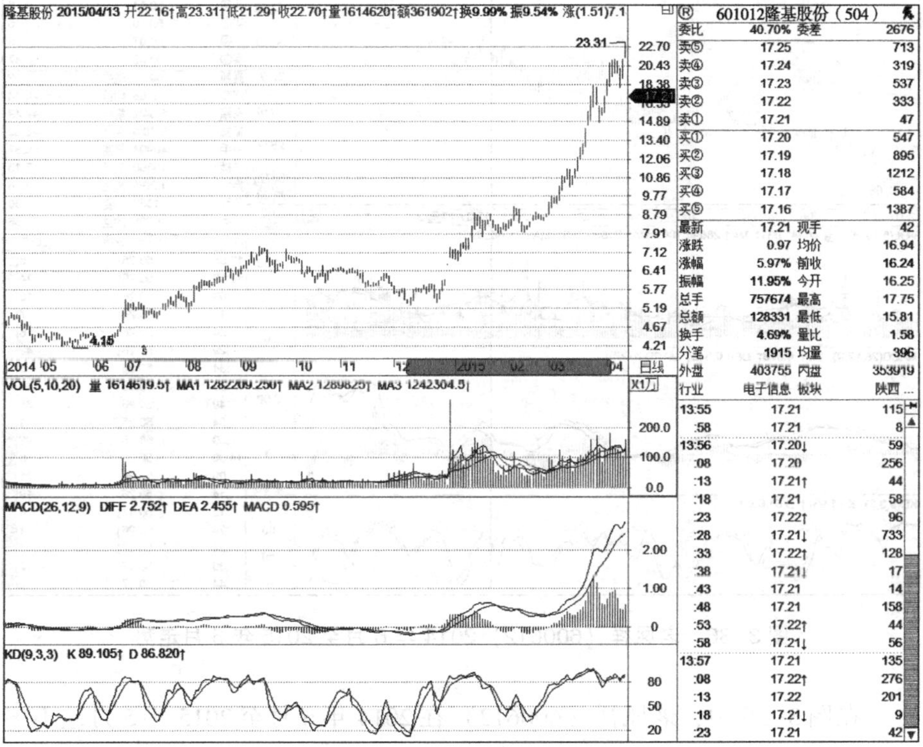

图 3-35 隆基股份（601012）2015 年 1 月走势

在图 3-35 中，隆基股份（601012）在 2014 年出现了一轮上涨行情，当时的成交量相比以前有所放大，但量能还并不是太大，资金入场的数量不够多，所以，股价在上涨的时候也就形成慢吞吞的走势。

而在 2015 年的上涨行情中，股价的涨幅明显加快，大实体阳线频繁出现，其中的原因已经在成交量的变化上得以体现：在股价大幅上涨的时候，成交量呈明显放大的状态，整体量能是之前的数倍，这说明大量的资金均积极入场，从而使股价的上涨有了巨大的动力。

由此也可以看出，大量大机会，小量小机会，无量无机会。所以想要找到那些能够带来大幅盈利的个股，一定要看一看是否形成了“大量”。

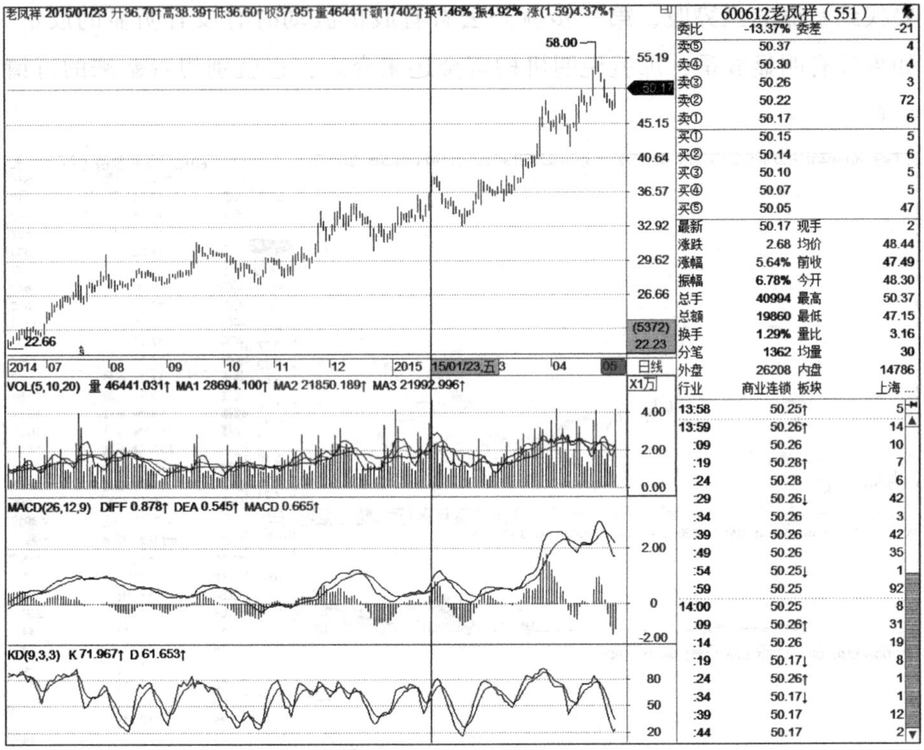

图 3-36 老凤祥（600612）2014 年 6 月至 2015 年 5 月走势

在图 3-36 中，老凤祥（600612）在 2014 年 6 月至 2015 年 5 月差不多一年的时间里，股价才刚刚形成翻倍的走势。一年的时间翻倍看似还是可以的，但别忘了，这一时期就连指数都翻倍了，很显然，老凤祥这只股票是完全的被动上涨，而不是主动性上涨的。其原因何在？

从成交量的变化上便可以找到答案。选出最大的成交量来看，换手率只有可怜的1.46%，相比那些成交极为活跃的个股，动不动就是百分之一二十的换手率来说，老凤祥这样的量能说明资金根本没有兴趣对它进行积极的交易。因为脱离了机构资金的追捧，所以，它的走势才不会形成任何的强势。

因此，在进行选股交易的时候，千万不要凭个人的主观喜好去选，一定要服从技术形态，始终牢记：想要大赚，就要找形成大量的个股，与其幻想它可以从无量变成大量，倒不如直接反握已形成大量的个股要更实在。

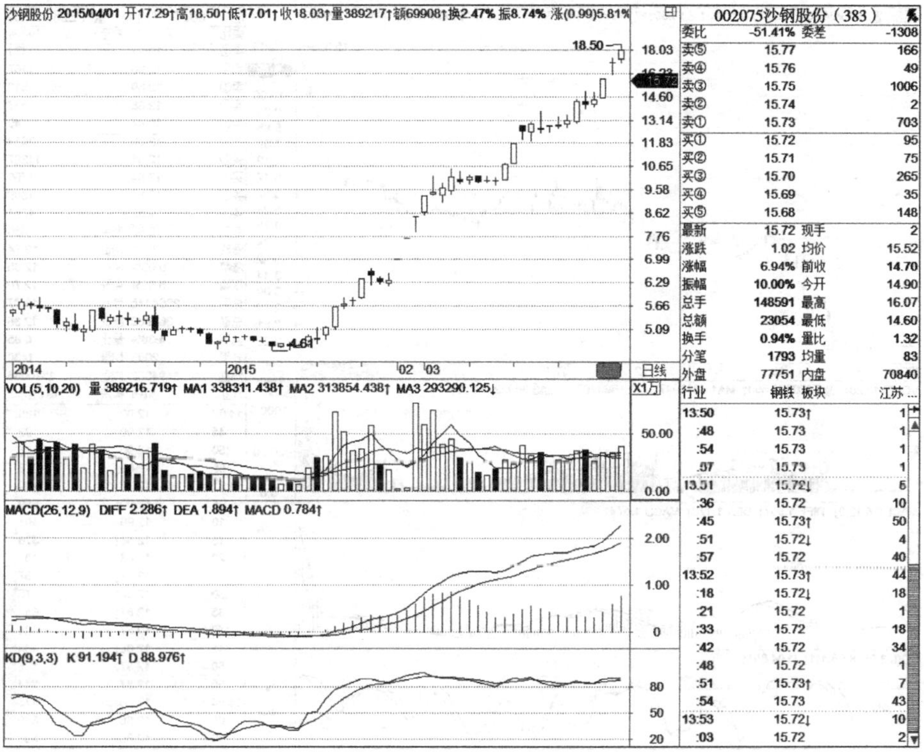

图3-37　沙钢股份（002075）2015年1月走势

在图3-37中，沙钢股份（002075）从2015年1月开始股价出现了一轮大幅上涨的行情，上涨过程中成交量也非常大，这说明资金的介入积极性也是非常高的。量能就是股价上涨的动力所在，量越大，股价的上涨动力也就越大。

除了有大量暴涨强势股必见的技术特征以外，另一个最明显的特点就是：上涨过程中频繁收出涨停大阳线。一个机构想要在个股身上获得暴利，吸引投资者跟入，最简单有效的方式就是让股价涨停，一个涨停可能吸引不了太多的人跟进，两个、三个……必然就会成为市场的明星股。

做出一个涨停板容易，可能几个大户就可以搞定，但想做出三个以上的涨停，要没点资金背景根本是不可能的，而想在一轮行情中做出一连串的涨停，那只有依托巨大的资金才可以实现，涨停出现的越多，越证明机构实力大，跟庄不就是要跟这样的机构吗？

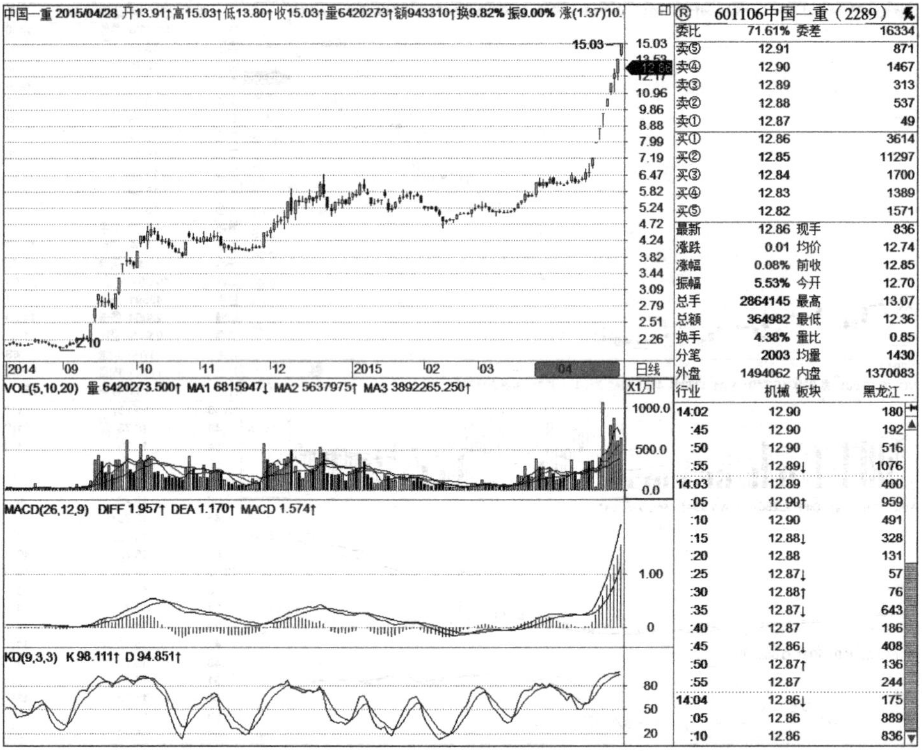

图 3-38 中国一重（601106）2014 年 9 月至 2015 年 4 月走势

在图 3-38 中，中国一重（601106）在 2014 年 9 月至 2015 年 4 月成为这一板块中的佼佼者，为什么它涨的就比同板块其他个股多呢？原因很简单，因为它的成交量最为活跃，资金对它交易的积极性更高。

在大量资金入场操作的情况下，股价的上涨也是一波接一波，并且在上涨的过程中还可以发现一个与那些弱势股很明显的差别，即股价很容易收出涨停大阳线。连续涨停大阳线的出现，直接说明运作该股的机构资金实力强大，并且操盘手法老练。这就要强庄，而强庄股铁定见到技术特征都被中国一重满足了：大量、涨停。

在选个股的时候，既可以先看是否有涨停出现，也可以先看是否有大量出现，多数情况下大量必见涨停，而涨停也必见大量，二者谁也离不开谁。

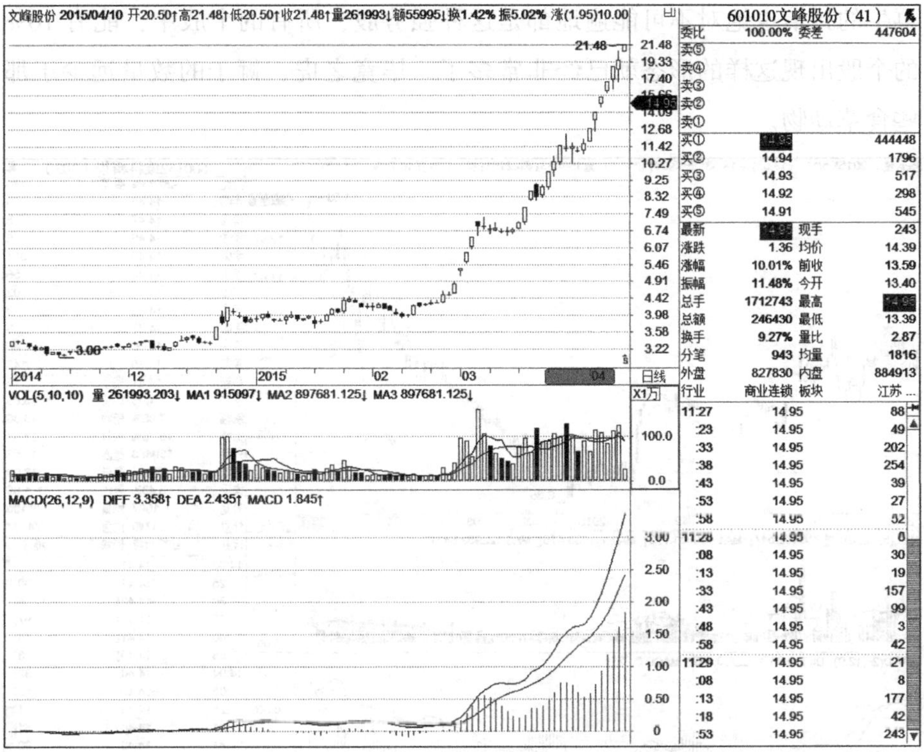

图 3-39　文峰股份（601010）2015 年 2 月走势

在图 3-39 中，文峰股份（601010）在 2014 年年末的时候，出现了涨停伴大量的现象，因为这是缩量之后的第一轮放量，所以可以确定，有机构资金开始入场，这只个股应当成为重点关注的对象。随后由于机构资金停止了积极的建仓，所以成交量降了下来，从而也使个股出现了一段时间的调整。

进入 2015 年 2 月以后，成交量再次放大，同时涨停大阳线也再度出现，机构又开始了大规模的建仓操作与拉高操作。由于成交量一直保持着放大的状态，从而使股价在上涨的过程中连续收出涨停大阳线，个股走得非常强。那它的特点是什么？还是那两点：大量与涨停大阳线，这就是强势个股的核心所在，顺着这两个特点去找，必定可以找到那些会产生暴涨行情的强势股。

暴涨的强势个股虽然有，但也要记住一点，它们的数量其实并不多，再牛的行情也绝对不可能遍地都是这种强势股，所有的个股中，能有 10% 的个股出现这样的形态就已经非常多了。毕竟老虎、狮子的数量远少于那些食草动物。

图 3-40　维科精华（600152）2015 年 2 月走势

在图 3-40 中，维科精华（600152）在 2015 年 2 月出现的上涨行情同样可以给投资者带来盈利的机会，股价的波动趋势也比较简单，操作难度并不大，它是好形态的股票，但并不是超级强势股。我们不能否定好股票，但也不能不突出强势个股。

这种个股为什么形不成强势呢？主要原因就在它的成交量上，在股价上涨的过程中，成交量虽然温和放大，但并没有形成密集的巨量，这说明资金做多的积极性并不是太高，也可以说，运作这只个股的机构资金实力并不是太大。正因为资金入场的数量并不多，所以，在股价上涨的过程中也就没有出现涨停大阳线，不见大量，不见涨停大阳线，自然很难形成暴涨的行情。

好股票温温和和的上涨，两三个月也可以给投资者带来翻倍的收益，并且，它们的技术形态也往往非常标准，只不过相比暴涨的强势股两三个月可以带来数倍的收益，就要显得逊色一些。用常规的技术方法，实现稳定的收益，这些好股票都可以做到，但想获得较高的收益，还是得用配套于暴涨强势个股的独特技巧。

第四章

确立必赚的买点技巧

有的人说："会买的是徒弟，会卖的是师傅。"但笔者对这句话是这样看的——又会买又会卖的才是师傅。你是会卖，卖得都非常好，卖在了最高点，但你不会买，买在了第二高点，这又有什么意义？想要实现更高的收益，会卖的确对提高收益有帮助，但其实对收益最有帮助的还是买。就算卖得并不是最高点，但你买的位置却非常棒，照样可以赚大钱。再者，只要实现了盈利，笔者认为什么时候卖都对，因为只要赚钱了你就是市场的赢家。相反，过多的计较卖点，总想着卖在最高，反而会把心态搞乱。

买不好，就不要再说卖的事，因为你连第一关都没做好，第二关更不可能做好。作为普通投资者来说，如果你的买入技巧都不过关，其实是没多少资格去说"会卖的是师傅"这句话的。

第一节
突破买入

股价想要持续性的上涨，必然会不断地进行突破走势，一只始终突破不了前高点的股票，是很难给投资者带来盈利机会的。既然这是一种必见的技术形态，那么，投资者一定要掌握突破点的买入方法。

其实突破买进很简单，只要在股价创新高的点位买进就行，创整体新高可以称之为突破，创近期新高也是突破，甚至是盘中的创新高走势也是突破。前高的价格就在那里，越没越过它很容易识别，越过前高就可以操作。

许多投资者可能会有这样的担心，买了的个股是假突破。的确会有假突破，但只要止损到位就不会造成严重后果。就算碰到假突破，其代价也是极小的。笔者就有一套针对突破操作的非常有效的方法：突破战术，在后面将为大家详细介绍。

对于突破，不要老想着假突破，这样是给自己加包袱。心中有佛见什么人都是佛，心中总是装着假突破，每一次突破你也都会认为是假的。想做好突破的第一步，就是一定要相信突破是真的，也就是笔者常说的：相信形态的力量。总是怀疑这种形态会失败，那种形态会失败，还怎么操作？

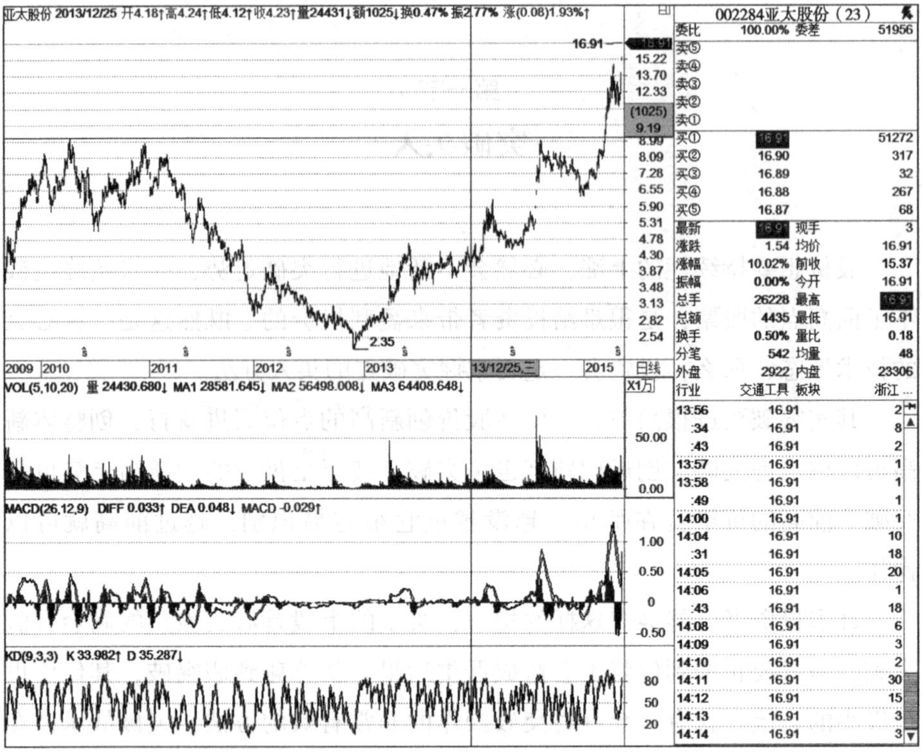

图 4-1　亚太股份（002284）2015 年 3 月走势

在图 4-1 中，亚太股份（002284）在 2015 年 3 月股价经过一段时间的上涨以后，终于越过了龙门，创出了上市以来的历史新高。虽然说创历史新高并不算什么稀奇的事情，但是，其中的含义却是很重要的。

股价在波动的过程中，必然会在各个高点上留下沉重的套牢盘，对于被套牢的投资者来说，一旦有了解套的机会，就好像死里逃生一样，不是想着获利，而是想着赶紧平仓出局。而历史的最高点又往往是套人套的最死的，现在机构给这些套牢最严重的投资者以解套的机会，机构这么好心吗，这说明了什么？这说明机构志在高远，已经完全做好了承接这些套牢盘的准备。

既然机构给投资者以解套的机会，不怕这些套牢盘可能的打压，那投资者也就没必要担心，可以直接在突破历史新高的情况下跟随机构一起入场做多。不过这样的手法也一定要注意外部的环境，个股创历史新高的时候，一定要求指数此时已经出现了上涨的行情，否则会大大影响成功率。

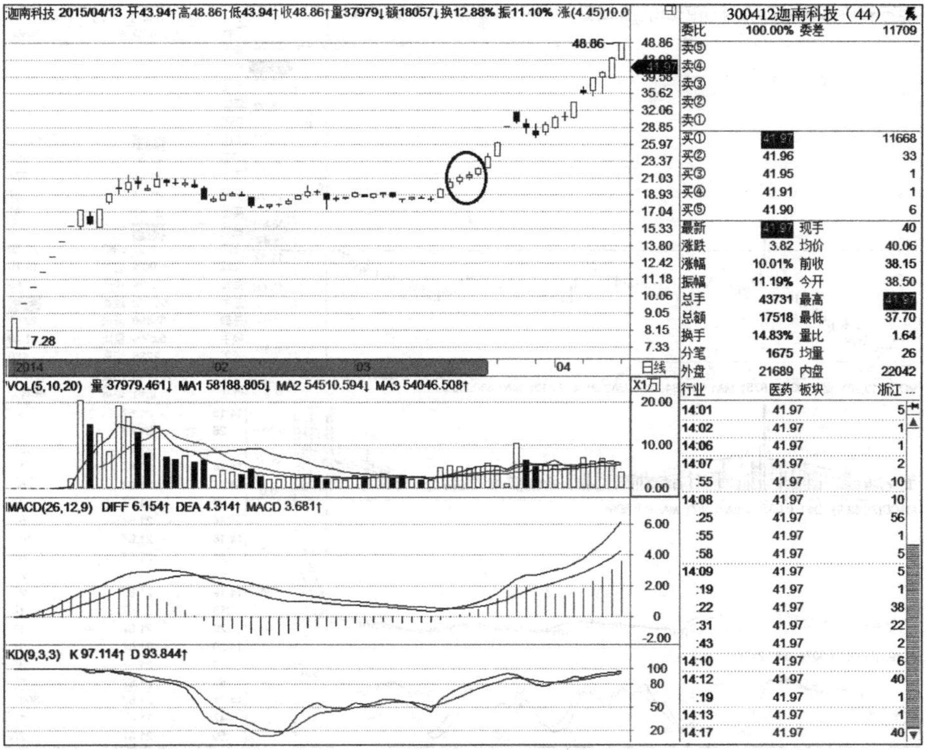

图 4-2　迦南科技（300412）2015 年 3 月走势

在图 4-2 中，迦南科技（300412）在 2015 年 3 月股价经过一番调整之后，再度起涨，几根小阳线已经轻松地突破之前的高点，形成突破的走势，既然股价已创新高，也就没必要犹豫了，直接在过新高的点位入场进行操作。

之前形成高点后股价出现了近两个月的调整，这说明之前的高点放量区间存在着大量的套牢盘，而现在股价重新回到这里，给了这些套牢的投资者以解套的机会，这说明机构志在高远，前高点并不是心目中的价位，所以机构才会突破前高点，在指数配合的情况下，此时的突破点往往就是最佳的介入点。

突破操作买点的价格设定是非常简单的，因为前期的高点就在那里，不会再变，要做的就是盯死这个价格，一旦超过这个价格就可以买进。

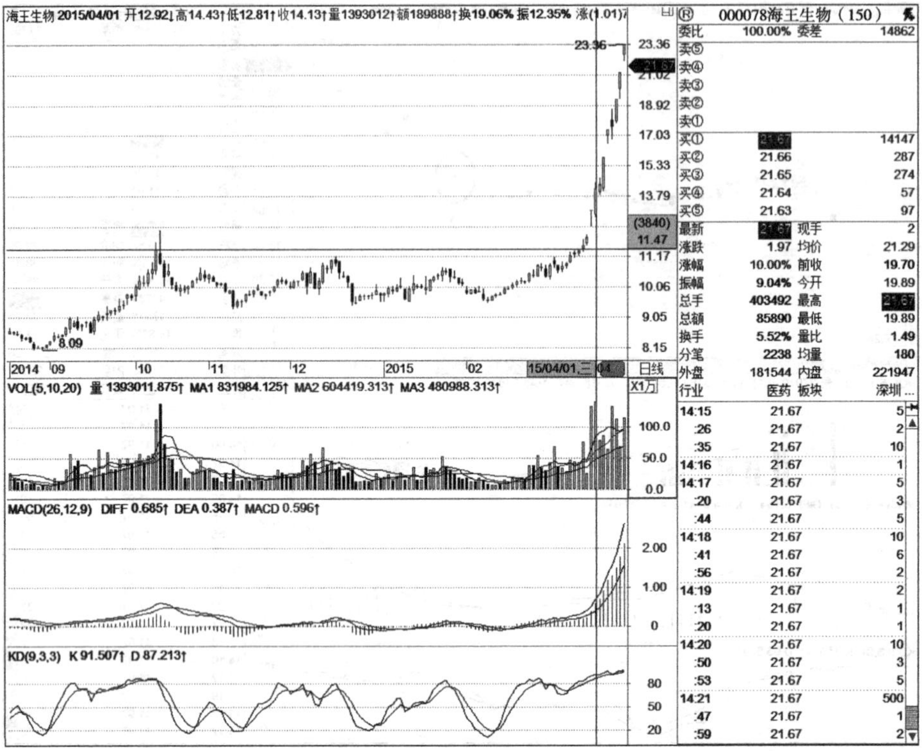

图 4-3　海王生物（000076）2015 年 3 月走势

在图 4-3 中，海王生物（000076）这个案例比较特殊，股价之前的波动形成了三个高点，并且一个高点比一个高点低，那应该把哪个高点视为是突破的参照呢？

其实这个问题没有什么最正确的答案，突破高度最低的那个高点可以买进，突破高度最高的那个高点也可以买进，它们都是突破，都符合了价格超过之前高点的技术要求，所以这三个点位无论突破哪个都可以入场操作。

而最高的那个高点由于量能最大，位置最高，套人套得最厉害，所以，它是最重要的高点。从短线角度讲，任何高点都可以做，但如果从大形态来讲，还是以突破最重要的高点为介入的依据比较好一些。

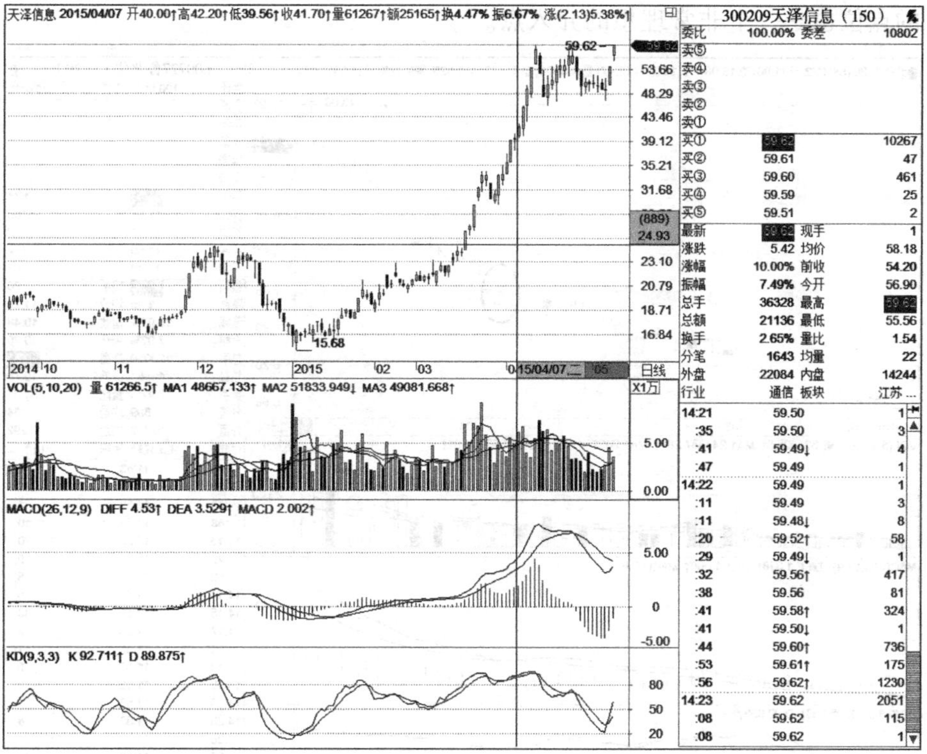

图 4-4　天泽信息（300209）2015 年 4 月走势

在图 4-4 中，天泽信息（300209）2015 年股价下跌见底后，开始慢慢上行，直到 4 月，终于突破了之前的高点。此时的突破性质为突破近期的高点，相对远期高点来讲，近期高点的压力作用更为明显，因为投资者刚套不久，求解套的心情更加急迫。

股价 2014 年年末形成高点以后，下跌的幅度还是很大的，特别在指数整体趋势向上的情况下，个股这样下跌，对投资者信心的打击是极为沉重的，而一旦有解套的机会，投资者必然会非常急迫地想要换股操作。如果机构想把投资者套死，又何必再给解套的机会呢？既然给了解套的机会，就说明机构已经无视前高点的存在，这往往就是行情启动的信号。

股价在下跌以及温和上涨的时候，成交量其实始终都保持着放大的状态，很显然，借助股价的低位，机构开始大规模的买进操作，收集到足够的股票，自然就要开始发生强势的上涨行情，故此，在股价突破近期高点的点位也是一个非常理想的介入点。

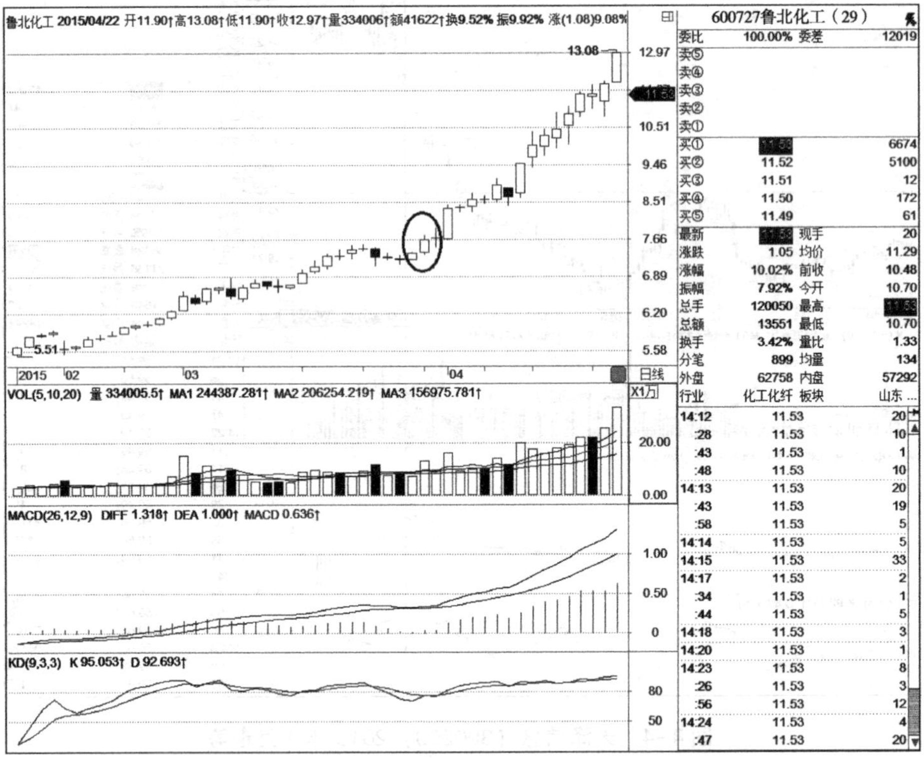

图 4-5 鲁北化工（600727）2015 年 3 月走势

在图 4-5 中，鲁北化工（600727）在 2015 年 3 月股价已形成明确的上升趋势，而后中途出现了调整的走势。从调整的形态来看，阴线的实体非常小，这说明空方的力度较多，机构虽然震仓洗盘，但又不舍得将股价打压下来，这样的形态往往说明股价后期继续上涨的概率是极大的。

股价的调整给投资者留下了一个高点，而这个高点对于操作来说却是极为重要的。如果机构并未准备拉升股价，那后期的波动必然会位于这个高点的下方，而一旦股价向上突破该高点，就意味着机构完全做好了拉升股价的准备，一旦股价在盘中突破这个高点，便需要及时地入场进行操作。

在实战操作的时候，有可能会在越过高点的时候打上影线，碰到这样的走势该如何回避呢？笔者常用的交易手法是：盘中突破这个高点便介入预定计划 50%的仓位，而收盘前如果稳定在突破价格上方则将剩下的 50%进入，这样便可以防止打上影线。这种手法也有一个小缺点，那就是尾盘期间稳定站在突破价上后加仓，其持仓成本就会提高，不过，相比后期的上涨而言，这点增加的成本就根本不算什么了。

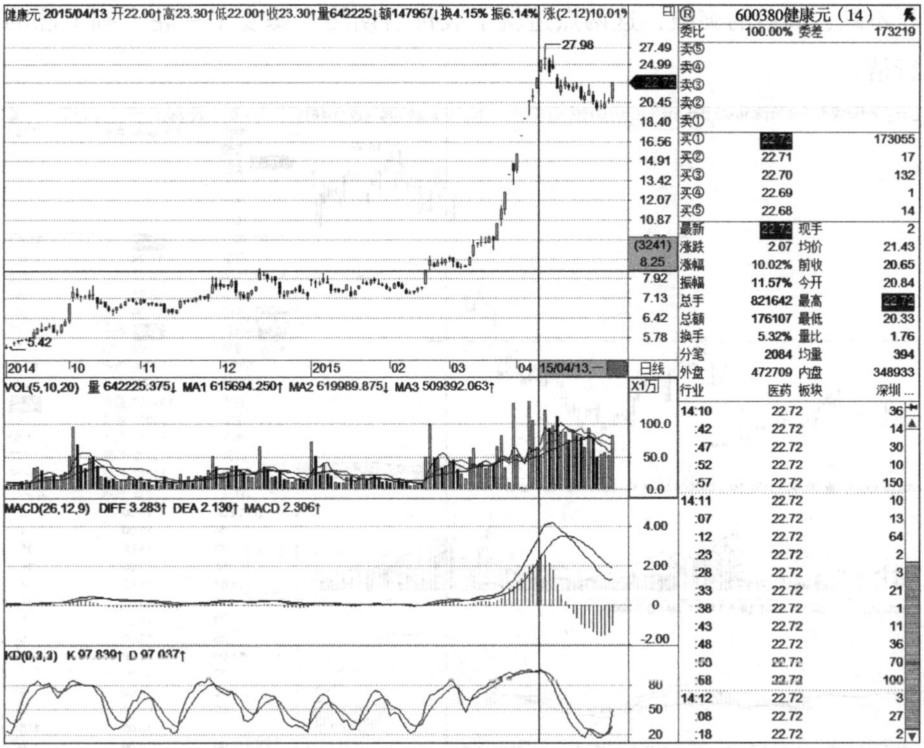

图 4-6 健康元（600380）2015 年 2 月走势

在图 4-6 中，健康元（600380）在 2014 年 12 月股价留下了一个调整的高点，这个高点对后期的波动产生了压力的作用，股价一个多月都没有突破该价位。由此可以看到，在机构没有做好拉升股价准备的时候，是绝不会突破之前高点的。

经过了一番震荡之后，2015 年 2 月，股价向上突破这个高点的位置，这说明机构已经做好了准备，他要开始给投资者以解套的机会。机构怎么会这么好心，将投资者套住了一段时间又给投资者以解套的机会？唯一的解释就是机构想要开始赚钱了，如果始终不突破这个高点机构如何赚钱？

只有攻破这个高点才能有更大的空间去实现盈利，而机构想要大幅盈利就肯定得给投资者喝一点汤。

股价虽然在前高点下方震荡了一段时间，但有意思的是，价格却始终不下跌，按理说受到压力应当下跌才对，不跌就肯定有问题。有问题的受压不跌，而后的突破，这两点造就了股价后期终于暴发了一轮大幅上涨的行情。

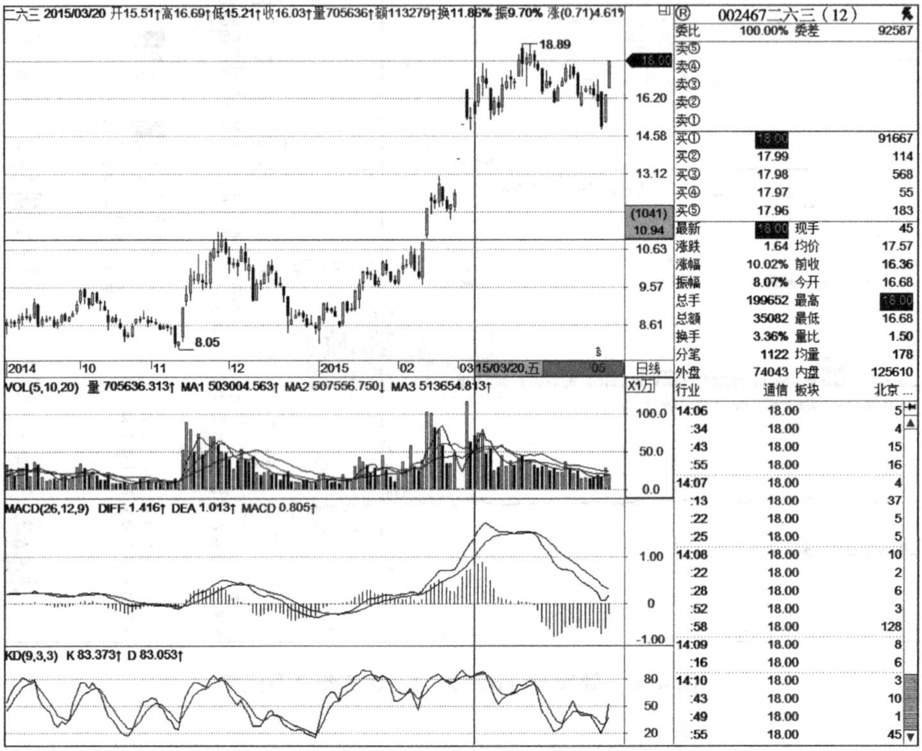

图 4-7　二六三（002467）2015 年 2 月走势

在图 4-7 中，二六三（002467）在 2014 年 11 月经历了一轮短线放量上涨的行情后，股价出现了一轮连续下跌的走势，直接就跌回到了上涨的起点，在指数上升趋势依然确定的情况下，这样的走势给投资者造成的心理打击无疑是非常大的。

有高点其实并不可怕，可怕的是这个高点一直过不去。下跌结束后，股价缓慢上行，逐渐逼近高点，而后在放量的推动下顺利地完成了突破的走势，新高只要一过，就意味着这段时期所有的投资者都开始赚钱。请记住，这可不是机构这么好心让投资者赚钱，能让投资者赚 1 元，那机构心中至少想着要赚 3 元。谁愿意白出力给人当轿夫呢？

一旦发现某只个股开始离新高点越来越近，这个时候，投资者就必须要做好迎接突破的准备，你要做的就是静待结果，不去幻想，不去猜，把价格设定好以后耐心等着，不突破不操作，而一旦形成突破，就要毫不犹豫地入场进行操作。

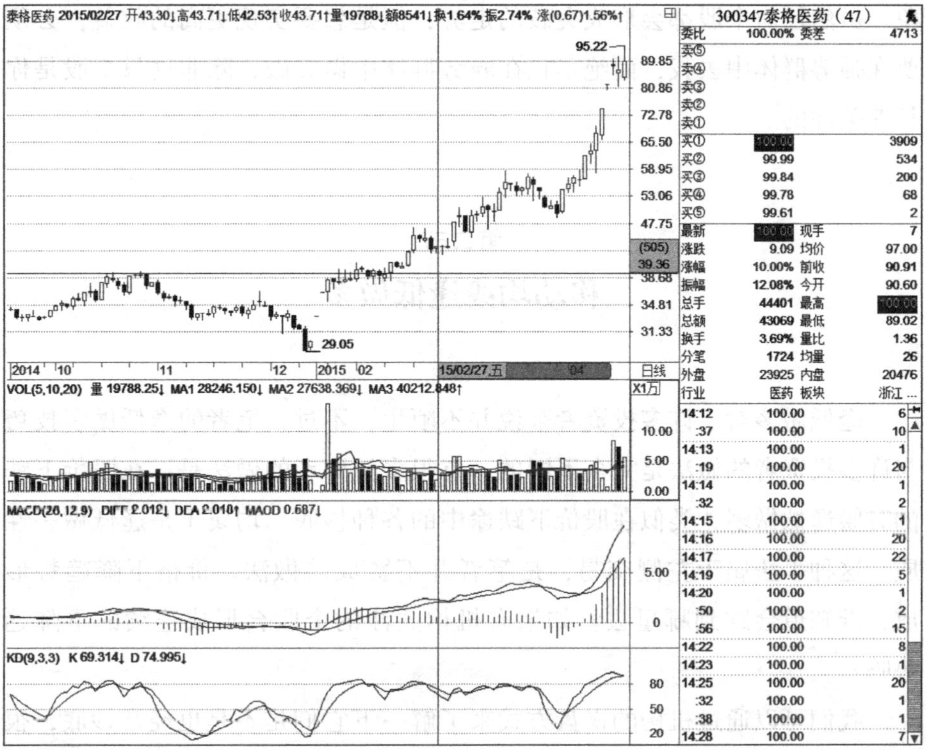

图 4-8　泰格医药（300347）2015 年 2 月走势

在图 4-8 中，泰格医药（300347）在 2014 年 10 月中旬股价形成了一个高点之后，出现了下跌的走势，相比当前的指数，此时的走势简直是弱爆了。对于弱势股，没必要去猜它为什么这么弱，因为根本不值得浪费时间在它身上，只要不具备强势，管它是什么原因造成的弱势。弱必然是机构资金不愿意做它，靠普通投资者就能把股价给扛上去，这种美梦还是不做得好。

下跌后股价停牌，一开盘便是两个涨停板，一下子就把股价拉到了前高点的附近，这样的走势才像点样子，在离前高点很近的时候，做好准备，一旦突破前高点便可以入场开仓。开仓之后一轮行情自然也就把握住了，但是，这只个股是当时市场中最适合操作的目标吗？

如果仅从这一只个股来看，突破点的确是不错的介入位，但是，如果放量整个市场，这只个股其实走的一点都不强，根本不是首选的目标对象。虽然任何个股都会形成突破的走势，但是想要实现更高的收益，必须要在强势群体中去找，而绝不宜在弱势群体中做突破，除非这只个股是你长期关注的。

第二节

移动均线逢低做多

逢低做多对于许多投资者来说并不陌生，不过，笔者的逢低做多技巧与许多投资者的做法是完全不同的。有很多投资者的做法是：在股价下跌的时候逢低做多，类似在股价下跌途中的各种抄底，均属于是逢低做多性质。这种手法属于左侧交易，是笔者并不赞成的做法。价格下降趋势形成，谁知道会跌到哪里去？如果有机构关注的个股会形成连续的下降趋势吗？

我们可以通过机构的操盘方式来了解一下它们是不是也经常抄底，很简单，我们把近期或是历史上任何一轮行情涨的比较牛的个股找出来，然后与指数进行一下对比，看看在这些个股是什么时候才开始放量有机构资金进入的。经过大量的对比我们发现：原来，这个市场上90%以上的机构是不玩抄底的，它们都是等着指数上涨行情来了以后才开始入场建仓，做的全是顺势交易。而那10%抄底的也只是因为资金规模非常庞大，一旦行情起动，它们的建仓需要较长的时间，这样就会错过行情，想要买进大量的股票就必须要提前入场建仓，所以才会依仗巨额的资金在熊市末期提前入场。你别学它们，它们资金大，再多的抛盘也都能接得住，你行吗？

由此可以看出，只有少量的资金做左侧交易是有原因的，大量的机构都玩的是顺势交易，所以，机构总是赚钱。而投资者来回地抄底，在股价下跌途中不断地进行所谓的逢低操作，所以也就注定了亏损。想赚钱，一方面要学习各种技术方法，因为机构把这些方法运用得很熟练；另一方面，你必须要了解机构到底是怎么赚钱的。其中一个法则就是顺势，不在指数以及个股下跌趋势中操作。

所以，笔者的逢低做多方法正是符合了这个思路，即在股价上升过程中，借助短线的调整而进行的逢低做多。趋势此时已经明确向上，大势已确立，而后在股价小级别逆向波动时逢低介入。

逢低操作的方法为：

（1）20 日移动均线明确向上；

（2）股价出现调整，而调整低点打到 20 日移动均线处附近；

（3）在股价距离 20 日移动均线很近的时候入场操作；

（4）一旦股价向下跌破 30 日移动均线进行止损操作，不破 30 日移动均线则可以继续持仓。

在使用这个方法进行实战操作的时候一定要注意：给出逢低操作的机会的个股不一定是最强的，只能说是上涨力度中等的个股，因为最强的个股就算是调整，其低点也很难打到 20 日移动均线，多数打到 5 日移动均线或是 10 日移动均线就止稳，要不怎么能称之为强势股呢。虽然调到 20 日移动均线处的个股并非一线的强势股，但也会给投资者带来收益，强势股涨一倍，这类股涨百分之六七十，如果不是那么贪心的话，这也是完全不错的收益。

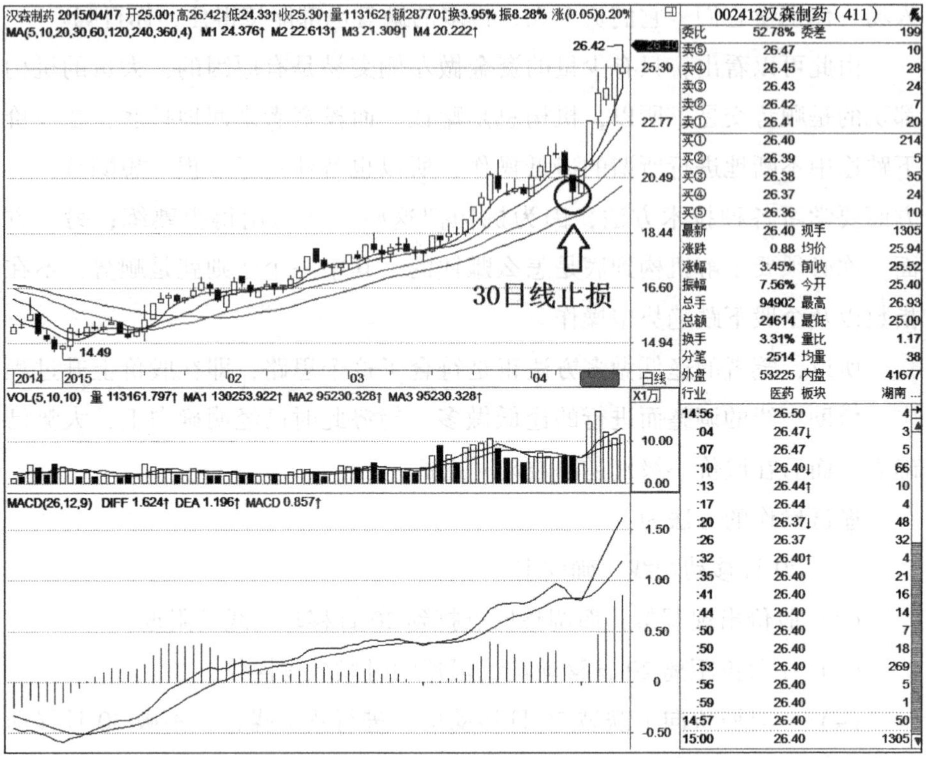

图 4-9 汉森制药（002412）2015 年 4 月走势

在图 4-9 中，汉森制药（002412）在 2015 年 4 月股价在温和放量上涨之后，出现了调整的走势，虽然两根阴线从短线来看挺吓人，但是，萎缩的成交量说明机构的资金并未在此时进行出货操作，所以，此时的调整是机构的震仓。

股价两天的下跌的低点正好打到了 20 日移动均线处，符合利用移动均线进行逢低买进的技术要求。投资者可于 20 日移动均线附近的价格时入场买进。买进之后不用再想别的，盯着 30 日移动均线这道止损位就可以，只要不破 30 日移动均线便可以一路持仓。如果机构想要拉升股价，30 日移动均线往往是很难跌破的。

不仅 4 月的低点打到了 20 日移动均线处，股价之前震荡上涨的时候，调整的低点也多次打到 20 日移动均线处，由此可见，逢低买进的机会还是非常多的。机构一次次提醒投资者赶紧入场与它一起分享盛宴，就看你能不能看懂 K 线与指标形态。

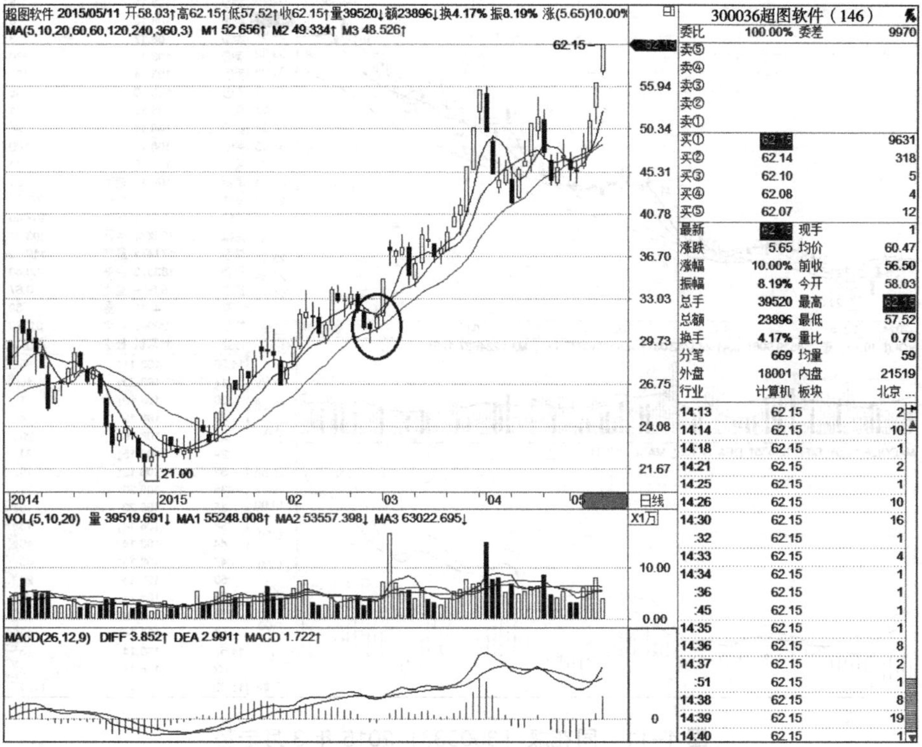

图 4-10 超图软件（300036）2015 年 3 月走势

在图 4-10 中，超图软件（300036）股价经过一波下跌之后，出现了震荡上行的走势，随着股价波动重心的上移，移动均线系统形成了多头排列的走势，这意味着做多的机会到来。在股价上涨的过程中该如何决策买点呢？

一方面，可以使用突破的方法进行操作，一旦股价向上形成创新高的走势，便可以入场交易。另一方面，也可以等待逢低做多的机会，只要股价出现调整，并且调整的低点回落到 20 日移动均线处的时候，便可以在这个获得支撑的点位入场进行操作。

逢低买入的机会是需要等的，不过绝大多数的个股都会给投资者留下这样的交易机会，因为机构肯定会在股价上涨的过程中进行震仓操作，虽然震仓会把一些投资者甩下马，但是，对于掌握了正确技术的投资者来说，却可以利用机构震仓时留下的机会在上涨趋势中途进行抄底。

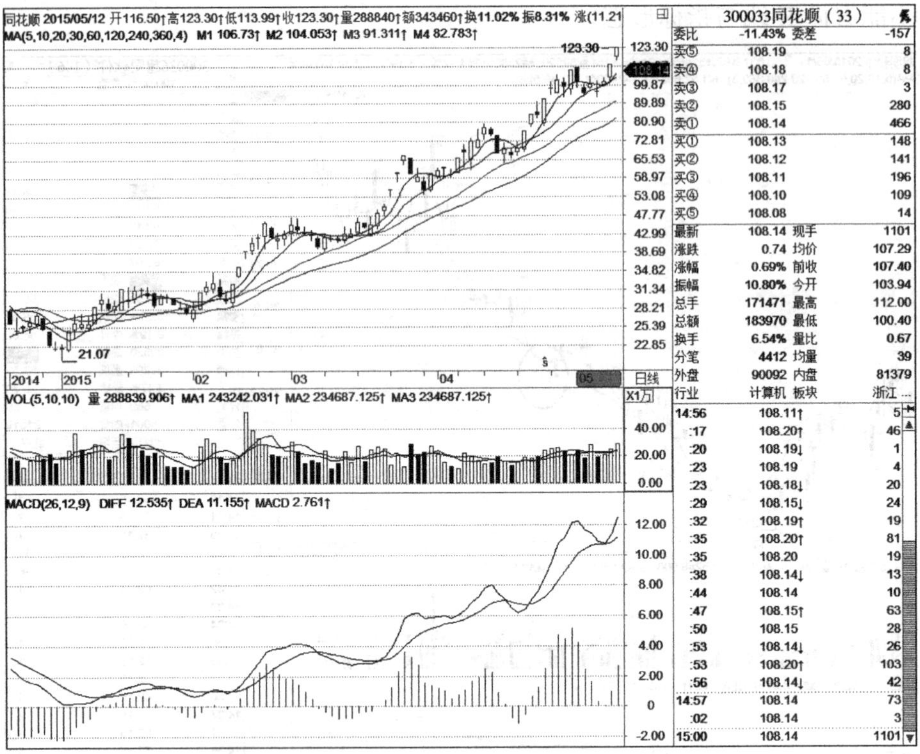

图 4-11 同花顺（300033）2015 年 3 月走势

在图 4-11 中，同花顺（300033）见底开始上涨时，调整打到 20 日移动均线处，但是第一次打到 20 日移动均线给出买进信号后，却马上出现了破 30 日移动均线止损的现象。这会不会影响你之后的操作呢？如果对你产生了影响，你对这个交易的方法不够信任，后期的机会你就一个也把握不住。但如果你坚信这样的交易方法，就算形态失败，但依然敢于把正确的方法不断复制，市场在随后的走势中便会给你丰厚的奖励。

再次经过一波上涨之后，股价再度出现调整，这一次回落的低点再次打到 20 日移动均线处，逢低介入的机会再次摆在眼前，只有理念正确，真正明白什么样的交易是对、什么样的交易是错的投资者，才有十足的信心在这个点位逢低入场做多。只要在 20 日移动均线附近买进，没两个星期股价便出现了连续好几个涨停板。

在随后的震荡上涨行情中，再度出现了一次逢低买进的机会，同样又给投资者在短期内带来了非常可观的收益。但如果你因为第一次的止损而不敢再相信逢低做多的方法，这只个股也就与你无缘了。须知，任何方法都有失败的时候，失败并不可怕，及时止损不就可以了吗？形态失败小亏损，形态成功高盈利，这笔买卖不值得做吗？

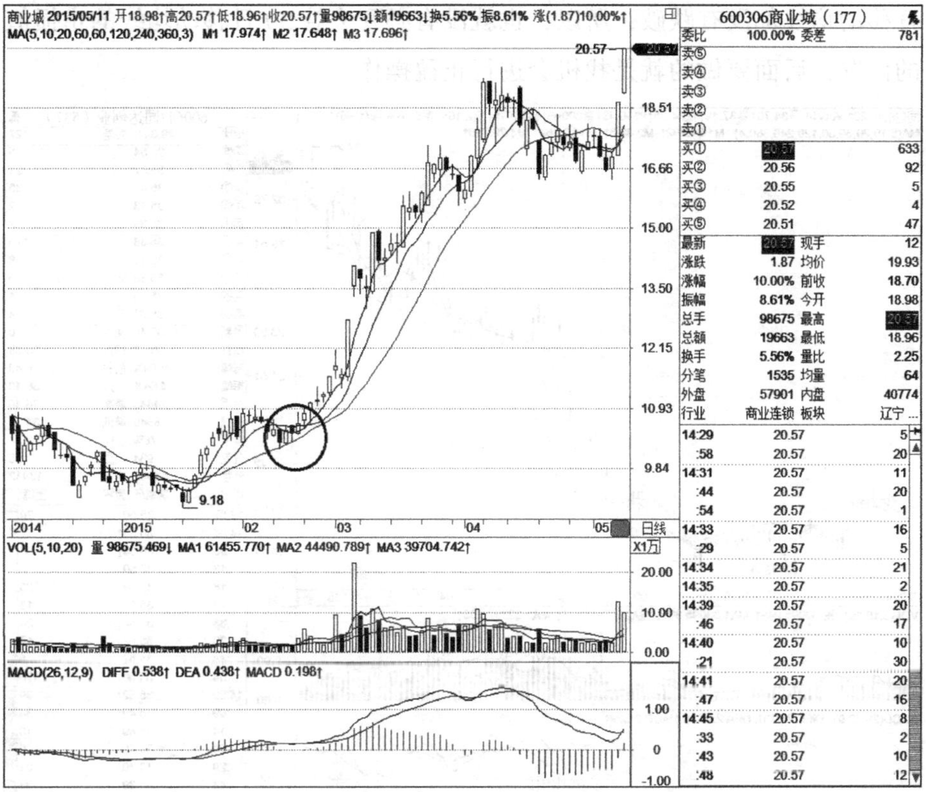

图 4-12　商业城（600306）2015 年 2 月走势

在图 4-12 中，商业城（600306）股价自下跌之后在 2015 年 2 月开始上涨，第一波的上涨带动了移动均线系统形成了多头排列的走势，这意味着股价做多机会的到来。操作都讲究顺势交易，什么是势呢？怎么顺呢？其实很简单，只要按着移动均线的方向来做，就不会出大问题，虽然会有一些小细节上的麻烦，但把握住的却是大的核心波动。

第一波上涨之后股价出现了调整的走势，连续震荡的回落使 K 线接近并触及了 20 日移动均线，这意味着逢低买进的大好时机已经到来，此时应以

20 日移动均线处的价格进行买进。由于 20 日移动均线的波动速度相对平缓，所以可以买进的价格大致都是可以提前预知的，在股价靠近 20 日移动均线的时候，要做的就是发现这个价格，然后便可以入场进行做多的操作。

开仓之后要做的事情就是马上盯紧止损，当然，这个案例中股价连 20 日移动均线都没有跌破，所以，也就没有必要去管 30 日移动均线的止损值的位置，后面要做的就是找机会进行止盈操作。

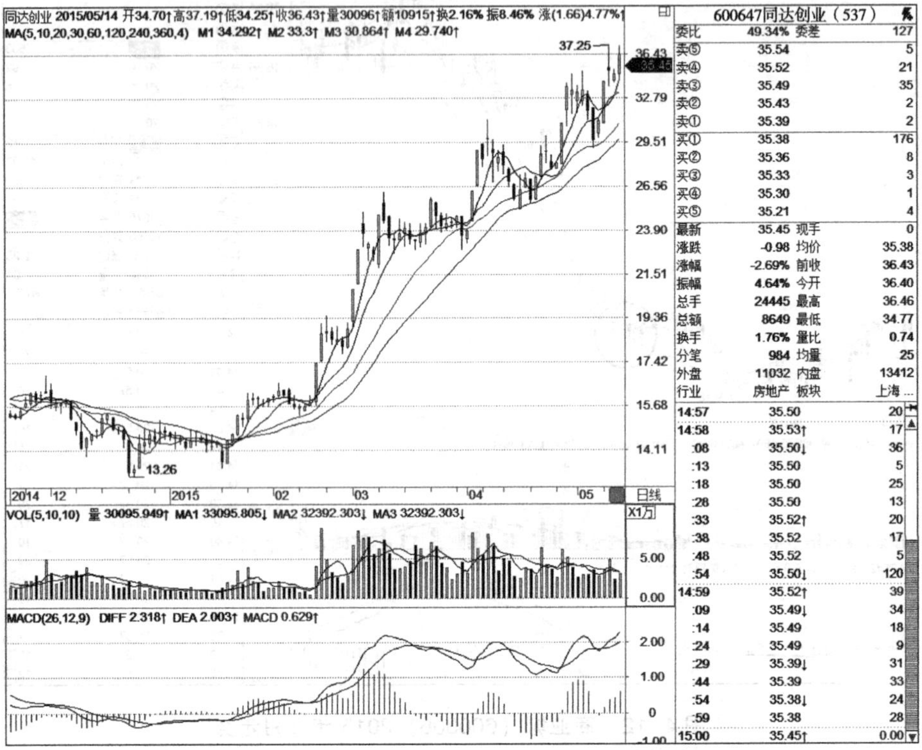

图 4-13　同达创业（600647）2015 年 2 月走势

在图 4-13 中，同达创业（600647）在 2015 年 2 月之前 20 日移动均线始终保持着下行的趋势，与之对应的是股价持续的震荡下跌，由此可见，只要 20 日移动均线没有转变为上升的趋势，股价的波动将很难给投资者带来盈利的机会。

而 2 月之后，移动均线形成了多头排列的走势，一轮上涨行情也由此展开。第一轮上涨过后，股价出现了调整的走势，调整的低点回落到了 20

日移动均线处，这意味着其给投资者提供了一次难得的逢低介入的机会。特别是在股价上涨的初期，这样逢低买进的机会能带来的风险是极少的，不信你看一下 30 日移动均线止损能亏多少钱，亏损十分有限，而一旦股价起涨，收益则会是无限的。

价格上涨趋势一旦形成，其特点就是低点一次比一次高，所以，只有在上升趋势形成的情况下才可以进行抄底操作，这些有技术性支撑的点位，也才可以称得上是真正的“底”，这些赚钱概率极大的“底”不去把握还等什么呢？

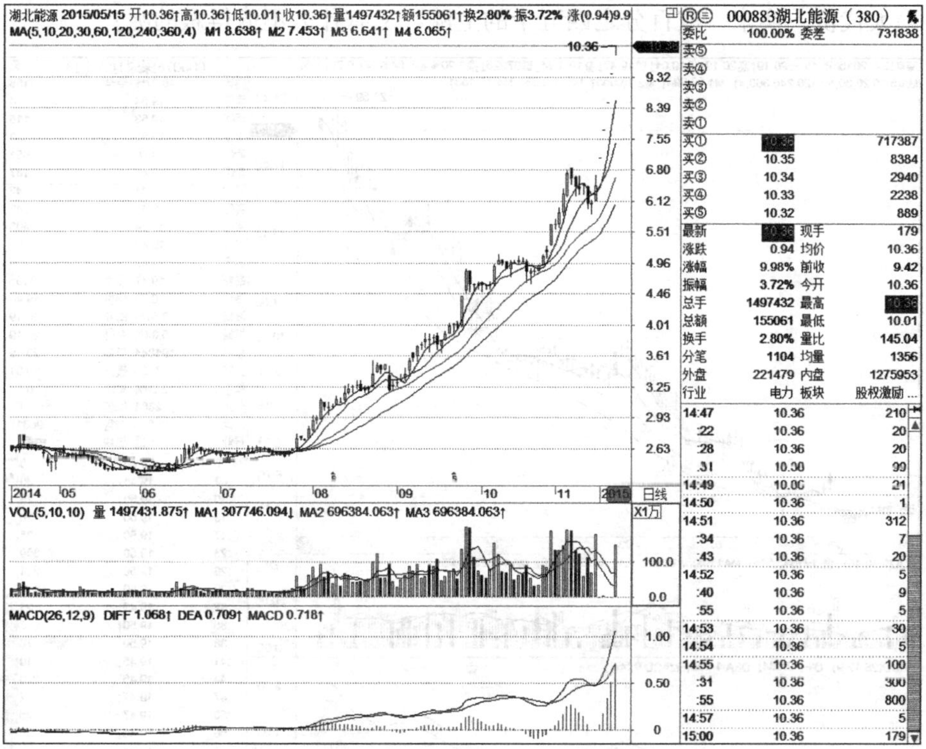

图 4-14　湖北能源（000883）2014 年 9—10 月走势

在图 4-14 中，湖北能源（000883）在 2014 年 9—10 月股价在成交量连续放大的情况下，出现了一轮持续上涨的走势，虽然涨势比较猛，但上涨的中途还是出现了几次调整走势，而就是这些调整给投资者留下了极好的中途买进的机会。

移动均线逢低做多的方法，适用于股价上涨趋势已经形成的时候，虽然说买点位置相比下跌时的各种低点都要高，但此时的介入安全性很高，一来趋势已明确形成，二来放量已有机构介入，所以，股价涨的概率是要远大于跌的概率的，因此，在形势明确之后再入场，就算买入成本高，风险其实也并不大。比起不知底在何方，盲目的抄底行为要稳健很多。

在股价上涨的过程中，先后两次的调整均打到了20日移动均线处，但由于升势明确，所以，低点获得了支撑之后便再度上涨，20日移动均线都未曾破掉，也就意味着根本不会有止损的问题。就算是止损，用不超过10%的最大代价，换来一波百分之四五十的上涨，又有什么不值得做的呢？

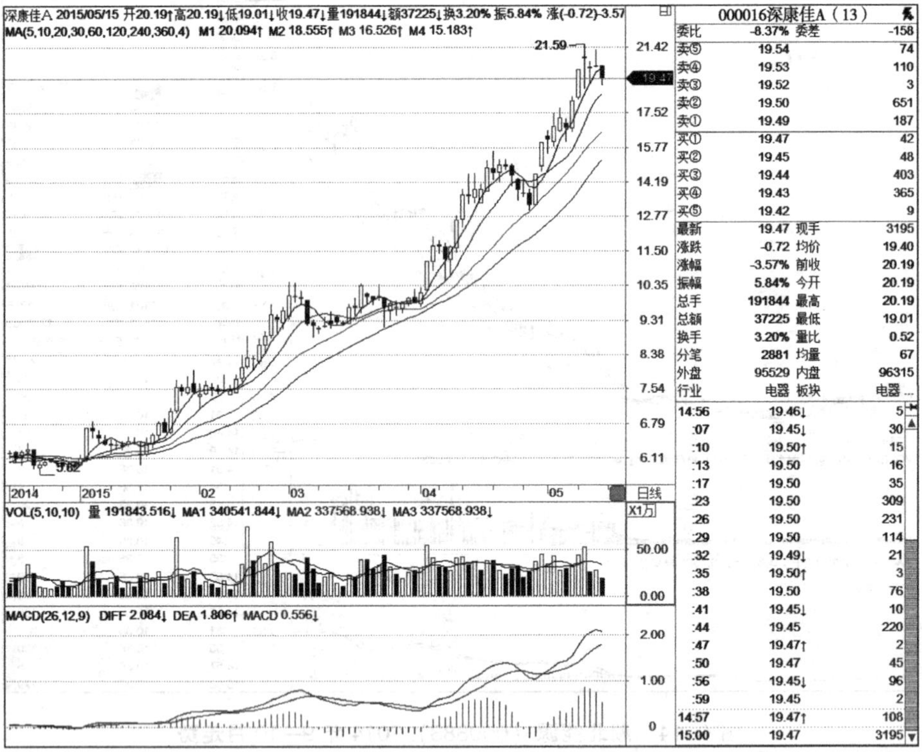

图 4-15　深康佳A（000016）2015年3—5月走势

在图4-15中，深康佳A（000016）在2015年3—5月股价上升趋势已经非常明确，从整体形态来看，一波上涨之后，股价总会出现不同幅度的调整形态。小幅度的调整可以用突破的交易方法来解决买点的问题，而大一些的调整则可以用逢低买进的方法来解决介入点的问题。

在股价上涨的过程中，先后两次出现了幅度略大一些的调整，这些调整的低点全部都在 20 日移动均线处便止住了。第一次触及 20 日移动均线后，股价虽然在盘中有过一次杀跌，留下了一根下影线，但是这天的下影线却并未击破 30 日移动均线的止损点，这也就意味着盘中的下跌只是虚惊一场。开仓后止损位未被打破，要做的事情就是继续耐心持股，而不是胡乱猜测，因为未来会怎样谁也不知道，能做的就是服从当前数据执行操作计划。

之所以拿 30 日移动均线进行止损，其目的就是再多留给股价一些波动的空间，让机构震仓更加充分，震仓越是挤走投资者，也就越容易出现上涨的走势。用较小的代价换来较高的收益，这便是逢低做多买点的最大好处。做任何事情都会有代价，只要这个代价可以承受那就没有任何问题，付出多少代价已经知道，也就意味着这只个股不存在未知的风险。

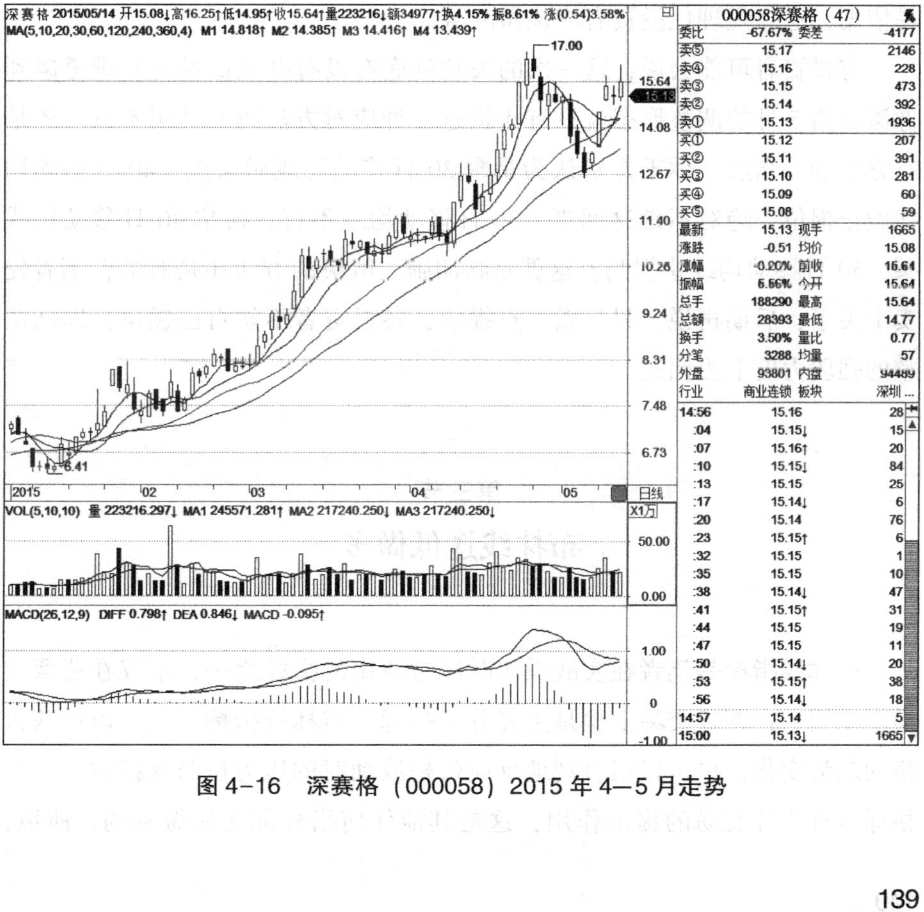

图 4-16　深赛格（000058）2015 年 4—5 月走势

在图 4-16 中，深赛格（000058）在 2015 年 4—5 月股价上涨的过程中先后两次出现了调整的走势。第一次调整时，股价的低点打到了 20 日移动均线处，符合逢低做多的买入要求，随后虽然股价在盘中依然有下跌，但是并未跌破 30 日移动均线的止损位，这一次操作后赚 50%没什么大难度。

第二次调整时，股价再次回落到 20 日移动均线处，买点再次给出，但随后的下跌却在盘中跌破了 30 日移动均线的止损位。见止损就必须要走，哪怕这个止损价就是价格的最低价。止损后价格会如何走？也无非有三种情况：跌、盘、涨。但你不知道具体会怎样，未知的事情就是风险！而你此时已知的事情就是破止损位，你怎么做？手软？死抗？如果这样，你离合格的投资者还差得远，不可能成为市场的赢家。因为赢家在处理亏损的时候绝对不会拖泥带水！虽然止损后股价又涨了，但是，如果下一次形成这样的形态，笔者肯定还会继续止损。不去妄加猜测，只以当前数据为交易依据，这才是理性投资者应该做的事。

有投资者可能会说，这一次的失败到底有没有办法回避呢？难道碰到像深赛格 5 月的调整形态就只有止损这一种应对方法吗？其实不然。还是有方法的，当然，你千万别认为是拿 30 日移动均线做买点，40 日移动均线做止损位，绝对不是这回事。30 日移动均线不行，再拿 40 日移动均线买，50 日移动均线止损吗？这就是瞎胡闹。解决的方法还是有的，笔者先卖个关子，后期再说。只是做一点提示，各投资者不妨自己领悟，即从调整的强弱力度上去回避。

第三节

布林线逢低做多

布林线指标是笔者在实战操作时经常使用的指标之一，不仅在股票交易上使用，在期货交易上也是主要分析指标。布林线指标不仅可以反映价格的趋势变化，更可以很直观地反应价格波动时的压力位与支撑位，一个指标具有八种交易的提示作用，这是其他任何指标都无法做到的，所以，笔者建议各位投资者也多关注一下布林线指标。

使用布林线指标进行逢低介入的方法为：

（1）布林线中轨一定要形成上升的趋势；

（2）价格调整到布林线指标中轨时可以入场买进；

（3）如果中轨支撑失守，价格回落到下轨处时，可以于下轨处加仓买进；

（4）一旦股价跌破下轨的支撑，则应将中轨的开仓与下轨的加仓一并进行止损操作。

这个方法最大的亏损就是中轨开仓时股价与下轨之间的距离，在实战时投资者需要先测量一下中轨与下轨的空间是多大，看一下这个亏损是否可以承受，如果在承受范围内则可以按计划开仓。

有投资者可能会问，如果中轨与下轨距离大一些，承受不了这个亏损，那可不可以等到下轨处买入，这样止损的幅度不是就会很小了吗？这个想法的确是不错的。但实际情况却是，很多时候股价调整到中轨便止跌回升，根本不给下轨的机会，死等下轨不是不可以，只不过会错过很多机会。所以，操作时就是中轨开仓，下轨加仓，破下轨就止损，不破就持仓待涨。

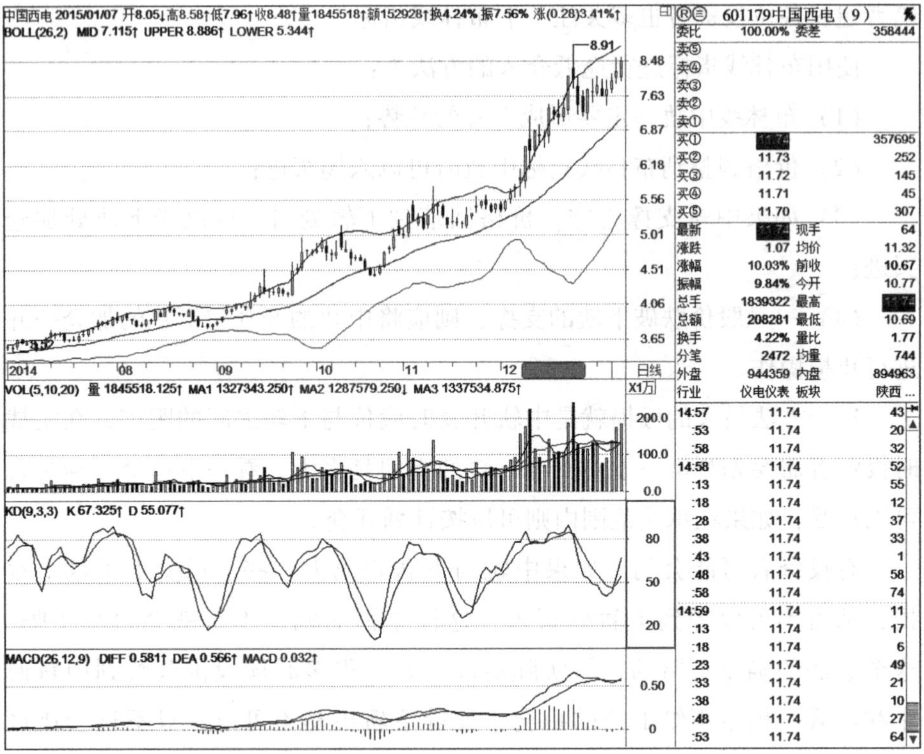

图 4-17　中国西电（601179）2014 年 8—10 月走势

在图 4-17 中，中国西电（601179）在 2014 年 8 月布林线指标中轨已经形成了明确的上升趋势，这意味着趋势的大方向形成。随后的震荡调整过程中，股价先是触及中轨的支撑位，第一个买点到来，但是中轨并未形成有效的支撑，股价继续回落并在下轨的位置止稳，下轨的支撑点又构成了第二个买点。两个买点都买进以后，就需要盯住下轨，如果股价开始回升则继续持股，但如果向下跌破下轨则需要将两个位置的开仓全部止损出局。

再经过了一波上涨以后，股价又一次形成调整的走势，这一次调整回落到了中轨的位置，中轨的买点随之到来。这一次的波动未给投资者留下下轨加仓的机会，在获得布林线指标中轨支撑之后，股价便出现了上涨的走势，此时如果依然像上次一样死等下轨的买点，肯定就要错过机会。

在价格靠近中轨的时候，以中轨附近的价格买入就行，不要过于计较非中轨买进价格，只要价格相差不是太多就可以。理论上中轨是买点，但实际交易时的交易价格略有差异属于正常。

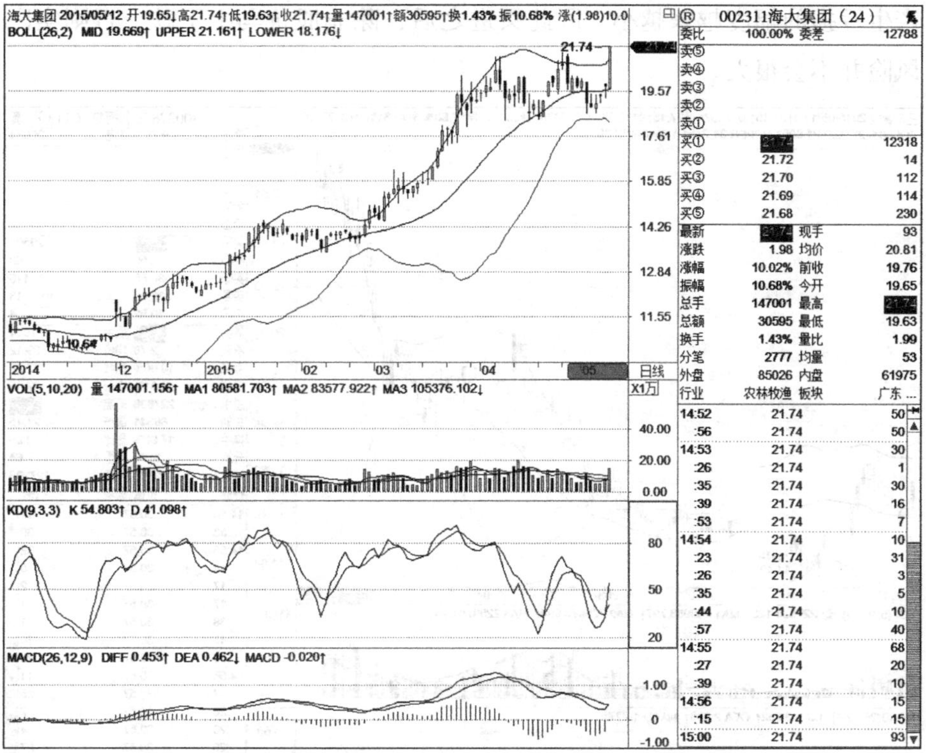

图 4-18　海大集团（002311）2015 年 2 月走势

在图 4-18 中，海大集团（002311）在 2015 年 2 月布林线指标中轨已经形成了明确的上升趋势，这意味着多头行情的到来。投资者都经常在说顺势交易，那么什么是顺势呢？其实按照布林线指标中轨的方向进行操作，就不会有什么大问题。

在中轨向上的时候，股价出现了一次调整的走势，回落的低点正好打到了中轨的位置，这意味着布林线指标逢低做多的买点时机已经到来。由于布林线指标存在两个买点位置，一个是中轨，一个是下轨，所以操作的时候，可以先于布林线指标中轨处买进半仓，如果有下轨的机会就再加上半仓。不给提供这个机会的话，半仓的操作也完全足够。这样还留有一半的资金可以再寻找另一个交易的机会。

从本案例的走势来看，在中轨买进的时候，虽然中轨与下轨存在一定的距离，但随着价格的波动布林线指标下轨也将逐渐上移，这就会使可能产生亏损的幅度越来越小。因此买进之后，除非股价马上下跌，否则实际风险并不会很大。

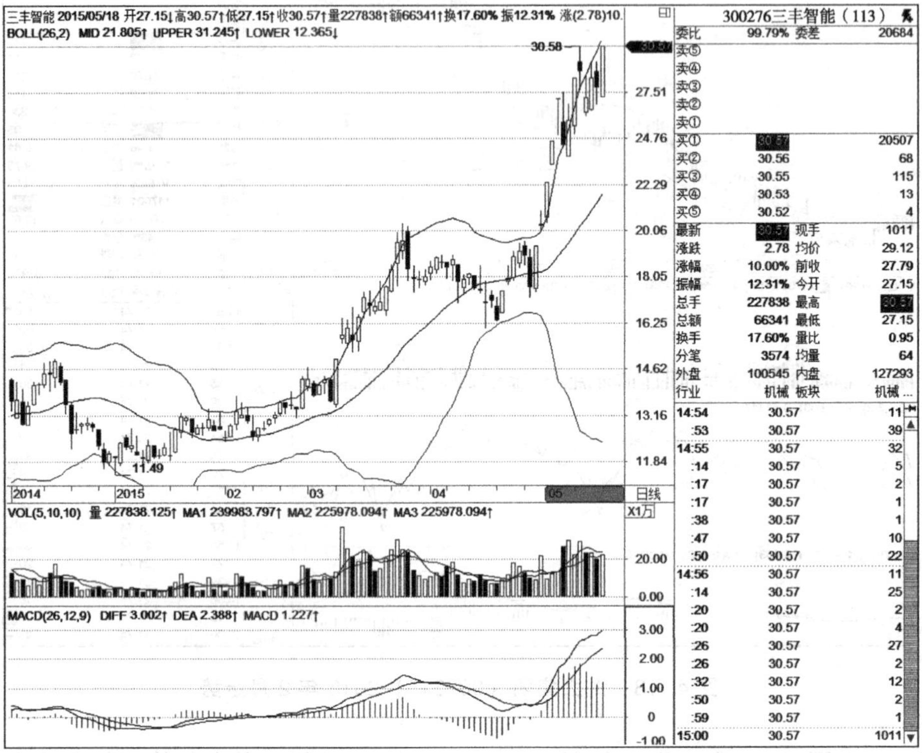

图 4-19　三丰智能（300276）2015 年 4 月走势

在图 4-19 中，三丰智能（300276）在 2015 年 4 月布林线指标中轨形成上升趋势之后，股价出现了一次调整的走势，先是小幅度回落到中轨，给投资者提供了第一次买入的机会。而后股价继续调整到达下轨，第二次的买入机会出现。

两个买点都给了机会，那就可以在中轨处开半仓，下轨处开半仓，这样可以防止死等下轨机会而市场不提供的现象，中轨买进以后，股价上涨，持有半仓照样可以盈利。如果中轨买入后股价调整到下轨，就把另半仓加上，就算有风险，只要破下轨时止损，那么下轨的开仓所造成的风险其实是非常小的，甚至可以忽略不计，而主要风险就是中轨买进的那一部分股票。

利用布林线逢低做多的技术理由是：利用布林线指标中轨与下轨的支撑作用进行交易，在支撑有效的情况下，则会实现盈利；而如果支撑失败，则在跌破最后一道支撑位，也就是布林线指标下轨的时候止损离场。

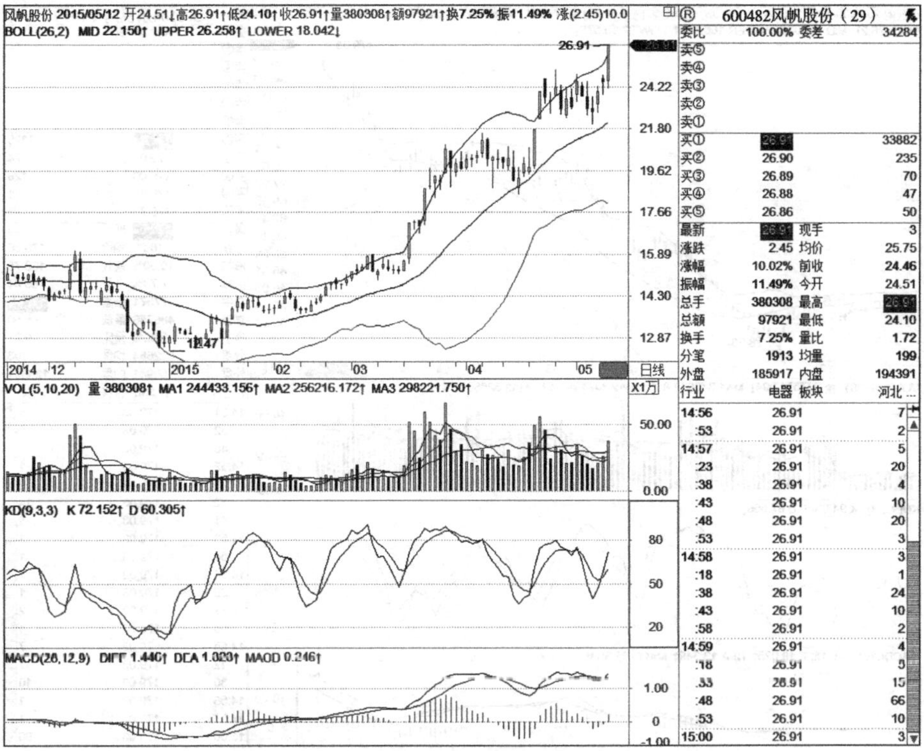

图 4-20 风帆股份（600482）2015 年 4 月走势

在图 4-20 中，风帆股份（600482）自股价见底之后便出现了连续上涨的走势，在上涨中途的时候，虽然多次出现调整的走势，但是，并没有给投资者提供好的逢低买进的机会，价格未调整到中轨便开始了上涨。有投资者可能会问 1 月不是打到了中轨处吗？这个位置不是买点吗？其实这个位置是买点，因为它满足了各项技术要求。之所以未提及这个点位，是因为一些可以提高成功率的附加条件并未满足，只是满足了核心条件。如量能，它就没有满足。

2015 年 4 月，股价同样调整到了中轨，但这个点位却是极好的介入点，除了各种核心要求都满足以外，股价之前上涨的时候，成交量明显放大，说明有资金积极地进行了交易，同时，调整的时候，成交量出现了明显的萎缩，说明之前介入的资金并未在调整区间大肆出货，资金依然留在场中，因此，股价在布林线指标中轨得到支撑以后，上涨的概率将是极大的。

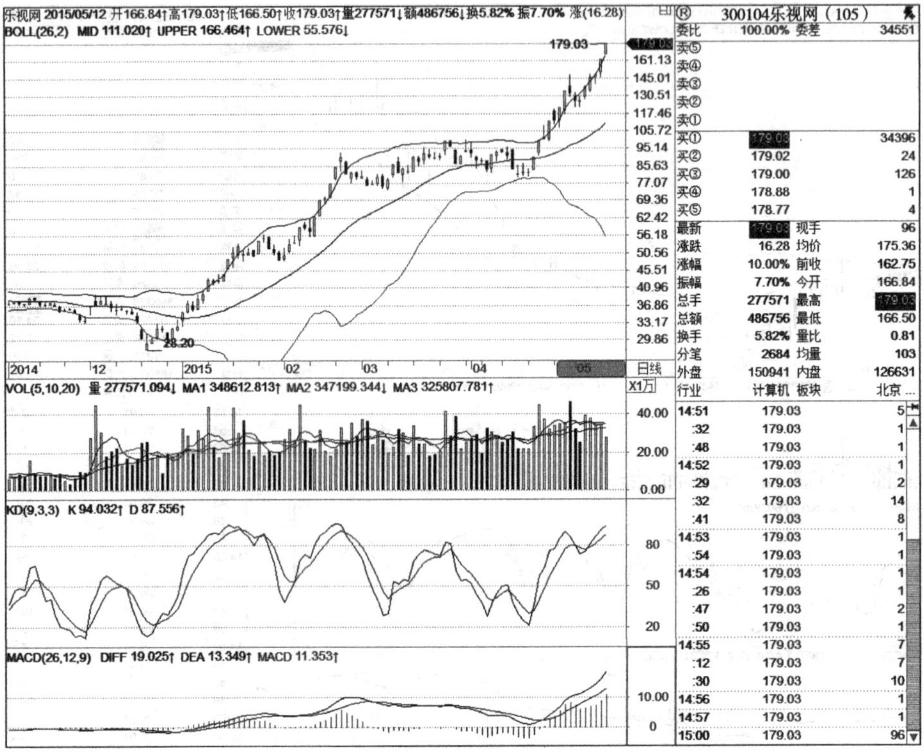

图 4-21　乐视网（300104）2015 年 4 月走势

核心条件是技术形态的原形，光是依靠这些原形态交易就足够，而辅助条件则是可以灵活变通的，每个投资者加入的辅助条件可能都各不相同，其目的就是为了进一步提高成功率，当然在交易成功率提高的情况下，交易的机会肯定也就会相应减少。投资者绝不能认为辅助条件加上后，交易次数还会增多。

在图 4-21 中，乐视网（300104）股价上涨的时候，虽然先后出现了几次调整的走势，但是却并没有提供依靠布林线指标逢低买进的机会，股价之前调整的时候，并未回落到中轨便停止回落，这一时期只能依据突破的方法进行操作。

2015 年 4 月，股价再次调整的时候，股价触及布林线指标中轨，又回落到了下轨的位置，两个买点全部提供。如果不看后面的走势可能会有投资者说，股价都涨了两大波了，还去买进，是不是太危险了？如果这样想，其实就犯了一个错误：幻想。这是交易的时候最要命的错误，风险的信号还未出现便开始自我恐慌，这样的话还怎么操作？风险到来必然会有相应的信号，更会打破止损位，而布林线指标一旦打到了止损位便意味着风险来了，这个时候，只要严格执行止损操作，又有多大的风险呢？

只是盲目猜测，打破止损也不执行卖出操作才会导致较大的亏损，所有严格执行交易纪律的交易就不可能出现大问题。当然，不排除个股的“黑天鹅事件”。

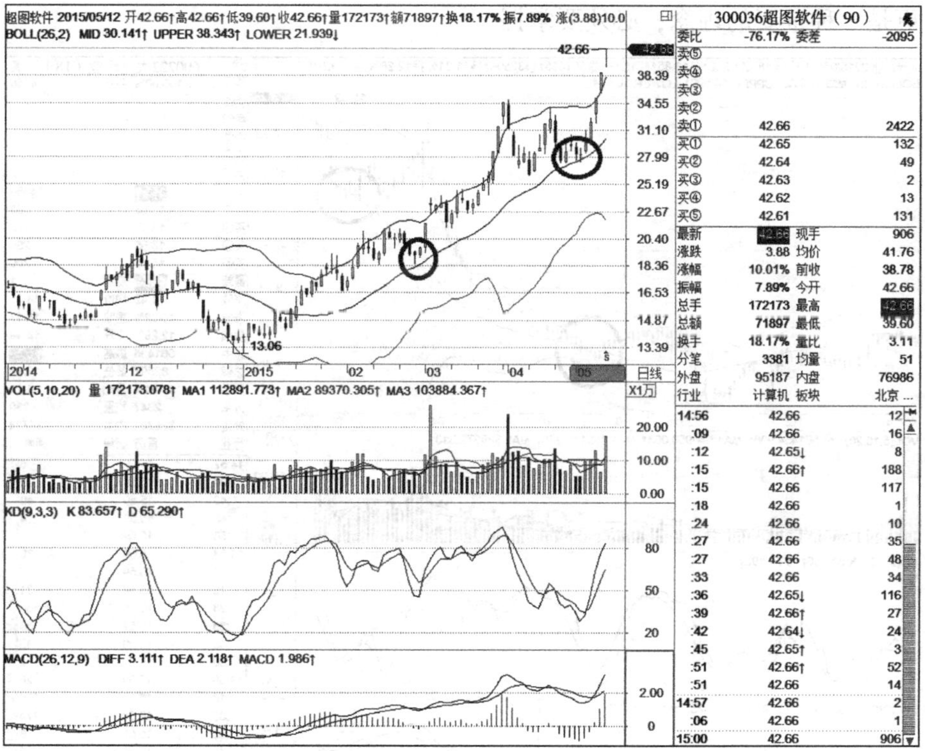

图 4-22　超图软件（300036）2015 年 3—5 月走势

在图 4-22 中，超图软件（300036）在 2015 年 3—5 月股价先后两次给投资者提供了逢低介入的机会，虽然这两次股价所处的位置各不相同，但是买点的技术形态却高度一致。由此，我们也可以看到另一个重要的问题：成功的方法总是具有高度的可复制性。而那些可以不断复制使用的方法对于投资者来说才是最应当进行学习的方法。

上涨后股价调整，回落的低点打到了布林线指标中轨的时候，下跌便停止，而后继续上涨，利用布林线指标中轨的支撑作用，便可以轻松地找到股价调整回落的低点在哪里，这才是真正的抄底操作，抄的是具有强大支撑的底，抄的是上升趋势中短线调整形成的底，也只有抄这样的底，盈利的概率才会大。

投资者要注意，在股价下降趋势形成的时候抄底，很难实现盈利，反而亏损的情况要更多一些。想要在股市中取得成功，不仅要有精湛的技术，还必须要有正确的理念，而如何进行抄底操作这本身就是一种技术，更是一种重要的理念，必须要掌握。

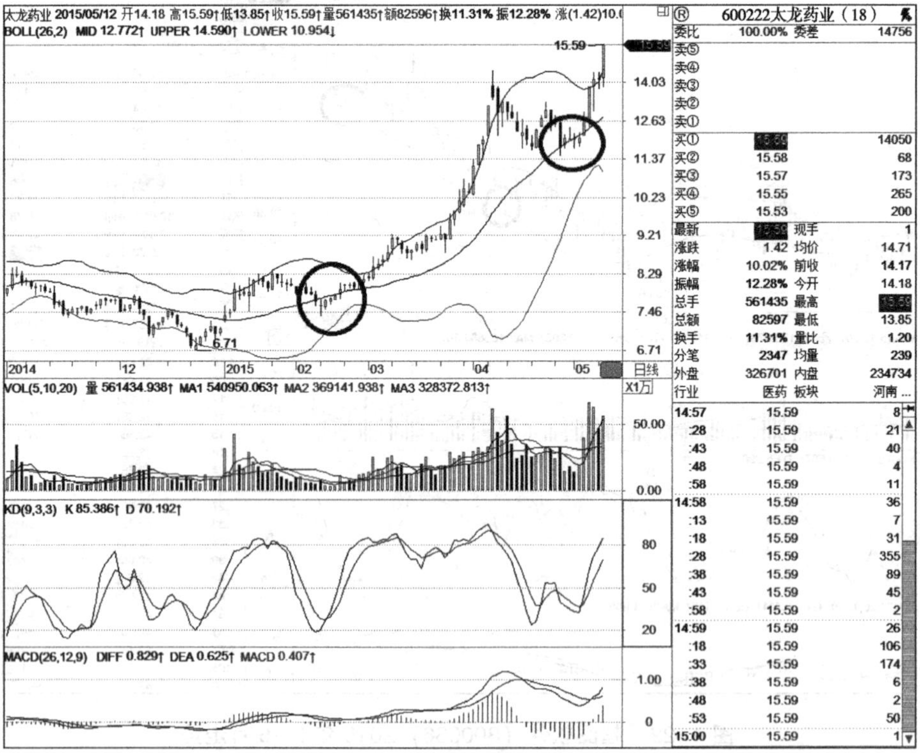

图 4-23　太龙药业（600222）2015 年 2—5 月走势

在图 4-23 中，太龙药业（600222）在 2015 年 2 月随着股价的上涨，布林线指标中轨形成了上升的趋势，第一波上涨后股价调整，低点触及中轨的位置，这说明第一个买点形成。虽然后面的调整跌破了中轨，但由于下轨的买点机会并没有给出，所以，第一个圆圈处只有一个可以买进的机会。

买点出现后，股价便形成了一波幅度不小的上涨，对比止损与获利的幅度，可见这种方法的可操作性非常高。虽然经过了一大波的上涨，但是股价再次调整时，其低点再次受到了布林线指标中轨的支撑，买点再次出现，一定要大胆地入场操作。就算价格形态走失败，止损的幅度也并不大，而一旦股价成功上涨，其涨幅将会远远大于亏损的幅度。

买进股票就是这样，越是过多的猜测越是会乱了心态，只有机械地见买点就买进，见止损点就止损，不带有一点感情色彩，这样才会获得成功。形态的失败很常见，但只要严格执行止损纪律，每一笔的亏损都只是亏个小钱，而一赚就是一笔大钱，任何高手其实都是这样取得成功的。就算是交易的失败率高一点也没有任何关系，因为一笔盈利可以抵得上数笔失败造成的亏损，依靠赚大赔小长久坚持下来必然盈利。

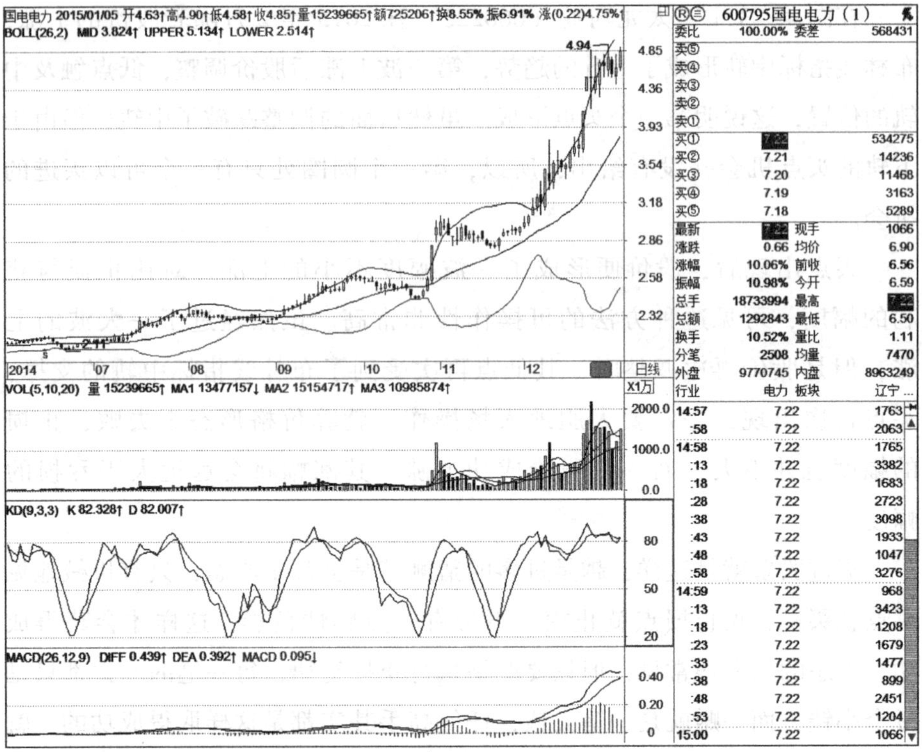

图 4-24 国电电力（600795）2014 年 8—12 月走势

在图 4-24 中，国电电力（600795）在 2014 年 8—12 月股价先后出现三次逢低介入的交易机会，虽然股价所处的位置各不相同，但是，这三次买点的技术特征却都是高度一致的。每一次买点形成之后，股价的波动都给投资者带来了不菲的收益。

2014 年 8 月末，股价在布林线指标中轨向上的情况下，先是调整到布林线指标中轨处，而后又回落到下轨处，至此，两个逢低介入的买点全部成立。在 10 月末股价再次调整的时候，其所有的技术形态均与之前的走势一样，此时要做的就是继续复制操作方法——中轨开仓，下轨加仓。有朋友可能会问，之前已经买进股票了，该怎么办呢？很简单，继续盯着下轨，不破下轨就没有必要出局，此时持股的思路等同于之前买进后止损的思路。

11 月中旬，股价再次出现调整，这一次的调整有一点变化，股价逼近了布林线中轨的位置，但是并未完全触及，如果此时死等中轨的价格可能就要错过机会。这个时候可以看一下股价离中轨有多远，如果离得很近，那就无所谓，在中轨附近的价格买进就可以，但如果离的还有点距离，那就可以再等等。不用怕中轨买不上，别忘了，还有突破点在那等着呢。

第四节

登天梯

当股价出现涨停走势以后，会有三种形态，第一种就是股价连续大涨，不给投资者以介入的机会，面对这种形态只能进行追涨操作；第二种就是强势调整形态，而强势调整的形态较多，登天梯就是其中的一种；第三种就是虽然股价形成了涨停的走势，但是，这根涨停板却是上涨行情的最后一涨，这样的走势往往出现在股价持续上涨的高位，在初期上涨与中期上涨阶段很少见到。

登天梯属于中继买点，是在股价上升走势已形成，以及股价大力度上涨之后出现的形态。登天梯的技术要点为：

（1）股价收出涨停大阳线（一定要涨停，否则影响形态的成功率）；

（2）股价涨停后第二天收出一根带有上下影线的星 K 线；

（3）之后几天形成的星 K 线，不允许跌破涨停后第一根星 K 线的下影线，否则需要进行止损操作；

（4）收出几根星 K 线后股价突破星 K 线区间的高点时入场操作。

当股价收出涨停板后，一旦形成登天梯的走势，后期上涨的概率是极大的。其技术含义为：大阳线收出表示多方攻击力度较强，随后股价调整但回落幅度极小，这体现了空方的虚弱，并且连第一根星 K 线的下影线都无法跌破，这更加意味着多方力度的强大。

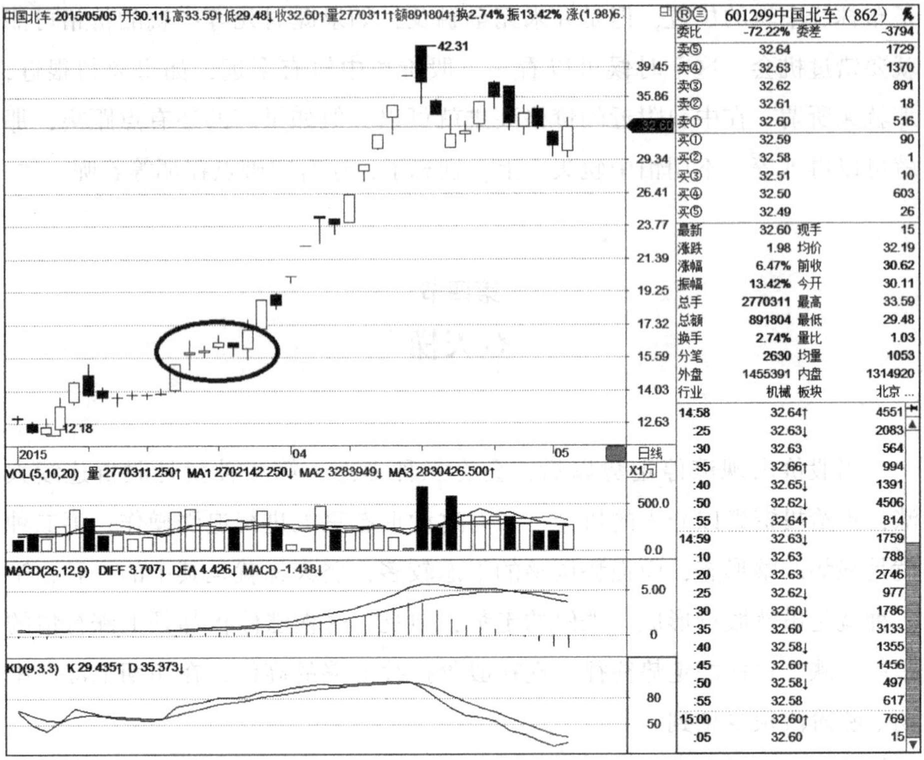

图 4-25　中国北车（601299）2015 年 3 月走势

在图 4-25 中，中国北车（601299）在 2015 年 3 月股价已形成了上升的趋势，随后一根涨停大阳线向上突破了前期的高点，从突破的角度来讲，这个点位就是一个买点。涨停大阳线出现后，股价并没有连续上涨，而是形成了调整的走势，仔细观看调整形态便可以从中发现藏有的玄机。

第二天股价收出了一根带有上下影线的星 K 线，随后股价连续收出星 K 线，但是，这些星 K 线的波动范围全部在第一根星 K 线下影线的上方，这说明股价连续好几天没有跌下来，多方力量强大的这种强势调整形态就称为：登天梯。踩着星 K 线横盘的这阶楼梯，股价也就爬到了天上。

一旦发现股价的波动有形成天梯的迹象，接下来要做的事情就是等待突破走势的出现，一旦向上突破横盘区间的高点，往往就是第一天星 K 线上影线，便可以入场进行操作。

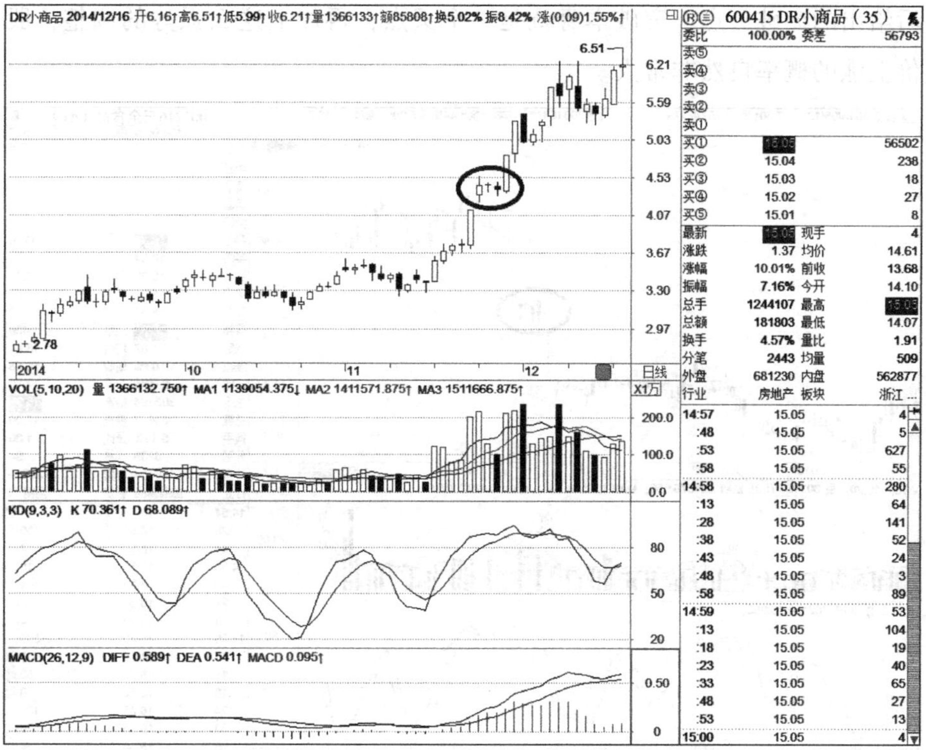

图 4-26　小商品城（600415）2014 年 11 月走势

在图 4-26 中，小商品城（600415）在 2014 年 11 月股价经过了几根阳线的拉升后，收出一根涨停大阳线的走势。这一根大阳线是股价在近期走势中的第一次出现，往往意味着加速上涨走势的出现。

涨停板出现后，股价形成了调整的走势，第二天收出了一根小实体的阳线，由于实体非常小，所以可以将它视为是星 K 线，接下来，股价后两天的波动依然收出星 K 线，这两根星 K 线全部在第一天的 K 线范围内波动，这样的走势说明空方根本没有能力把股价打下来，空弱则多强。特别是这样的走势又出现在涨停板之后，所以，价格此后上涨的概率是极大的。

涨停大阳线奠定强势上涨的基础，随后的调整又处处体现多方的强势，所以，只要小幅度调整之后，一旦股价向上突破第一天星 K 线的上影线便可以入场进行操作。这种交易的方法属于突破，是在股价强势调整之后给出的突破买点，突破本身就是一个买点，再加上这么强势的调整，股价上涨的概率自然非常大。

图 4-27　三全食品（002216）2015 年 3 月走势

在图 4-27 中，三全食品（002216）在 2015 年 3 月随着一根涨停大阳线突破了之前的高点后，股价形成调整走势，调整虽然在股价上涨的过程中经常见到，但是，不同的调整形态却包含着不同的涨跌意义。

涨停后，股价第二天收出一根带有上下影线的星 K 线，随后几天的调整，每一天的低点都在第一天的星 K 线最低价上方，股价调整，但却始终无法跌下来，这说明盘中肯定有资金在托盘。涨停后，如果有资金借高点出局，股价肯定会跌下来，而此时调整了好几天都掉不下去，那就说明多方的力度非常强大，这往往就是股价有能力继续上涨的信号。

在股价调整的区间不宜介入，也要防止此时的强势调整转为弱势调整，所以买点应当设置在股价向上突破调整高点的位置，一旦突破调整区间的高点，也就是第一根星 K 线上影线的价格，就可以入场进行操作。

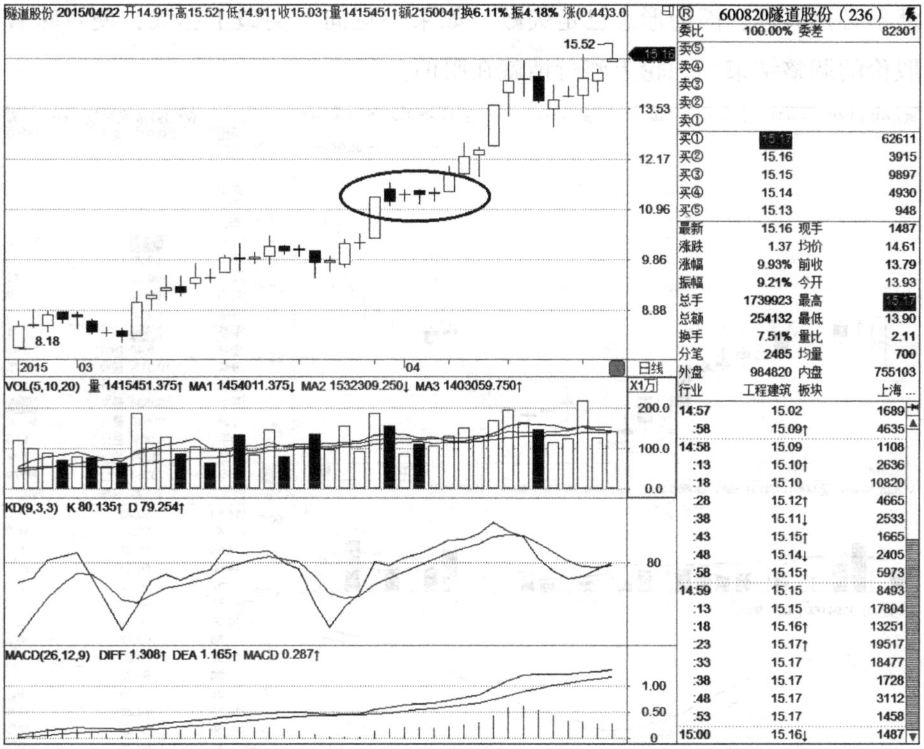

图 4-28 隧道股份（600820）2015 年 3 月末走势

在图 4-28 中，隧道股份（600820）在 2015 年 3 月末股价经过了一段时间的缓慢上涨之后，收出了第一根涨停大阳线，这样的走势多半是股价进入加速上涨区间的信号，应当密切留意涨停之后股价的波动形态，而后择机入场。

涨停大阳线之后并未出现连续上涨的走势，这就意味着股价后期的波动将会给投资者带来及时介入的机会，否则，一旦股价由涨停开始快速上行，想顺利的买入可能就会困难一些。涨停后，虽然第一天股价收出了阴线，但是，其实体非常小，完全不会对上升趋势产生任何干扰，并且随后几天的调整低点全部都在第一根小阴线低点的上方，这说明股价虽然调整，但却始终跌不下来，调而不跌是所有强势调整必然拥有的形态之一。

只要股价在第一根阴线的低点上方以及上影线下方波动，投资者要做的就是继续观望，并做好交易的准备，如果股价跌破第一天下影线低点，就不必再买进，因为形态已走失败。如果一旦向上突破上影线，便意味着股价的调整结束，一轮上涨行情就在眼前。

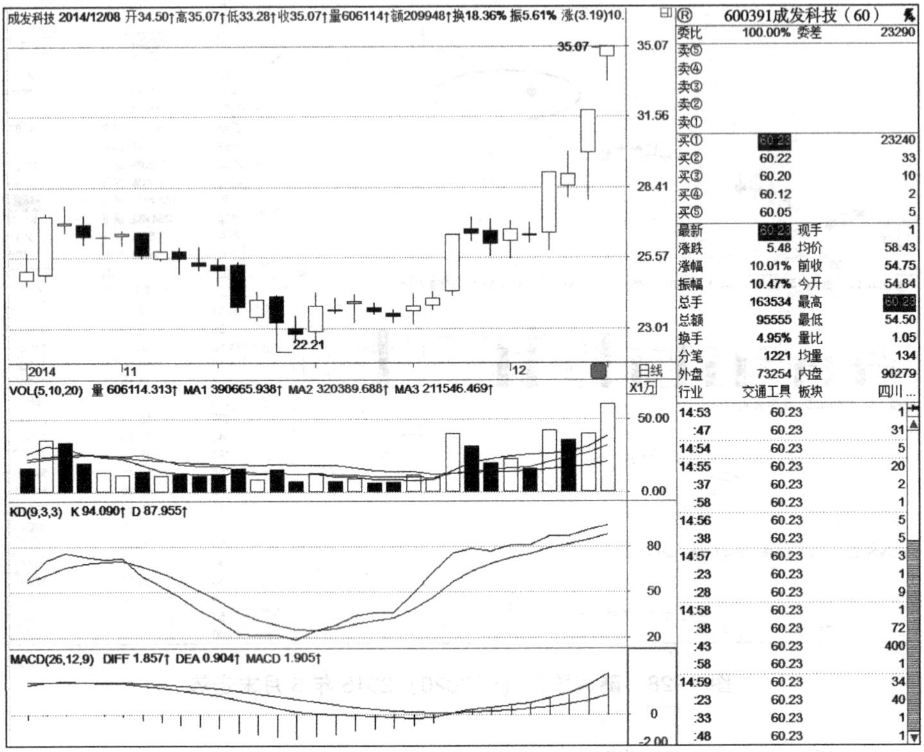

图 4-29 成发科技（600391）2014 年 11 月末走势

在图 4-29 中，成发科技（600391）在 2014 年 11 月末股价下跌到底后开始反弹，并出现了一根放量的大阳线。这一根大阳线出现之后，股价并没有马上继续强势上涨，而是出现了调整的形态，从整体调整形态来看，多头力度非常强，四天的调整波动重心始终没有下移，正是因为调整很强，所以，股价后面连续收涨停也就很正常。

那么，此时的横盘调整是登天梯形态吗？其实并不是。登天梯的要点是涨停大阳线后，股价后面的波动低点都位于第一根调整 K 线下影线的上方，而成发科技第二天调整的时候，已经跌破了第一天调整的低点，所以，它并不是登天梯形态。

登天梯与这个案例的相似之处就是股价调整的幅度都非常小，从调整形态来看，体现了多方的强势，只不过在细节走势上略有差别。相比而言，登天梯的调整要更强，因为第一天的低点就表明股价不允许再达到这个的位置。一个跌破了该位置，一个仍然在该位置之上，所以，登天梯自然要更强势一些。

图 4-30 超图软件（300036）2015 年 3 月走势

在图 4-30 中，超图软件（300036）在 2015 年 3 月股价确立升势之后，在一轮短线调整结束的时候，一根涨停大阳线的出现使上升趋势再次得以确立，这根涨停大阳线的作用非常重要，它对上升趋势起到了积极的保护作用。

这根涨停大阳线出现之后，股价继续调整，前三天的形态非常完美，后两根星 K 线均在第一天的下影线低点上方震荡，形成了登天梯的技术形态。但形态的出现并不一定都是成功的，因为成功的形态还需要股价向上的突破为标志，而超图软件的股价却并没有形成向上的突破，而是向下跌破了第一天下影线的低点，这就意味着登天梯这个技术形态的失败。

虽然登天梯的形态失败了，但并没有因此而影响股价的上涨，随后形成了托塔天王技术形态后，价格继续出现了一轮上涨。形态之间会存在转变，这就好像是上升中的 W 底，如果形态转变，它就会变成 M 头，这是股价波动过程中常见的现象，要正确理解。

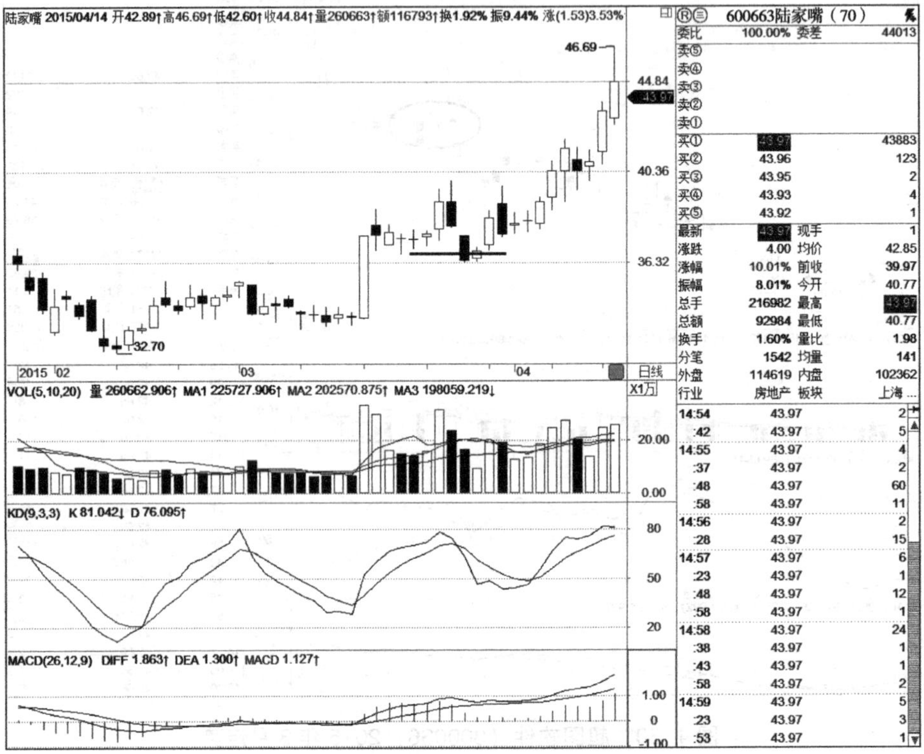

图 4-31 陆家嘴（600663）2015 年 3 月末走势

在图 4-31 中，陆家嘴（600663）在 2015 年 3 月末随着一根涨停大阳线的出现，短线的底部有明确形成的迹象，并且这一根大阳线出现之后，股价后期的调整也非常不错，K 线的波动形态有形成登天梯的迹象，并且还给出了买点的信号，但是，登天梯的买点最终却是失败的。

买点刚一给出，第二天股价调整，第三天再次调整，并且跌破了第一根调整星 K 线的低点，至此，依据登天梯方法进行交易的投资者就需要进行止损操作，因为买入的理由已经完全消失。依据第一天调整低点不被打破作为形态形成的依据，而后股价向上突破作为买点，那肯定，当第一天调整低点价格的支撑作用已经消失，买入理由不存在的时候就要止损离场。

任何方法都必然会有失败的时候，股市中永远不存在百分百确定性的事情，形态失败并不可怕，投资者千万不要恐慌，只要按技术要求设定好止损位，破位就走人，不破位就持仓，不要去过多的猜测与幻想，心态自然会很平和。再说，形态失败带来的收益，将会远大于形态失败造成的亏损。

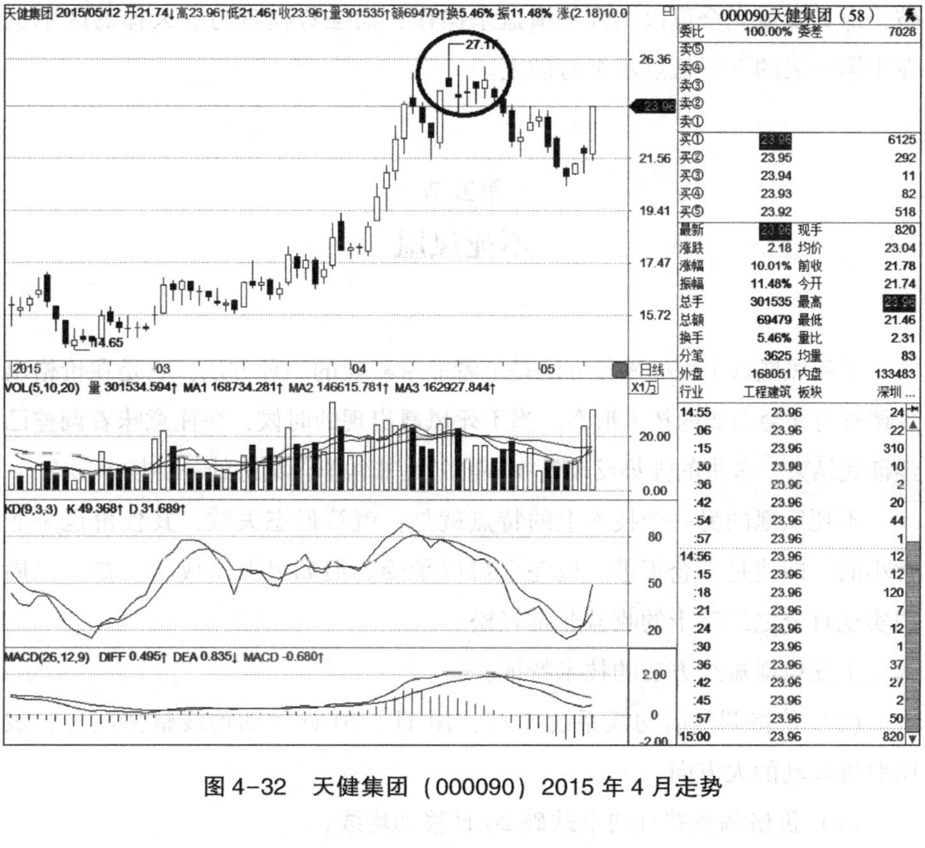

图 4-32 天健集团（000090）2015 年 4 月走势

在图 4-32 中，天健集团（000090）在 2015 年 4 月一波短线上涨行情出现后，一根涨停大阳线再次创出新高，第二天股价调整，收出一根星 K 线，虽然它的下影线很短，但是如果依据登天梯的方法进行操作，还是要把这一天的低点视为是形态确立与否的标志。

第二天股价再次收出一根星K线，不过，这一根星K线却跌破了第一根星K线的低点，第二天的走势就可以确定登天梯形态的失败。如果不看低点细节，仅看整体形态，还是有一些登天梯的味道的，但是，细节上却显示形态在调整的第二天已经失败，因此，绝对不能再按登天梯进行操作，只能从整体强势横盘的角度来看待股价此时波动的性质。

登天梯也可以看作是局部小箱体横盘的形态，但对这个形态的要求极为严格，不能破箱体低点，留给价格波动的空间非常狭小。之所以这样要求，就是为了把那些强势的个股给突显出来，如果不要求第一天的低点不破，那其实就完全可以用强势横盘来操作，而强势横盘与登天梯的区别就在于第一天的下影低点不被打破上。

第五节
不死凤凰

不死凤凰这个短线操作方法是笔者非常喜欢的一种方法，它是在价格出现调整时才会形成的技术形态。当不死凤凰出现的时候，往往意味着调整已经彻底结束，多头的强势反攻就在眼前，是非常值得买进的一种技术形态。

不死凤凰的另一个技术上的特点就是：就算形态失败，其代价也是非常小的，即使是满仓买进，也完全可以承受。但如果形态成功，在一二周内实现百分之二三十的收益非常轻松。

不死凤凰短线方法的技术特征：

（1）价格调整前均线系统5日、10日、20日移动均线整体向上，表明股价波动的大方向；

（2）价格调整并且向下跌破20日移动均线；

（3）跌破20日移动均线后三天内收出一根大阳线重新拉回到20日移动均线上方；

（4）一阳吃掉三线，同时吃掉5、10、20日移动均线便可以入场买进（最上边那根均线）；

（5）买进后如果价格又再次跌破 20 日移动均线则表示形态失败，应当进行止损操作。

不死凤凰与传统的出水芙蓉有什么区别呢？出水芙蓉是在价格下跌趋势中出现的，下降趋势形成，一旦一根大阳线向上吃掉均线便可以视为是出水芙蓉，而不死凤凰是在价格上升趋势中，碰到调整走势时才会出现的形态。机构恶意震仓，把价格打落得太低了，留给别的资金逢低介入的机会，当机构发现问题时，及时挽救，迅速把股价拉回来。所以，二者有着很大的差别。

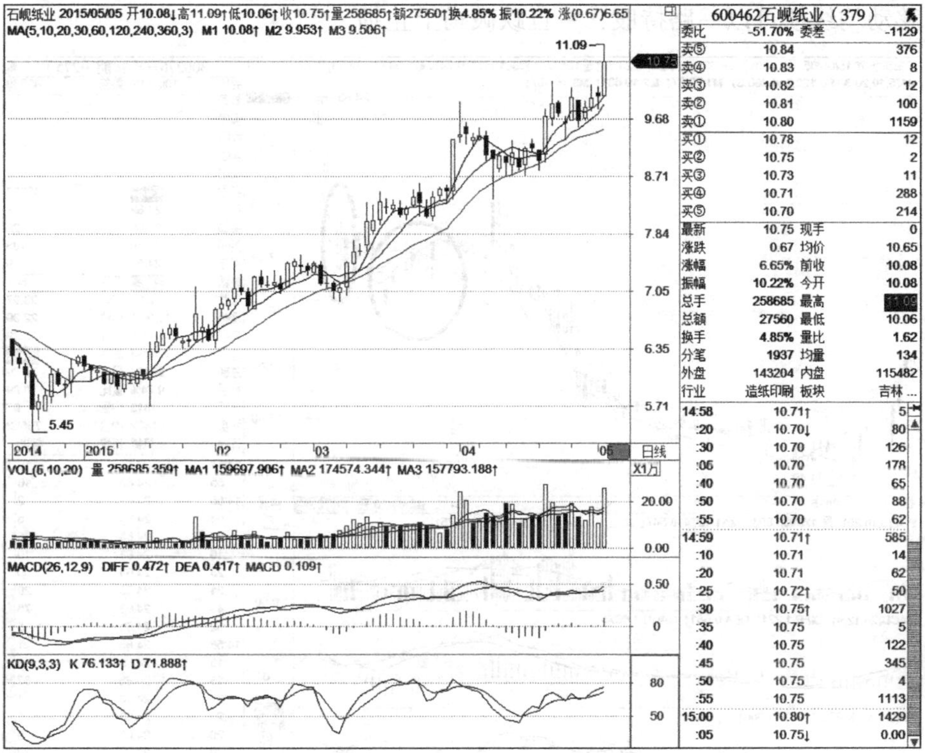

图 4-33 石岘纸业（600462）2015 年 3 月走势

在图 4-33 中，石岘纸业的股价在 2015 年 3 月已经形成了明确的上升趋势，三条移动均线坚挺向上。经过了一段时间的小幅上涨后，价格出现调整的走势，并最终跌破了 20 日移动均线。对于许多使用移动均线的朋友来说，一旦 20 日移动均线失守，就算是不清仓，肯定也要减仓操作，但这样就有可能中了机构的计。

价格跌破20日移动均线之后，三天内便收出了一根实体较大的阳线（在当时行情中算是大阳线），这一根大阳线一举向上吃掉了三条移动均线，使岌岌可危的多头趋势得以延续。这样的阳线出现往往意味着价格调整的彻底结束，如果洗盘没结束，机构有什么必要拉回来？K线一直在均线下方运行洗盘的效果不是更好吗？

在价格向上吃掉20日移动均线时要高度警惕，一旦向上吃掉5日移动均线，便可以马上入场开仓。开仓后就守住止损，只要价格不再跌破20日移动均线便可以一路持股，一旦跌破马上止损。

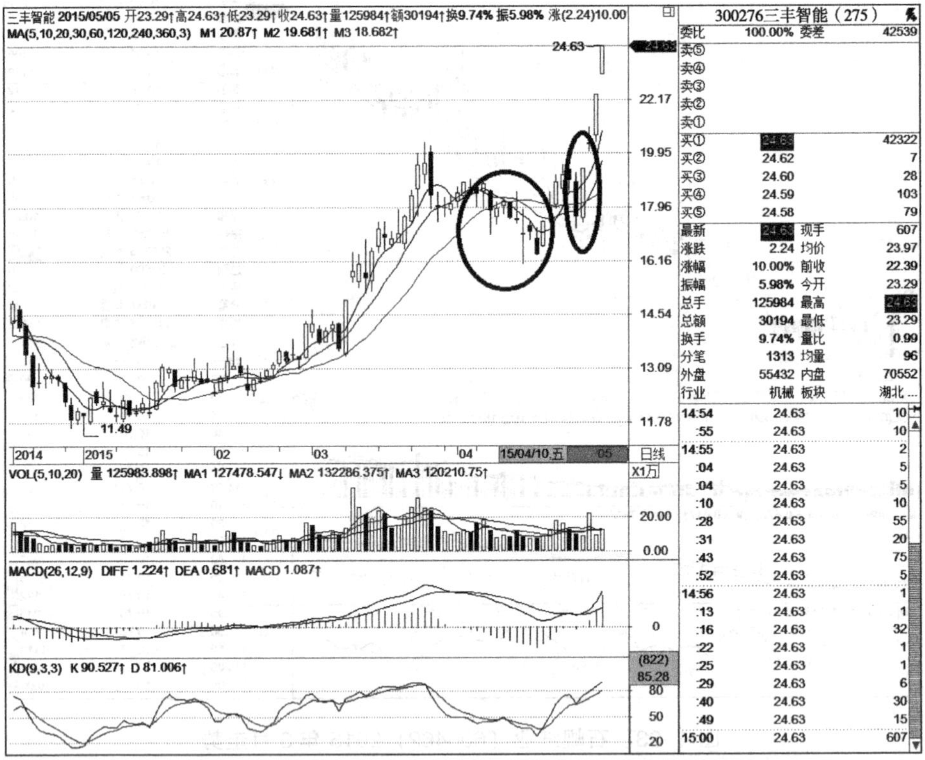

图4-34 三丰智能（300276）2015年4月走势

三丰智能的案例比较特殊，但走势形态却非常经典，值得好好学习一番。在图4-34中，2015年4月9日一根阴线跌破了20日移动均线，随后价格反弹，但三日内却未能一举吃掉三条均线，因此未能形成不死凤凰的走势。4 月 23 日价格虽然在 20 日移动均线的上方，但是不死凤凰技术要求的时限已过，并且价格是以多根阳线涨上去的，而不是一根阳线吃上去的，所以此时也未形成不死凤凰的走势。

经过了这两次折腾，精彩形态终于出现，价格再次跌破 20 日移动均线，但第二天马上一根涨停大阳线一举收复失地，重新站在移动均线上方，此时不死凤凰形态终于形成。我们再来总结一下它的技术特点：之前移动均线整体呈上升趋势，而后价格调整跌破 20 日移动均线，但在三天之内，一根大实体的阳线一举向上吃掉三条均线（这个形态与出水芙蓉类似），至此，不死凤凰形态形成。

价格跌破 20 日移动均线看似上升趋势结束，结果却如凤凰浴火重生一样，价格上升趋势得以复活，K 线一举收复失地，于是继续向上攻击，因此被称为不死凤凰。

图 4-35 中航电子（600372）2015 年 4 月走势

在图 4-35 中，中航电子（600372）在 2015 年 4 月随着股价持续的上涨，上升趋势已经明确成立，其技术特点就是各条移动均线都形成上升的趋势，在这种情况下，投资者要做的就是顺从价格的趋势寻找买进的机会。

经过一段时间震荡上涨后，股价的调整跌破了 20 日移动均线，不过第二天马上一根阳线收复原地并且吃掉了上边的那根移动均线，说明不死凤凰形态成立，这是一个买点所在。但在第一次不死凤凰形态形成后的第三天，股价便又跌破了 20 日移动均线，这说明不死凤凰第一次的买点失败，投资者应当在跌破 20 日移动均线时进行止损操作。

止损后，价格第二天大幅上涨，并再次吃掉最上边的移动均线，第二次形成不死凤凰的走势。是不是心情很郁闷？刚止损买点就又来了。交易就是这样，你永远不知道明天会如何，我们能做的就是坚决服从当前的技术形态，给卖点马上卖，给买点再马上买回来。哪怕是上午给了卖点出局，下午给了买点就必须要接回来；哪怕是买点的价格比卖点的价格更高。这是交易的执行力！

对于执行力到位的投资者来说，昨天止损后，今天再次形成不死凤凰的时候，在突破最上边那根移动均线时，已经又重新买了回来，有执行力的投资者，市场自然是要给予奖励。

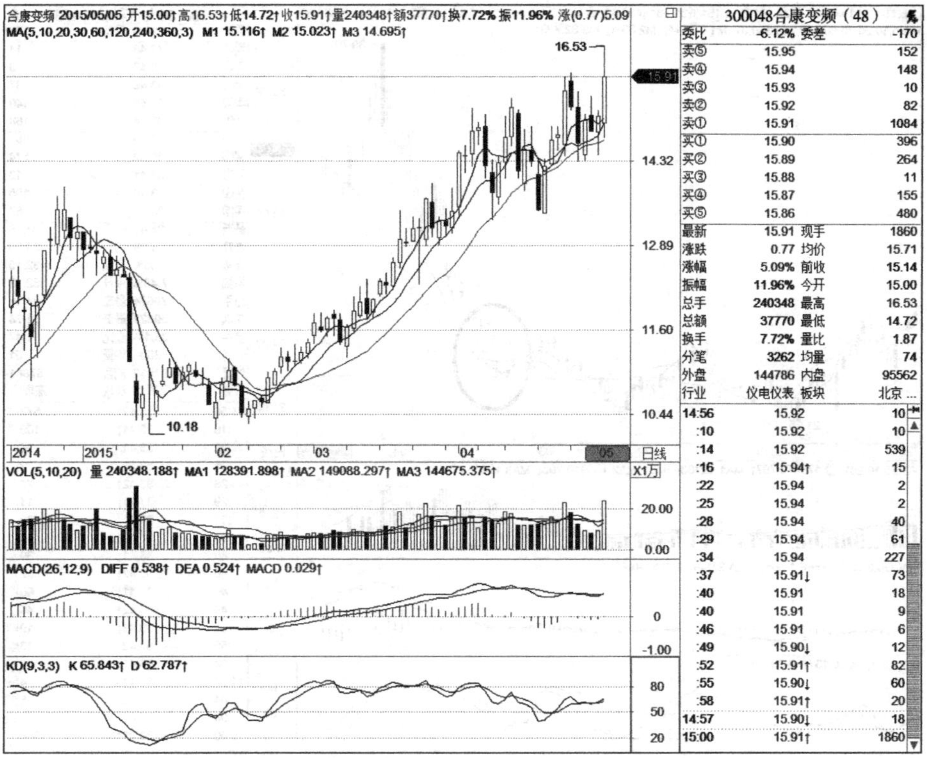

图 4-36 合康变频（300048）2015 年 4 月走势

合康变频的走势也算是比较典型的。在图 4-36 中，在股价跌破 20 日移动均线之前，三条移动均线保持着坚挺的向上态势，为投资者指明了价格波动的大方向。随后的调整跌破了 20 日移动均线，跌破 20 日移动均线的第二天，股价收出了一根实体较大的阳线，但是，这根阳线并没有向上吃掉三条移动均线，所以，它并不是不死凤凰形态。而第三天也就是跌破 20 日移动均线的第二天，收出了一根实体并不算太大的阳线，这根阳线向上吃掉了三条均线。除了实体不是太大以外，其他所有的条件都满足了不死凤凰的技术要求。那么，这样的走势可以买进吗？

答案是可以的。因为它就是不死凤凰，不过，这只凤凰长的毛色并不是太漂亮，身体也不够强壮。在实战选股时，如果几千只股票都没有形成不死凤凰的形态，那你买它就行，如果有毛色更漂亮、身体更强壮的凤凰，那它肯定就不是首选对象。

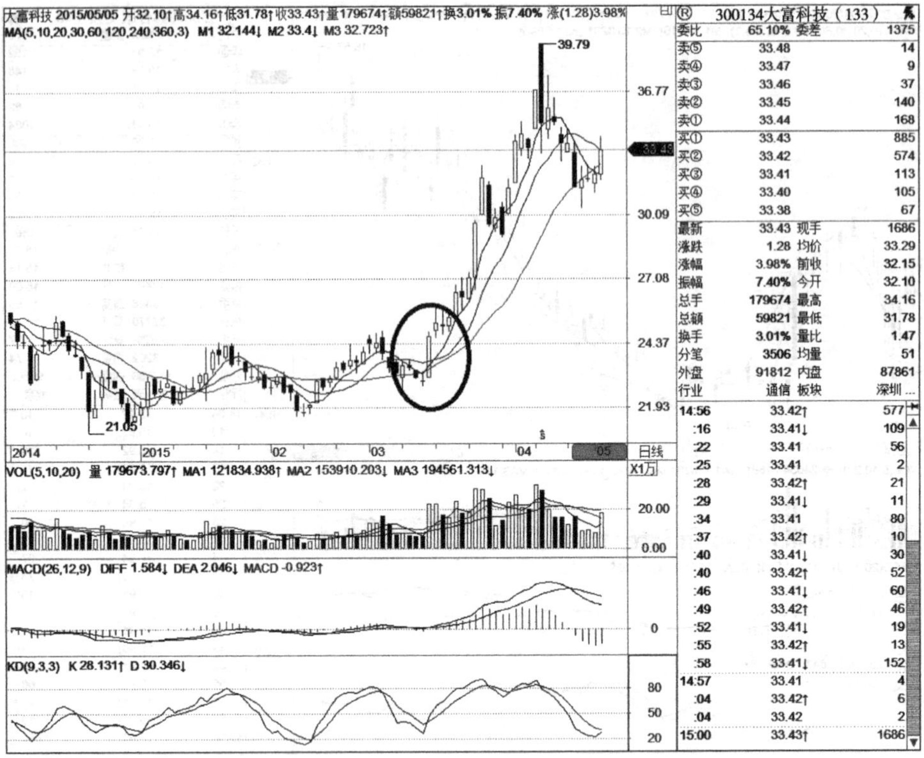

图 4-37　大富科技（300134）2015 年 3 月走势

在图 4-37 中，大富科技在 2015 年 3 月 11 日跌破 20 日移动均线，跌破的第二天又在均线下方收出了一根星 K 线，跌破 20 日移动均线后的第二天，一根大阳线出现并且盘中吃掉了三条均线，面对这样的走势，是不是可以在这一天的盘中买入呢？

从时间的角度来看，形态满足了不死凤凰的技术要点：跌破 20 日移动均线后三日内拉回，并且阳线的力度也够大，真的是不错的形态。但它是不是不死凤凰呢？

其实，这不是不死凤凰形态。因为它有一个条件未被满足，出现不死凤凰形态之前，移动均线的趋势是如何？没有形成明确的上升趋势吧？大阳线突破均线之前的趋势是震荡形态，而绝非明确的上升趋势，所以，这也就意味着虽然局部走势满足了不死凤凰的要求，但整体走势并未满足，因此，就算在突破均线时买进，用的手法也不能称为不死凤凰。

图 4-38 兰州民百（600738）2015 年 5 月 4 日走势

在图 4-38 中，兰州民百（600738）这只股票是笔者在 2015 年 5 月 4 日晚间进行公开培训时，为结合培训所讲解的一只个股。从整体走势来讲，这只个股并不强，原因很简单，指数在当时的行情中都翻倍了，而它却没翻倍，你能说它强吗？之所以在公开培训时提到它，只不过是因为当前的行情中只有几只凤凰而已，而它的形态是最标准的。根据当时的行情，笔者判断未来几天必然会出现大量的不死凤凰，而未来几天的行情中也的确是这样。虽然指数没有形成持续上涨的走势，但这个方法也完全可以帮助投资者在几天的时间内轻松获得 10% 以上的收益。

我们来看一下兰州民百的技术形态：均线向上，奠定了上涨行情的基础，随后价格调整跌破 20 日移动均线，破均线后第二天没收上来，这不要紧，要求的是三天内收上来，第三天股价很争气，一举吃掉最上边的均线，并且收盘价还创出近期的新高，不死凤凰买点出现。

由于整体走势并不是很强，所以，它在未来几天内虽然上涨，但是并没有连续拉大阳线，一则是由于整体行情的原因，二则是指数在当前处于调整状态，个股能有这样的表现其实已经非常不错。

掌握了一个方法的使用细节只是第一步，什么时候该用它，这才是最关键的，在正确的时机使用正确的方法才可以实现理想的收益。任何一个方法都是这样，先学交易的各项细节，再学在什么环境下使用它，掌握了这两项技术核心，对这个方法的运用才会得心应手。

图 4-39　同济科技（600846）2015 年 5 月走势

在图 4-39 中，同济科技（600846）这只股票是笔者在 2015 年 5 月 4 日讲完不死凤凰这个方法后，学员自行选股来并且进行操作的股票，短短两天获利达 15%。

我们来看一下它的技术形态：移动均线明确向上，股价调整跌破 20 日移动均线，但转眼股价便再次站在了所有均线的上方，说明破20日移动均线的走势只是机构的一次震仓，达到了震仓目的后，为了防止其他机构抄底，所以马上再将股价拉上来，这样的走势说明该区间根本不是机构理想的出货位，同时也意味着机构根本不想在此大幅度震仓，否则还有什么必要将它拉回来？

在股价突破最上边移动均线的时候，就可以入场买进，而后盯着20日移动均线，如果股价不再破线，就可以持股等待市场给出的获利机会。

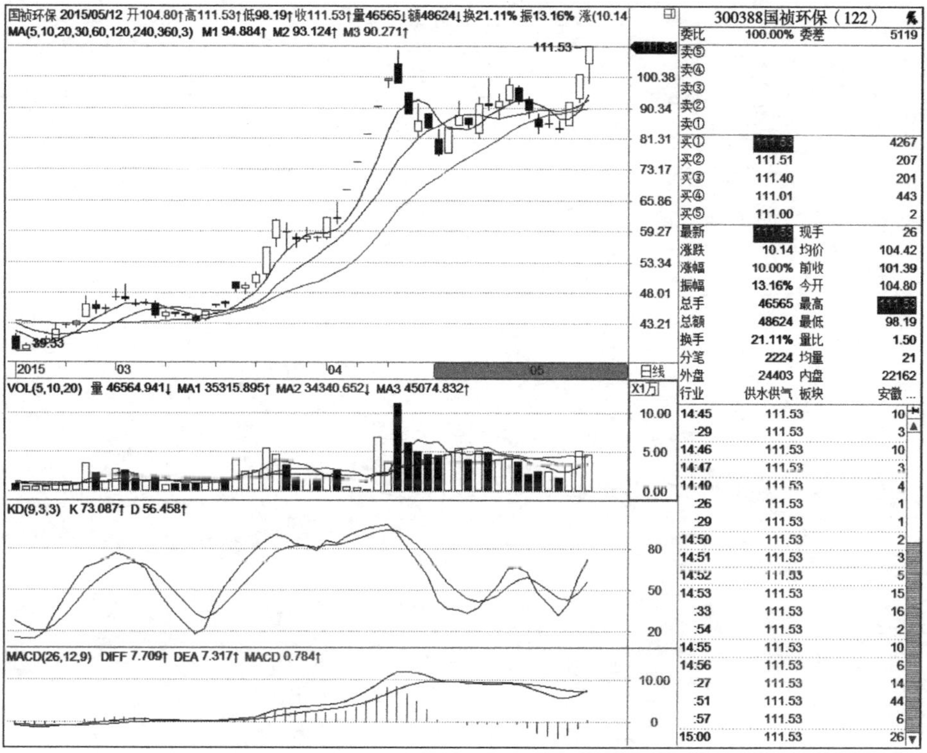

图4-40 国祯环保（300388）2015年5月走势图

在图4-40中，国祯环保（300388）也是参加了公开培训的学员自行选择并且买进的一只股票，在买点形成之后，股价一天一个涨停板，学员着实小小地兴奋了一把。

我们来看一下它的技术特征：股价上升趋势明确，20日移动均线明确向上；随后股价调整并且跌破了20日移动均线，第一天没上来，第二天也没上来，但是在第三天的时候，一根阳线向上吃掉了所有的均线，至此，不死凤凰技术形态明确形成，随后凤凰便展翅高飞。

第五章

指数顶部识别技巧

指数自2014年7月开始，至笔者写作的时间——2015年5月17日，整体行情已经有了较大的上涨，未来是否会以2015年5月的高点形成顶部笔者不得而知。笔者的观点是：不去猜测任何行情，要做的就是等待市场的信号。顶部信号未见那就说明顶部没来，见了顶部信号，就算人气再鼎盛，也要坚决出局。笔者认为：与其没有依据的猜测顶部在哪里，倒不如踏踏实实地掌握指数顶部的各项技术特征，因为这些技术特征是指数形成顶部的必经之路。所以，笔者认为有必要在本书中将这部分内容添加进来。本书出版时，如果指数当前还未形成顶部，那正好，我们可以用本章的方法去验证未来指数顶部，看看未来的顶部是否会符合笔者所讲的一些方法。

第一节

指数顶部必见K线特征

温故方能知新，想学会指数顶部的识别技巧，要做的事情就是对历史上每一轮行情顶部的特点进行学习与总结。虽然说历史总会重复，但并不会走出完全一致的形态，形态只是表面，内在性质才是核心。因此，顶部的内在性质都是高度接近的，只不过具体的K线形态会有所差异而已，而只要判断出了内在的性质，这些外在的差异就非常容易解决。

机构想大举介入必然会留下种种的痕迹，比如成交量在持续下跌之后开始密集放大，而当机构想要撤退的时候，也必然会有明显的信号，这是因为机构的资金规模太大，他们的进出不可能不留下痕迹。只要读懂这些痕迹，也就知道了指数当前的波动性质，从而也就知道了该如何制定交易的策略。

指数形成顶部最常见的一种技术特点就是：收出巨量的大阴线。这根大阴线是指数上涨行情以来实体最大的一根，往往一阴吃多阳，几天上涨累积的涨幅被一根阴线完全摧毁，而巨大的成交量就是机构资金蜂拥出局的信号。

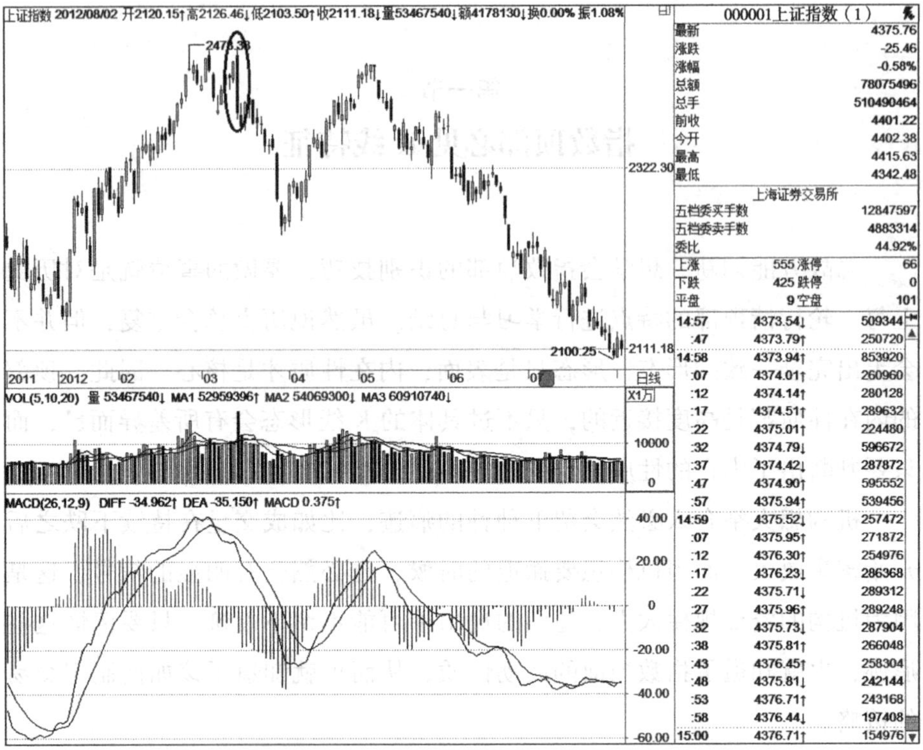

图 5-1　上证指数 2012 年 3 月走势

在图 5-1 中，上证指数在 2012 年 3 月经过了一波上涨走势以后，突然收出了一根大实体的阴线，从整个上涨行情来看，指数虽然多次出现调整阴线，但其实体却是非常小的，这说明上涨趋势中空方的力度非常小，所以，才无法导致大实体阴线的出现，同时也说明，机构的资金根本没有在这些阴线处出局。

而上涨到了高位以后，巨大实体的阴线出现，并且这一根阴线还伴随着上涨以后最大的成交量一起出现。巨大的量能说明什么？它说明有大量的资金在这一天进行积极的交易，而指数对应下跌，则说明这一天资金的交易方向以卖出为主。谁的交易可以引发这么大的成交量？你觉得会是普通投资者吗？固然这一天的量肯定有投资者的卖出，但不要忘记，任何巨量如果没有机构的参与，是根本形不成的，所以，这一天的巨量反映的是机构资金正在大规模撤退。

巨量加大阴线体现了空方强大的力度，这是机构向普通投资者发出的信号：机构要开始出货了。如果你能读懂这一天 K 线所反映出的市场信息，自然也就回避了指数后期一轮短线快速下跌带来的风险。

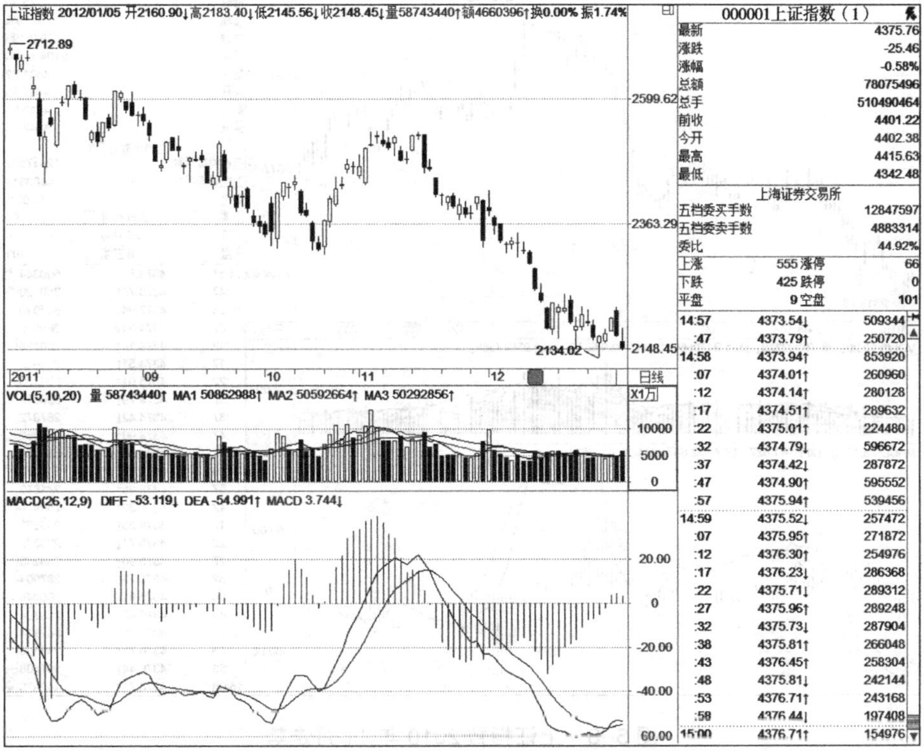

图 5-2 上证指数 2011 年 11 月走势

在图 5-2 中，上证指数在 2011 年 11 月形成一轮反弹行情，虽然不是大型的顶部，但它的走势却也形成与大型顶部一致的 K 线形态。因为指数波动的性质都是要形成顶部，所以在性质一样的情况下，K 线形态有相似之处也就很正常。

指数在高位震荡了几天之后，一根大实体的阴线从空而降，这一根阴线的实体超过了反弹行情中所有阳线的有效实体，这说明空方力度由此开始变大，已有能力与多方抗衡。这一根大阴线没巨量又该如何解读呢？很简单，反弹行情别说机构，就是普通投资者会大仓位介入吗？既然不会大仓位介入，那么，成交量没有在大阴线出现时明显放大，也就很正常。

自这根顶部大阴线出现之后，指数便再次进入熊市之中，只需要把握顶部大阴线这一个方法，风险自然也就可以轻易被回避。

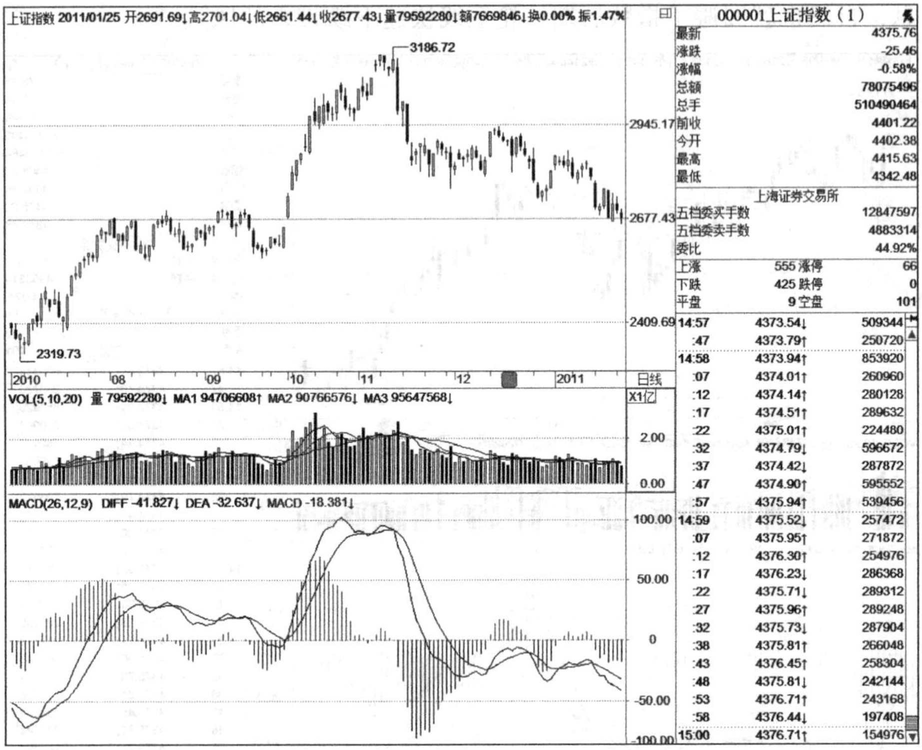

图 5-3　上证指数 2010 年 11 月走势

在图 5-3 中，上证指数在 2010 年 11 月出现了一轮非常不错的上涨行情，在整个上涨过程中只出现了一次大实体的阴线，就是指数第一轮上涨之后的箱体震荡区间，这是机构建仓区间，下跌幅度大一些可以起到很好的震仓作用，所以，它的出现是另有一番意思的。

而在进入主要的上涨阶段之后，指数虽然多次收出阴线，但是，我们却看不到大实体阴线的出现，这说明机构根本没有兴趣进行大力度的杀跌出货。有办法在高位卖出，谁又愿意在大规模杀跌时卖出呢，卖的价位又低，又容易打草惊蛇使投资者因为恐慌而不敢买进。而当机构开始肆无忌惮进行出货的时候，又能说明什么呢？合理的解释只有一点：能赚多少钱已经不重要，因为之前的减速上涨中其实已有一定量的减仓操作，而重要的是是否能够用最短的时间回收资金。

机构都不计较出货的价位，指数还有继续上涨的希望吗？自高位一根巨大实体阴线出现的时候，也就宣告着这轮行情已经到头。顶部大阴线出现后虽然手中的股票在这一天可能大跌，但如果你不舍得卖出，更大的下跌也许就在明天。

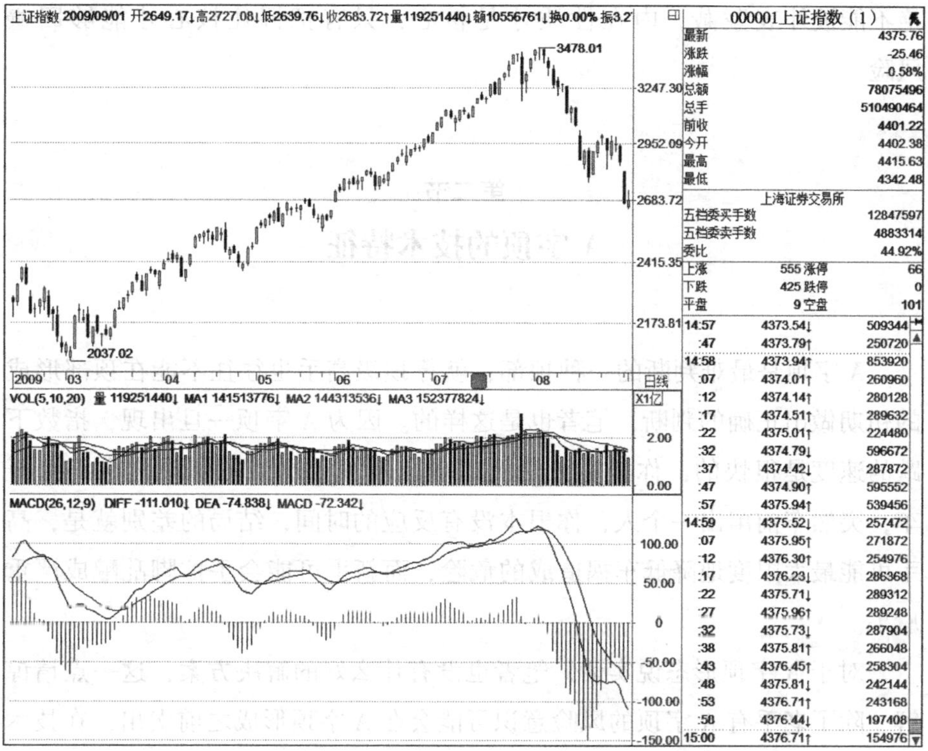

图 5-4 上证指数 2009 年 7 月走势

在图 5-4 中，上证指数 2009 年 7 月形成顶部的时候，一根超大实体的阴线从空而降，当头一棒的滋味可真不好受。同时，巨大的成交量说明机构资金在这一天已经不计价格的进行出货操作，这往往预示着行情的顶部就要到来。

大阴线出现后，指数并未下跌，而是连涨三天，吃掉了大阴线并且还创下新高。兴奋吗？是不是认为行情还会涨？如果还要涨，机构为什么要不计成本的出货？这场心理战打得漂亮。大阴线巨量出货，着实吓了投资者一大跳，但随后的上涨又让投资者感到兴奋，都创新高了还怕什么，买盘就是这样被吸引来的。

顶部大阴线出现后，指数便在后期出现了快速下跌的走势，这三天的反弹对投资者的交易起到严重的干扰作用，三天吃阴线的反弹只是诱多行为，其目的就是掩护机构资金的出货。由此可见，涨跌只是外表，投资者绝不能被外表蒙蔽，内在性质才是核心，只有把握住核心才能够回避风险。

第二节

A 字顶的技术特征

A 字顶是最难判断的一种顶部，就算顶级高手也往往不能在顶部形成的初期做出正确的判断，笔者也是这样的。因为 A 字顶一旦出现，指数下跌的速度是很快的，你根本无法及时做出反应。这就好像是你在路上开车，突然车前窜出一个人，你根本没有反应的时间，结局的差别就是，高手可能最大限度地降低车祸造成的危险，而新手可能会手忙脚乱酿成严重后果。

对于 A 字顶形态说实话，笔者也没有什么好的解决方案，这一点请谅解，除了老手有 A 字顶的风险意识可能会在 A 字顶形成之前卖出，在技术上，笔者没有一种方法可以在 A 字形成的时候做出判断。除非形成顶部大阴线，但很多时候，A 顶的初期下跌并不会形成大阴线。难点就在于 A 字顶形成速度快，初期极像调整，留给投资者的反应时间不多。所以，只能在个股上做文章，只要大盘形态不明确，就严格执行止损或是止盈策略，一旦出现出局信号就坚决执行；如果发现盘中有大量个股都形成了各种经典的短线风险信号，就可以由此推断 A 字即将到来。唯有此法。

A 字的形态难以判断识别，但性质的判断却还是有一些方法的。最简单的就是，短线底由于资金介入数量少，所以，短线行情的顶部往往都会形成 A 字顶。中线顶由于机构介入资金数量多，所以，多会是震荡顶。当然，并不是说所有中线行情都是震荡顶，也会有 A 字出现的，只不过，中线上涨行情的 A 字顶必然会演变成为坟墓顶，关于坟墓顶，笔者后期会详细介绍。

图 5-5　上证指数 2014 年 2 月走势

在图 5-5 中，上证指数连续下跌之后，在 2014 年 2 月出现了一轮短线反弹行情，随后指数以极快的速度下跌，形成了一个非常标准的 A 字顶形态。从这种形态来看，指数在高点停留的时间非常短，留给投资者决策的时间基本上没有，并且最难的就是前两根的阴线就如同正常的调整一样，这更加大了投资者分析的难度。

对于 A 字顶的判断在技术上没有好的方法，只能根据短线破 K 线形态，或是对持有的个股设定好止损或止盈位并严格执行交易纪律。除了严格执行交易纪律之外，还需要做的另一件事就是通过对指数底部的性质来判断顶部的形态。简单来讲，在这个底部没有资金大量建仓吧？机构普遍持股数量不多，出货自然也不需要大费周折，很容易就可以出货，所以，顶部停留的时间肯定不会太长。

从交易纪律入手来回避个股风险，由指数底部性质入手来判断指数大概率未来顶部的形态，这样做就可以使分析的准确性更高一些，但请记住，这也只是会提高分析的准备性，而不是说 A 字顶到达最高点就可以马上识别出来。

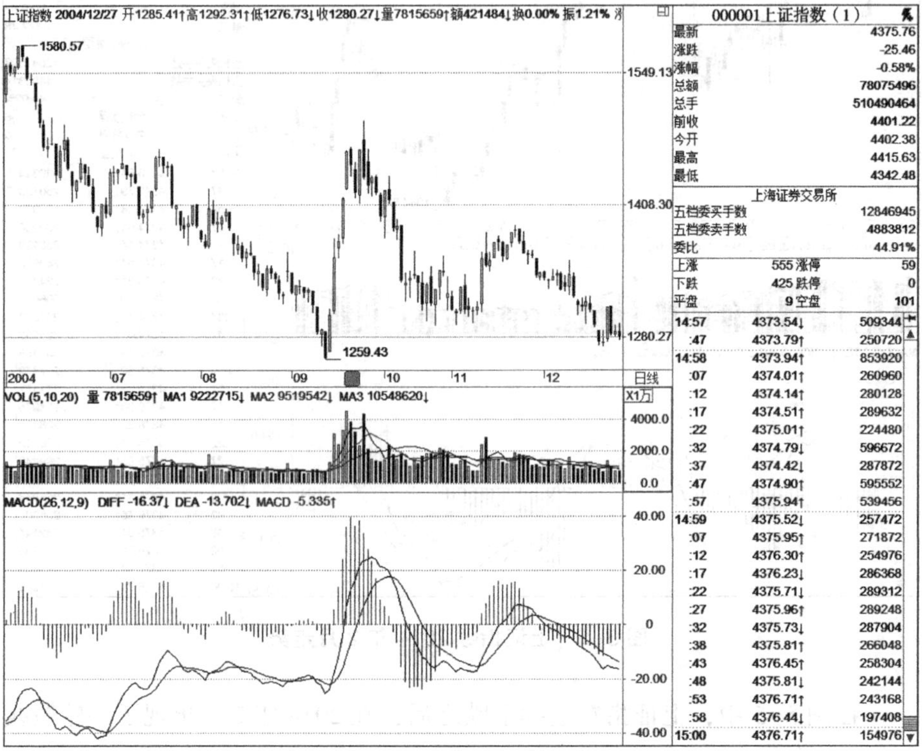

图 5-6 上证指数 2004 年 9 月走势

在图 5-6 中，上证指数在 2004 年 9 月的 A 字顶是历史行情上最经典的一次顶部，这一次顶部给出了经典的技术形态：顶部巨量大阴线，随着这根大阴线的出现，指数便在后期出现了快速的下跌。

如果每次的 A 字顶都有根顶部大阴线，这倒不难判断，但问题是许多时候并没有这样的形态，指数就下跌。因此，我们还是需要从波动性质入手分析，这样才能在当指数下跌的初期判断是顶还是调整。

如果行情要往长线来做，机构们肯定会大量的建仓，而这一次底部形成前，指数并未见到放量。那有没有可能由短线行情转变成为中线行情呢？这也有可能。但是，第一波放量上涨后，机构的建仓成本提高了许多，就算转为中线行情是不是也需要打压指数然后重新在低位建仓呢？就是这个打压的过程股价也会跌不少，因此，先在第一轮上涨的高点撤出来是完全正确，如果机构有继续建仓的迹象，那就等它们吃饱喝足后再重新入场。

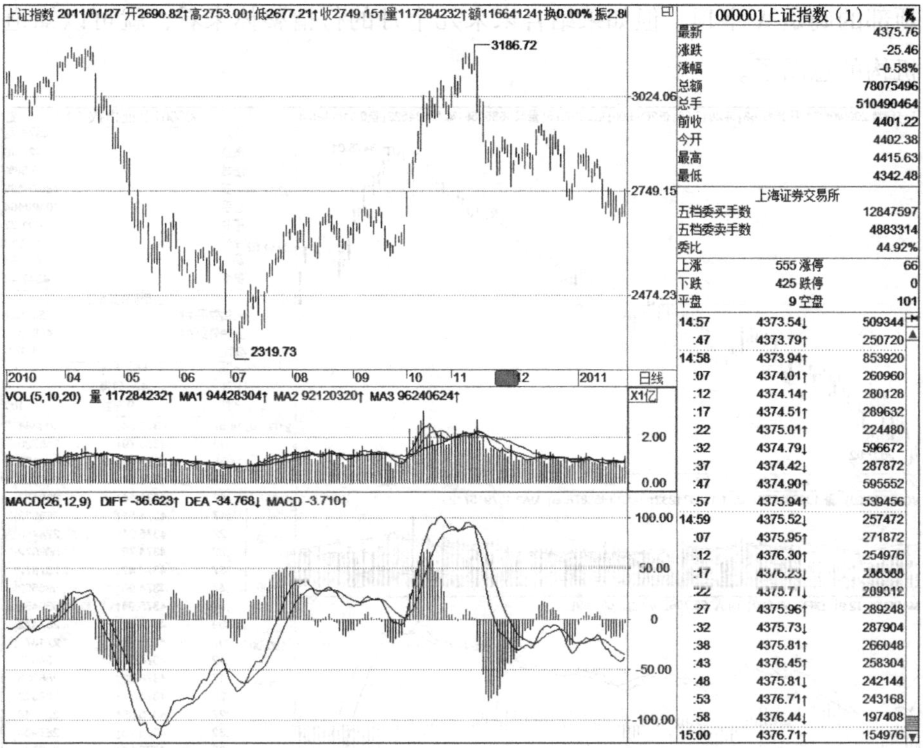

图 5-7　上证指数 2010 年 11 月走势

在图 5-7 中，上证指数经过连续上涨后在 2010 年 11 月形成了一轮 A 字顶的形态，在末期上涨的时候，指数没有任何下跌的征兆，虽然调整增多，但是上升趋势却依然能确立，而后两根大阴线便一下子打破了上升的趋势，略有犹豫就会被指数快速的下跌困在场中。

这一轮的行情的确是中线底部，第一轮上涨之后，机构控制建仓成本，使指数形成了一个震荡箱体的形态，在这个箱体内，机构大肆吸筹，才使指数后期出现了一轮非常不错的行情。一般来说，中线底部应当对应中线顶部，但这回的顶部却形成了A字顶，机构手中那么多股票，怎么可能会在高点全抛呢？高点只能减仓，在指数形成A字顶的时候，机构的股票也被困在场中。不同的就是：机构还有资金可以自救，而投资者却很难自救。

既然困在场中，索性就继续打压指数，低点再补仓，而后再发动行情在高点处统一出货，所以，也就使指数在后期演变成为坟墓顶。单看这个顶部的确是A字顶，但如果结合未来几个月的行情整体来看，就可以知道机构的意图了。

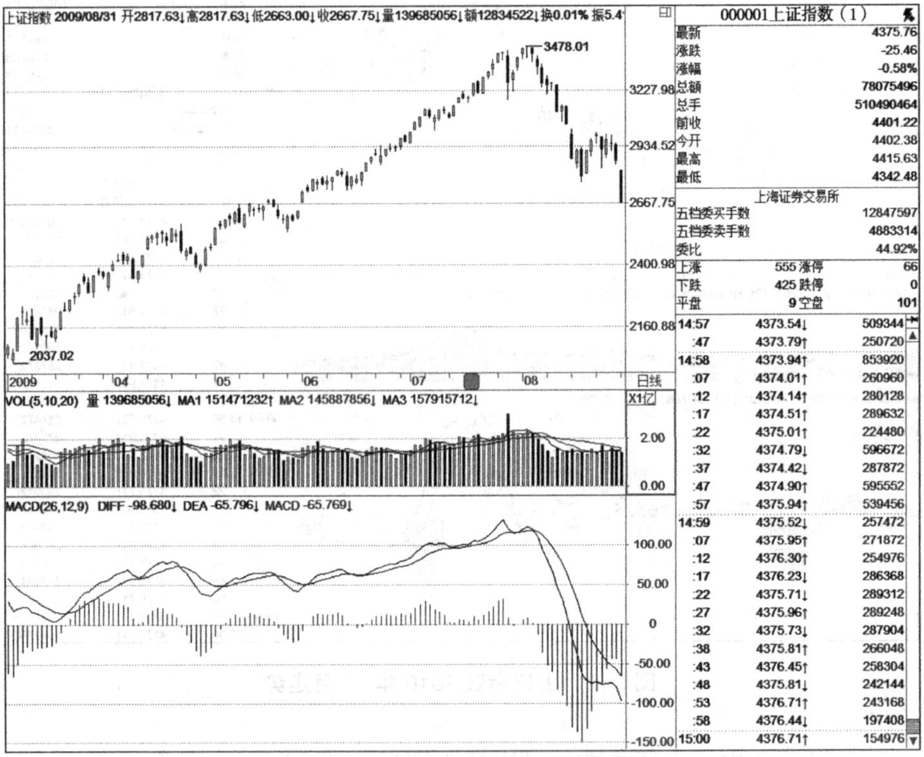

图5-8 上证指数2009年8月走势

在图5-8中，上证指数在2009年8月顶部收出了一根大实体的巨量阴线，这根阴线宣告机构由此开始出货，随后便出现了一轮短线快速下跌的走势，其走势比上涨时的速度快得多。这说明机构资金在这一段区间内根本没有计较价格地进行出货操作，其目的就是为了快速回笼资金。

指数高位停留的时间比较短，并且下跌的过程非常快，即使机构想要出货，也不可能把手中的股票全部卖出，从后面快速萎缩的量能便可以看到，在下跌的过程中其实机构的出货效果也并不好。机构未出完货便形成A字顶，接下来该怎么办呢？

这种A字顶在短期内的杀伤力也是很大的，个股在这一时期很容易下跌百分之三四十，因此这种风险也是必须要回避的，投资者可以从交易纪律上入手回避A字顶的伤害。而从性质上识别的话，中线行情应当对应中线顶，但现在却对应了短线A字顶，所以，这样的顶部结构出现，后面是必然要形成坟墓顶的，坟堆顶才是真正深套投资者的地方。机构在A字顶下跌时干脆使劲打压指数，随后低位回补，然后再拉升指数进行出货，这轮顶部后期的走势也是如此。

在实际分析的时候，短线底对应A字的概率是极高的，而中线底如果对应上A字顶，那么，后期就必然会形成坟墓顶的波动结构。

第三节 震荡顶的技术特征

震荡顶是一种常见的技术形态，这种顶部的特点就是机构出货时投资者不觉，经验少的投资者面对指数创新高的时候，很难发觉其实新高只是机构的一种障眼法，投资者常被指数的上涨或是创新高所蒙蔽。

震荡顶具有很好的欺骗性，谁能想到指数在上涨的情况下机构却开始出货？所以，震荡顶对机构来讲，有适合出货的第一大好处。第二大好处就是震荡顶形成的周期较长，机构有足够的时间进行出货，时间延长，出货的效果才会更好。第三大好处就是在进行出货的时候，其卖出价都比较高，因为指数不断震荡上行，个股也完全可以随机构心愿要么拉高出货，要么震荡出货，往往用不着杀跌出货，所以，出货的价格都比较理想。

虽然震荡顶在K线形态上会有一定的欺骗性，但依然有办法进行识别。只要从量能的形态以及指标的变化上注意观察，便可以在指数上涨的状态下做出正确的判断。震荡顶常见的技术形态为：

（1）MACD 会形成顶背离迹象；

（2）震荡区间虽然指数创新高，但成交量却越来越小，这说明买盘已经不足，指数缺少持续上涨的动力。从另一个角度来讲，机构资金已不愿意花大力度再推动指数，同时，随着机构持有股票数量减少，能形成的成交量自然也就越来越小。

量能的萎缩可以看成交量柱体的变化情况，也可以看均量线的变化情况，如果 MACD 指标顶背离出现，量价下行或是走平，那就说明资金介入积极性开始下降，这个时候投资者就需要考虑逢高卖出股票。

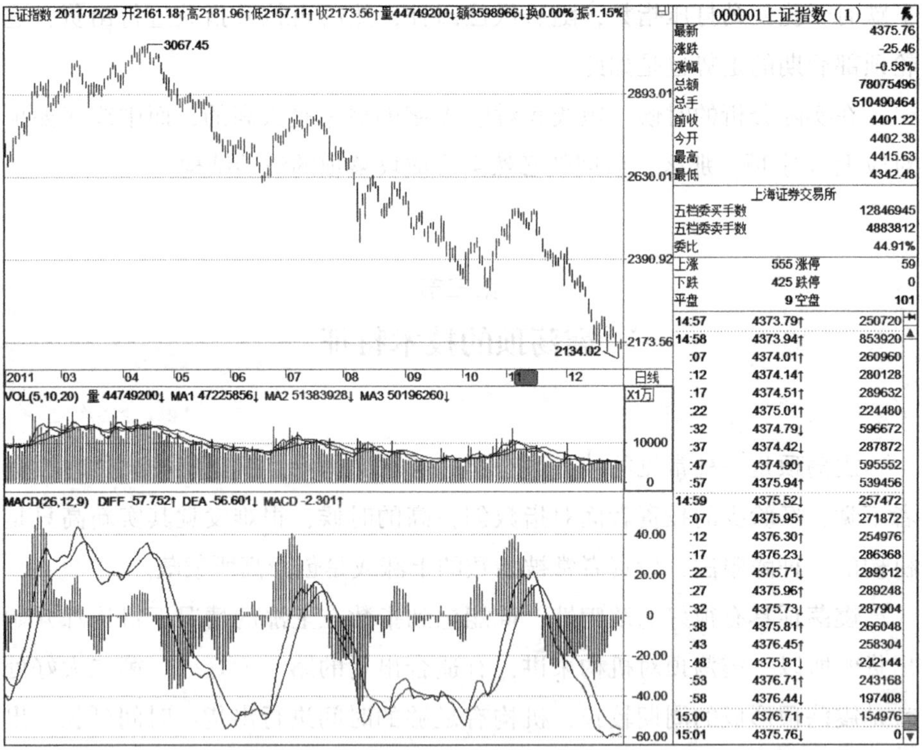

图 5-9 上证指数 2011 年 2—4 月走势

在图 5-9 中，上证指数在 2011 年 2—4 月形成了一个很标准的震荡顶部，但从 K 线的形态来看，这种顶部是极具欺骗性的，因为虽然指数顶部区间构成，但是却在后面连续两次创出新高。谁能在指数创新高的时候就说它是顶呢？就算说了也没有多少人会信。在指数连创新高的时候，MACD 指标是如何表现的呢？

指数创出新高，MACD 指标在指数第二个高点的时候就形成指标线的最高点；指数第二次创出新高，也就是形成了最高点的时候，MACD 指标却在此时形成了高点降低的态势。连接指数高点形成一个上升趋势，连接 MACD 指标的高点却形成一个下降趋势，指标的趋势提前于指数率先走弱，就往往会对指数产生向下的带动作用，这是一个重要的风险性信号。

在 MACD 指标形成顶背离走势时，成交量也没有能够形成后量超前量的走势，这说明资金在此时的介入开始谨慎，所以，投资者应当多加小心，不要总想着把行情赚足，更不要总想着卖在最高点，只要获得预期的收益就先把它保留下来，抄底晚一步比早一步更安全，逃顶早一步比晚一步更安全。

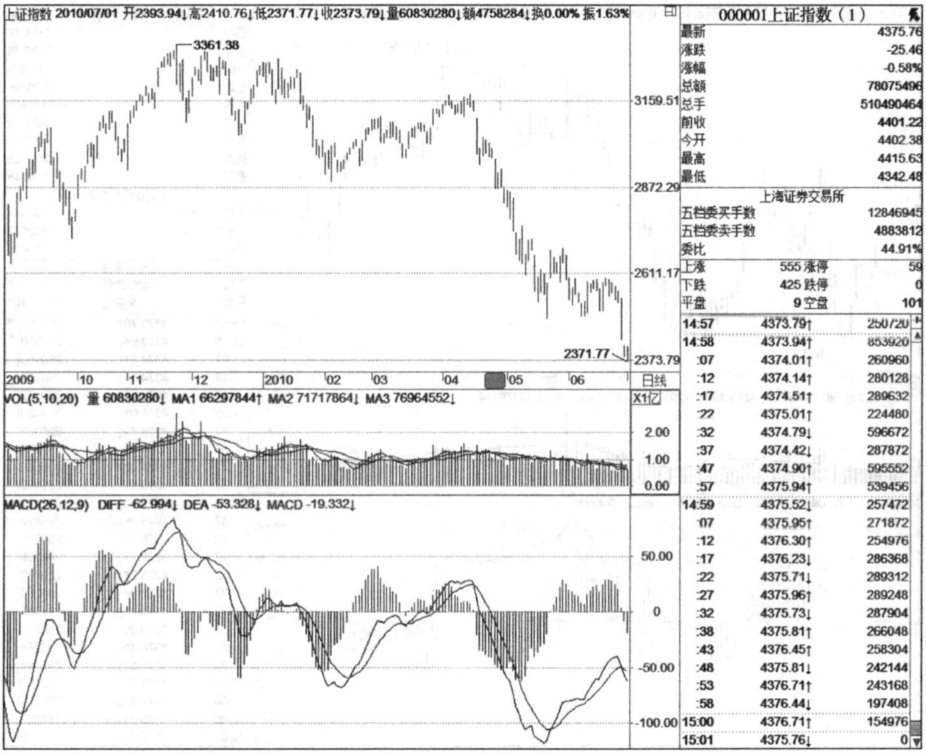

图 5-10 上证指数 2009 年 11 月至 2010 年 1 月走势

在图 5-10 中，上证指数上涨之后在 2009 年 11 月至 2010 年 1 月形成了一个震荡的顶部，这一时期的顶部其实欺骗性不高，因为指数并未连续创出新高，而是形成了高点依次降低的态势，高点未抬高也就更容易识别出指数波动的性质。

指数在顶部震荡时，高点降低，低点也降低，形成了明显的空头形态，这种技术形态本身就是一个整体的风险性信号。同时，MACD 指标在这一时间也明确形成了高点降低的态势，空头迹象更加明显。面对指数与指标双双形成的弱势态势，在指数无法突破前高点的时候，就需要考虑及时地离场。

在指数震荡的过程中，成交量的变化也明显不利，量能开始明显萎缩，并且量线指标均形成了下降的趋势，这意味着资金介入的积极性已经明显降低。指数空头形态，资金不愿介入，这个时候还往里猛冲肯定就要栽跟头。

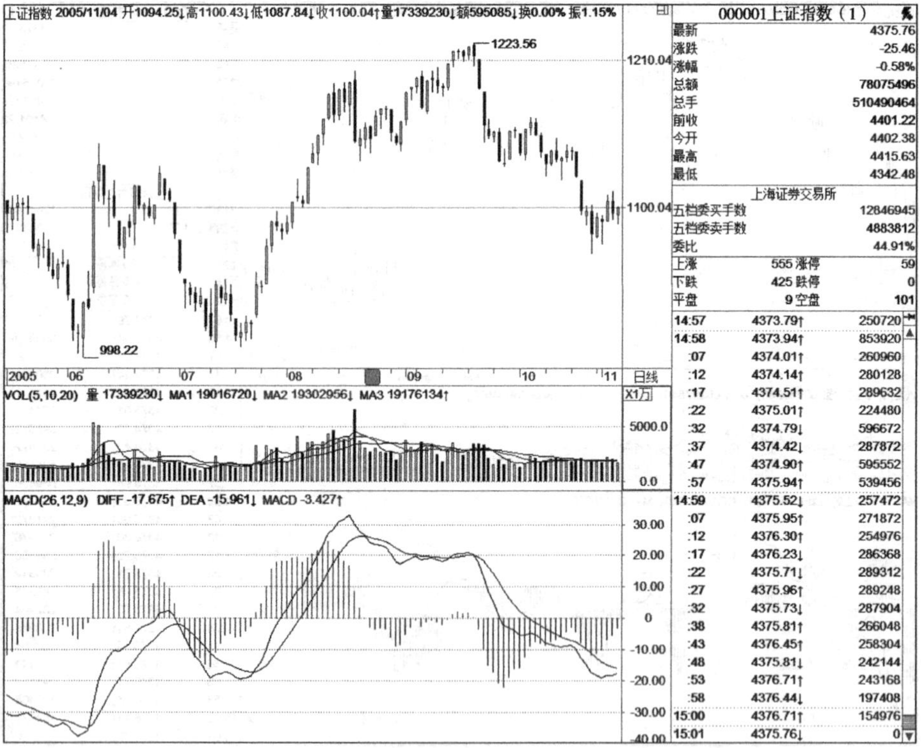

图 5-11 上证指数 2005 年 8—9 月走势

在图 5-11 中，上证指数在 2005 年 8—9 月先在第一个顶部收出了一根巨量大阴线，这根大阴线并未导致指数下跌，而是在后期又形成了震荡上涨的走势，并且还创下新高。大阴线搞得人心惶惶，但是创新高又使市场兴奋起来，但此时的创新高是可信的吗？

先从量能上入手进行分析。如果创新高意味着指数还要涨，那肯定将会有更多的机构资金入场进行操作，而在指数创新高的时候，成交量不仅未放大，反而还出现了萎缩的状态，这说明资金入场的积极性明显降低，机构资金不愿在创新高的时候入场，这就说明要么这个点位并不是他们认可的发动行情的好位置，要么就是机构还没做好充足的准备。

量能不济是第一个风险信号，第二个风险信号就是 MACD 指标的提示，在指数创出新高的时候，MACD 指标的高点却形成了降低的态势，先于指数形成下降形态，顶部背离的形成往往会使指数在后期追随指标的趋势波动，所以，此时指数的创新高不仅不是入场的机会，反而是逢高出货的机会。

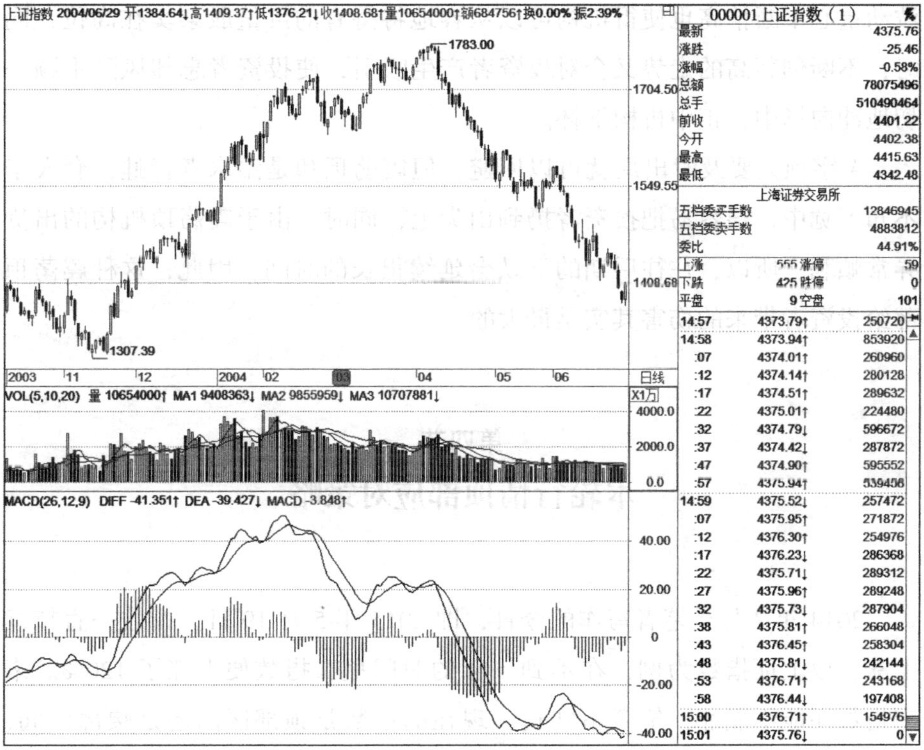

图 5-12 上证指数 2004 年 2—4 月走势

在图 5-12 中，上证指数 2004 年 2—4 月形成了一个极为经典的震荡顶形态，这一轮顶部的各项技术特征投资者一定要深深地印在脑中。首先是量能的变化，在指数进入到顶部区间之后，成交量开始连续萎缩，这一点从量线的变化上便可以清楚地看出，量能的减少说明机构资金在这一区域交易的热情大减。得不到资金的推动，指数又能涨多高？

这一轮的顶部指数自第一个高点开始，连续三次创出新高，这样的走势具有很强烈的欺骗性，那些投资经验不足的投资者，又有几人会认为指数的创新高其实是在形成顶部呢？在指数连续创新高的时候，MACD 指标如实地反映了指数的波动性质：虽然 K 线高点抬高，但是指标线的高点却是连续降低的。指标先于指数形成了空头的趋势，后期的指数走势将会有极大的概率追随指标的方向进行波动。

从这个顶部案例可以看出：震荡顶留给机构出货的时间非常长，并且波动重心不断抬高也使得机构可以从容地将持有的巨量股票卖在高位，同时，不断创新高的走势又会对投资者产生吸引，使投资者忘却风险不顾一切地冲向场中，正中机构下怀。

A 字顶只要及时出局就可以回避，但震荡顶却是温水煮青蛙，套人于不知不觉中，很容易把投资者扔到山尖上，同时，由于震荡顶机构的出货异常顺利，所以，往往后期的下跌会延续很长的时间，因此，这种震荡顶部给投资者带来的伤害其实是最大的。

第四节 本轮行情顶部应对策略

2014 年 7 月至笔者写作的今日，即 2015 年 5 月 19 日，指数一直持续上涨，以上证指数为例，在不到一年的时间里，指数便上涨了 120%。未来指数还能不能涨，笔者不知道，现在的指数是顶部区间还是腰部区间，笔者也不知道。笔者当前的做法是：不去进行任何没有意义的预测，根据当前的数据来制定交易的策略。

没有只涨不跌的股市，所以走到这个份儿上，虽然笔者不知道何时是顶，但必须要绷紧风险这根弦，当然，弦可以绷紧，但不能因为有了风险意识就提前卖出。卖出的依据是：一定要形成明确的风险性信号，未见顶部信号，绝对不能单凭指数涨得多了就认为是顶部，这是没道理的，毕竟牛市不言顶。但如果后期的顶部信号来了，也不能自欺欺人，市场的人气再旺也一定要撤出来。

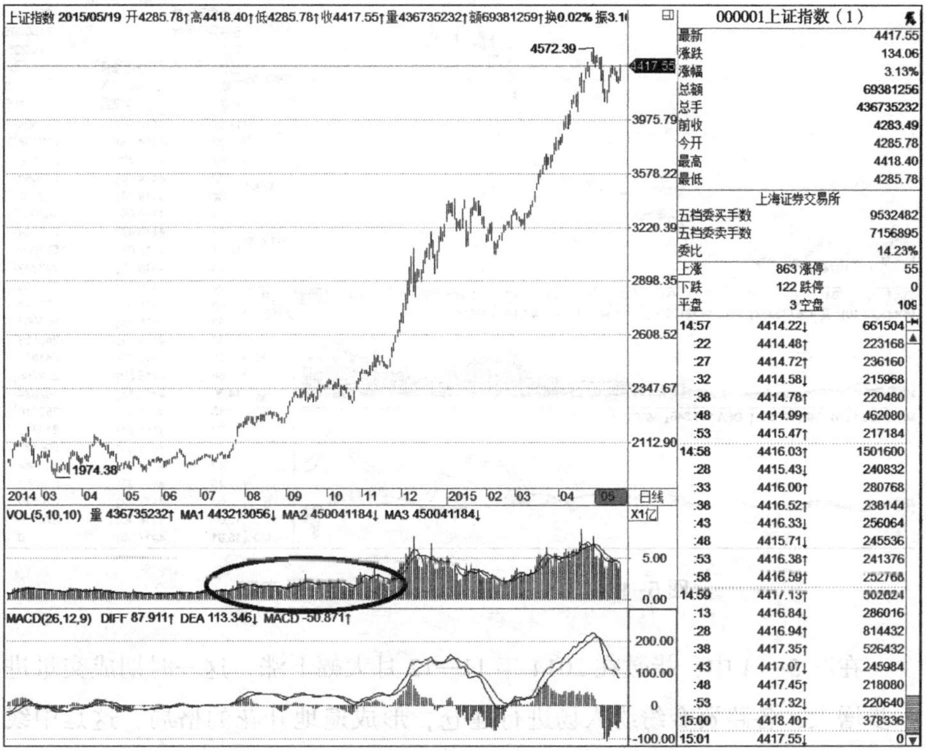

图 5-13　上证指数 2014 年 7—11 月走势

我们先从指数的底部谈起。在图 5-13 中，指数在 2014 年 7 月至 11 月末虽然上涨了近 25%，但这一时期的上涨仅是资金的建仓区间，盘中许多个股从这一时期开始出现放量的现象，这是资金最低建仓成本所在。而建仓的周期也用时不短，用了四五个月的时间。

由此可以看出，指数底部的性质是中线震荡底的性质，而这种性质的底往往会催生一轮中线行情的出现，后面的走势也可以验证。这一时期的走势，大盘权重股点燃了引线。大盘权重股，也就是当时市场中改革受惠的个股率先起涨。

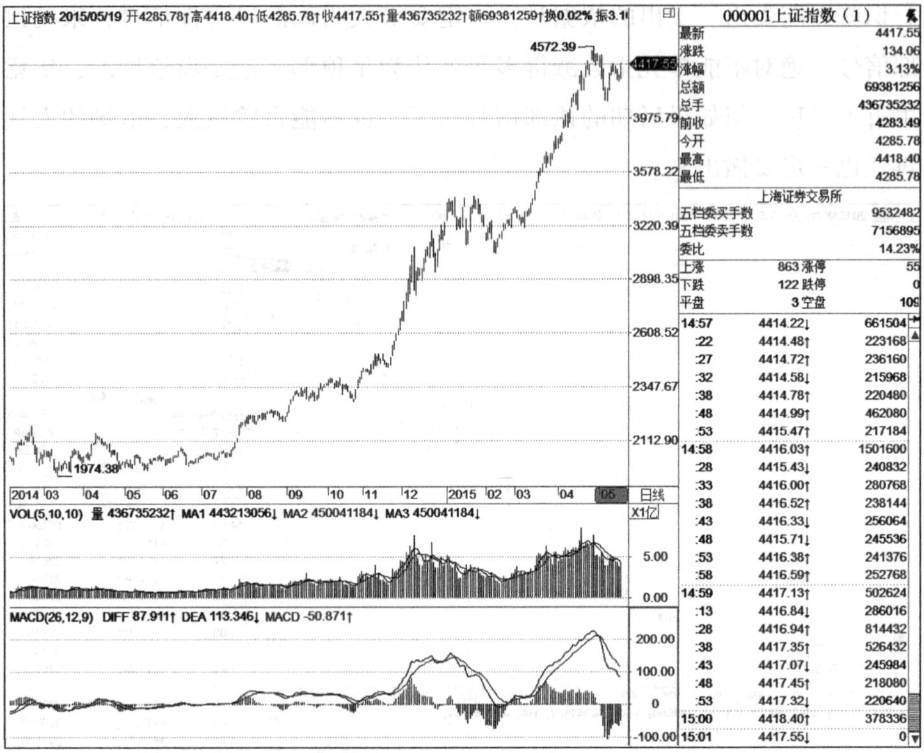

图 5-14　上证指数 2014 年 11—12 月走势

在图 5-14 中，指数在 2014 年 11—12 月大幅上涨，这一时期成交量进一步增大，各路资金纷纷入场进行建仓，形成遍地开花的格局，这是中线行情的一大特点，如果是短线行情的话，热点只会维持在一小部分个股身上，而不会满盘皆涨。

这一时期的量能说明机构资金的介入量已经很深，12 月下旬的调整有些顶部的味道，当时的波动形态笔者也认为是顶，当时也曾发表过文章，倒没说这是绝对的顶，只是认为它可能是局部的顶，但绝对是未来两三年内的腰部。当时的特点是量能萎缩，MACD 指标顶背离，条件全部具备。不过调整了一番之后，在改革浪潮的影响下指数再创新高，虽然震荡区间出局，但还好在突破点的时候又把股票接了回来。

由此可以看出，虽然指数涨了70%，但资金依然敢于入场，资金敢于入场的区间必然不是风险区间，什么时候资金不敢入场，风险才会形成。

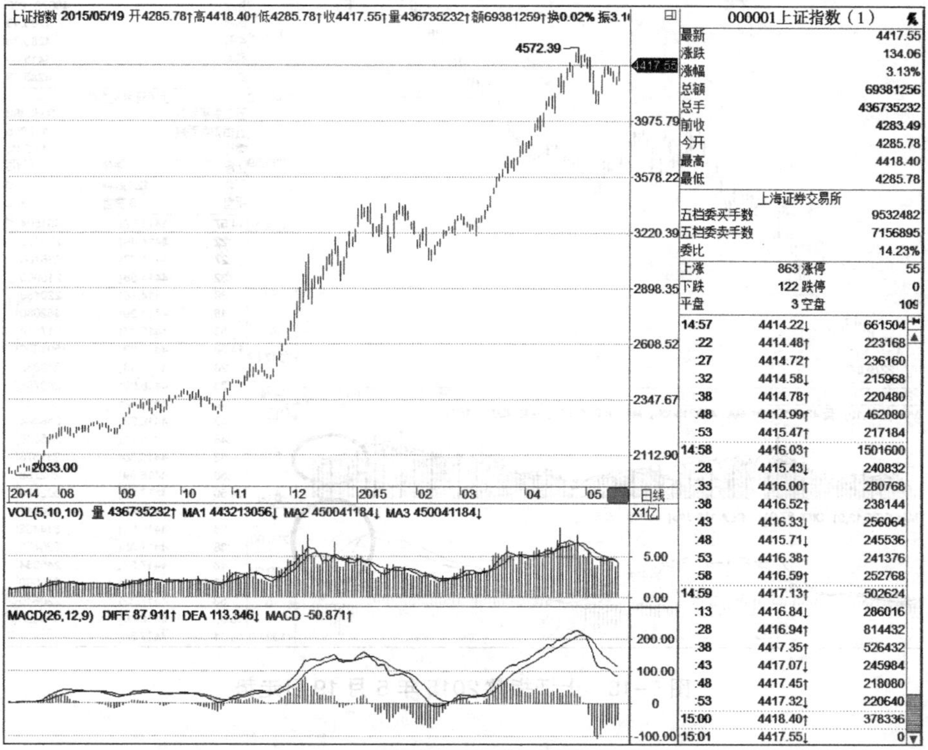

图 5-15　上证指数 2015 年 1　5 月走势

进入2015年，指数依然保持着放量的走势。这一阶段量能依然放大，说明资金入场交易的积极性非常高，由此可以推断，机构如果出货，是不愁买盘的。量大是好，但也要一分为二，量大说明资金参与性很高，其中混杂着机构的资金与普通投资者的资金，同时，也说明一旦资金撤离也会非常顺利。

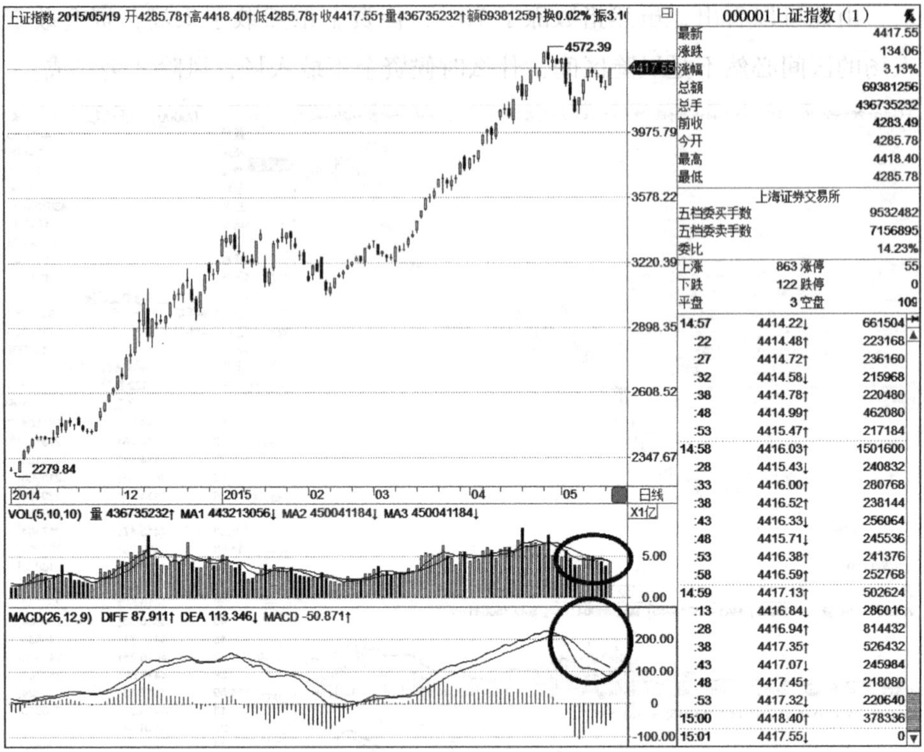

图 5-16　上证指数 2015 年 5 月 19 日走势

在图 5-16 中，2015 年 5 月 19 日指数的技术形态为：MACD 已高位死叉，凭经验来看，如果指数未来创出新高，那么，MACD 指标的顶背离是肯定要发生，但是你不能认为只要顶部背离就一定是最高点，如果是震荡顶，一次高点过后，可能还有第二次，甚至第三次，这在历史行情中都曾多次出现过。此时只能说是拉开形成顶部的序幕！

同时，成交量已开始出现萎缩的迹象，但这个萎缩只是初步的，还需要结合后期的走势进一步确认，只能说 MACD 指标背离是肯定要发生的事，但量能后期是否萎缩还需要一定的时间才可以看出来，证据不足。另外，现在就开始缩量，庄家也被困在场中，他们也无法在缩量中顺利脱身。

最重要的就是顶部大阴线还没有出现，所以，投资者可以提防顶部的出现。如果 MACD 能够形成顶背离，如果量能能够在指数后期波动时，特别是上涨时明显缩量，再加上出现大实体的阴线，那么顶部的证据也就有了。

未来的顶会是什么结构？

笔者比较偏向于形成类似2004年2—4月的顶部，当然历史虽会重演，但不会完全一致，其性质是一样的。笔者的看法为：未来的顶就是一个中线震荡顶！底部形成了四五个月的时间。如果在当前区间形成顶，那么，肯定至少需要三个月的时间来走完这个顶部，所以，底部形态复杂，那顶部的形态也简单不了，这是从当前的数据可以得到的结论。由于机构介入很深，所以，未来的顶部形态可能会非常经典，同时也会具有极强的欺骗性。

未来的顶会不会是A字顶？

其实这不是预测，而是一种防范手段，如果形成震荡顶，你要有应对震荡顶的方法，形成A字顶必然会有巨量大阴线出现，一旦出现先跑为妙。但这个A字顶不会是单纯的A字顶，只要形成了A字顶，第一轮的杀跌必然是要出现，个股在这个时候会直线下跌，但是，经过一轮杀跌之后，指数将会连续两三个月的反弹，而后回到A字顶高点附近区域，甚至不排除再创新高，这样就形成了笔者所说的坟墓顶。A字顶套不住多少，但真正套人的是在后边的坟墓顶。

笔者无法预测当前是不是顶，因为只有了一些顶部的初步迹象，还需要继续搜集证据。笔者也无法预测多少点位会是顶，笔者只能从指数波动的性质出发，告诉你未来指数如果形成顶部以后，将会是怎样的一种市场结构。笔者无法说上证指数4500点一带是顶还是腰，如果就未来三至五年的时间来说，笔者认为4500点肯定是腰，但这么久远的预期，对当下的操作又有什么意义？

如果指数形成顶部，必然有顶部的技术信号，如果还要涨，也必然会有还要涨的技术信号，要做的不是带着感情色彩的预测，而是依据当前的数据制定应对的方案。

总结一下笔者肯定性的观点：未来的顶笔者偏向于震荡顶，这个顶会是一种复杂的形态，会见到MACD顶背离，同时也会伴随着几次创新高的可能，会见到量能萎缩以及顶部大阴线，甚至开跌的时候，会见到断头铡刀的走势，总之一旦形成顶绝对是一个经典的顶，不管过了多少年，都是值得去追忆的一次顶，形成的周期至少也要两三个月。不过就目前来讲也不排除指数再涨，因为指数再涨是一件皆大欢喜的事。一来指数创新高，投资者更敢买进，二来创新高了，买盘来了，机构想出货就出货，买盘不愁，同时卖出的价格也高了，卖出的空间也更广阔。同样，做好 A 字顶的应对策略，如果形成 A 字顶，未来也就会再次见到坟墓顶，这样的话，整个顶部的周期可能会在半年左右。至于市场最终走出的形态笔者不知道。

与其盲目猜测顶部，不如踏踏实实地掌握顶部的识别技巧。这是一种理念。

第六章

经典案例解析

案例解析是非常重要的一种学习方式，通过一只只个股完整的走势了解其中机构资金的操盘方式，以及个股在整体走势中留下的各种买卖点形态。想要把所学的方法用好，就必须要尽最大努力看懂每一只股票所透露出来的交易信息。

第一节

中海集运案例解析

网络培训学员张雪生：

因为工作与精力的问题，我不能做短线，所以我立足于中长线，既然立足于中长线，所以我的目标就是大盘股。选股时我就找大盘股，然后找低位股，因为我不喜欢做高价股。选股的思路有了，然后就是按照老师教的方法来操作。不知我这些交易思路有没有问题。

无形：

我给你规定的是走稳健盈利的路子，再加上你工作忙不能保证时时看盘，所以，立足于中长线交易是适合你自身状况的。

大盘股中很多是国企，会享受到许多的保护政策，所以，从基本面的角度来讲，风险远小于创业板与中小板，目标锁定在它们身上也符合稳健的要求。只不过这类个股往往涨幅没有小盘股大，不过正如我所教你的：做好自己手中的股票，盈利才是最重要的。锁定目标范围，再用我的技术去交易就可以。

网络培训学员张雪生：

我按老师的方法操作了中海集运这只股票，不过倒没有一直拿着，按老师说的，虽然定位于中长线，但有卖点还是要先出来一下，中间做了几回波段，的确赚了不少。下面我把操作它的思路给老师说一下，请老师点评。

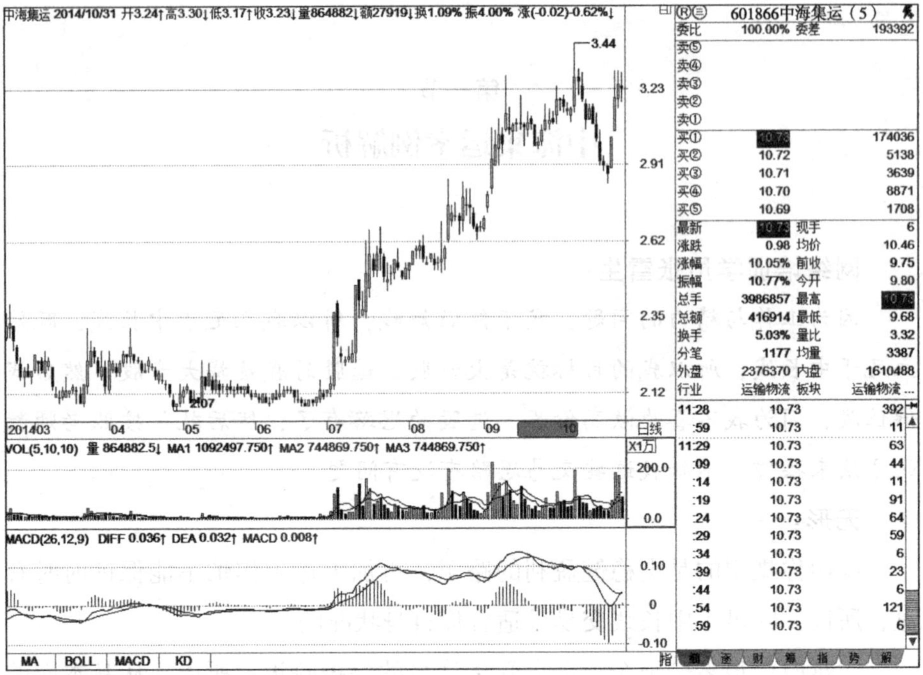

图 6-1　中海集运（601866）2014 年 7—10 月走势

中海集运在 2014 年 7—10 月的走势我觉得可以用一句话来概括：庄家来了。

无形：

你怎么发现庄家来了呢？

网络培训学员张雪生：

在 7 月以前，股价波动的时候成交量始终保持着低迷的状态，加上股价的波动重心不断降低，这说明没有任何机构资金的介入。机构资金不来，股价也就很难出现上涨。但 7 月之后则不同，成交量出现了明显的放大迹象，这说明机构的资金开始建仓操作。老师说过，机构资金数量极为庞大，它们的进出都必然会留下明显的痕迹，只要仔细观察就不难发现。

无形：

的确是这样。之前量少，现在量大，这一时期机构刚刚开始建仓，属于第一批的建仓仓位。由于不是上来就巨量建仓，而是温温和和地建仓，所以，像这样的个股后面不见大量行情就不会结束。

这只股票你是什么时候买的呢？买入的依据是什么。

网络培训学员张雪生：

我是在2014年7月16日买入的。用的方法是：股价底位拉涨停大阳线，第一天涨的时候，我并没有选到它。但第二次涨停，在我晚上做功课时被发现，我觉得形态很好，底部同位大阳线的走势，刻画了庄家的持仓成本区所在，哪里有涨停哪里就有机会，我依据的就是这个。

第二个涨停大阳线出现后，我准备着第二天买进，不过第二天股价开盘便回落了，于是我用的条件下单：如果突破这一天的开盘价，也就是股价开始在K线形态上翻红的时候就买进。不过涨停后的第一天股价没有达到要求，一整天都在开盘价下方，所以我就没有买进。然后第二天又继续调整也没买。此时就等着见突破，设置了条件给出突破就买进。所以7月16日这一天突破买进。

无形：

选股的思路对。股价底位两根涨停阳线，如果没有机构资金的关照是绝对不可能先后在基本相同的位置收出涨停大阳线的，这样的K线走势说明有资金的确来了，而日上来就以涨停的方式抢筹，资金的实力也是比较大。涨停后调整你不做，以防庄家打压洗盘，这也是对的，死等突破的形成再入场，这更是正确的。买点的设置没有任何问题。

买入之后是如何持股的呢？

网络培训学员张雪生：

买进之后我设了出局位，如果跌破7月16日阳线的开盘价我就出局，后边的持股就简单了，股价波动时低点一直抬高，我是一直按您教的方法用前低点作为出局位的。所以一直拿到10月。10月初，股价盘中冲高放巨量，当时有想先逢高卖点的想法，不过一想，庄家刚建仓，股价还这么低，而且当时也听了您的指数分析，所以我觉得后边指数涨它肯定也会涨，再加上10月上旬股价回落时成交量明显萎缩，所以我觉得这应当是庄家建仓后的震仓行为，因此我就一直持有。

无形：

从中长线的角度来讲，你拿着倒也没事，当时虽然股价回落了不少，但成交量却一直萎缩，这的确是机构的一次洗盘行为。不过从K线形态上来讲，这个位置是有一个很明显的短线卖点。股价放量冲高回落后，就应当把它视为是重要K线，一旦股价随后吃掉它，就必须要短线减仓，从后面的走势来看这的确是震仓，但在当时，机构的震仓也有可能演变成为出货，所以不得不防。我们卖掉可以再买回来，机构也可以，万一出货怎么办？死拿着不就惨了。同时，你犯了一个心态的问题，觉得股价这么低就可以拿着，这绝对不是持股的理由！以后千万不能再因为股价低就拿着，这是绝对错误的，一切交易必须要按技术来做。

网络培训学员张雪生：

一定牢记老师的话，因为做大盘低价股做习惯了，所以产生了这种想法，认为两三元的股票跌也跌不到哪里去。

无形：

曾有位学员买过一只4元的股票，跌到2.8元的时候，觉得这么低了能跌到哪儿去，就加仓，然后跌到了2元又加仓，最后跌到1.7元，抗不住全卖了。你看，就是三四元的股票跌起来也是非常厉害的，一旦下跌形成，重要的不是股价是几元，而是趋势。不管是高价股还是低价股，不能因为股价低就拿着，也不能因为股价高就卖，一定要看它的趋势。

网络培训学员张雪生：

谢谢老师的教导，看来我这种想法的确是太危险了，以后一定会改正的，请老师放心。

庄家震仓完了以后，股价又放量上涨，回到起跌位，我一下子就高兴了，当时的想法就是必赚无疑。如果庄家出货不可能再给人解套的机会，但凡给了解套的机会就说明庄家没出货，同时，放量又说明庄家还在这个位置继续建仓。

无形：

看透庄家的行为，赚钱也就比较简单。给大家讲那么多识别庄家建仓的方法，其目的就是通过这些技术来了解庄家的操作意图。庄家都敢在这个位置继续建仓，那就说明这个位置在庄家眼里还是底部，所以，后面上涨的概率自然也就非常大。

图 6-2　中海集运（601866）2014 年 10—12 月走势

网络培训学员张雪生：

庄家洗了一次盘之后，股价又回到了原来的高点，并且在原高点上方震荡了一段时间，从股价的波动重心来看，始终位于前高点上方。这样的走势恰恰反应之前的下跌肯定是震仓，既然当前的点位庄家在震仓，那就意味着这里绝对不是顶。

无形：

之所以要分析庄家有没有震仓的行为，一则是为了进一步的持股，如果庄家明确是在震仓，继续持有就可以，可能短线上会比较难受，一旦震仓过后，股价的走势必定让投资者十分高兴。二则是为确定买点，在庄家震仓的低点买进，这是最好的效果，这可是庄家的命门所在。这个时候如果想弃庄是非常困难的，因为庄家如果不是吃了很多货，也就没必要震仓，而震仓就说明庄家手中的股票已经不少，已经完全有能力控制股价的涨跌，好不容易建仓，庄家是很难在震仓低点处再大量卖出的，因为震仓的低点区间往往离庄家的持仓成本不太远。三则是判断股价波动的性质，庄家震仓的点位肯定不是顶，顶还在上边。

网络培训学员张雪生：

我又加深了对机构震仓行为的理解。股价突破圆圈处的高点后，庄家再度震仓，真是千方百计地想把投资者给甩下马，不过方框处收出一根阴线第二天就来一根阳线，庄家就是在盘中让股价大幅震荡，从而挤出技术不过关的投资者。经过几天震荡，又一根涨停大阳线出现。我分析这是股价启动的信号，因为老师的课程中有讲过，如果庄家建仓之后收出涨停大阳线，往往就是意味着要开始拉升了。

无形：

震仓的出现说明庄家还要买入股票，建仓量还不够，所以，这一时期股价的震荡会非常多，但是，一旦建仓完毕，庄家也就没必要再震仓，要做的就是拉升股价。因为一轮行情的时间是有限的，把时间全用来震仓，还怎么创收？所以，这一根涨停大阳线往往意味着行情的启动。

网络培训学员张雪生：

涨停大阳线出现后股价虽然震荡了三天，不过这三天的走势不会对持股产生任何影响，因为调整的幅度太小。随后股价连拉两根涨停大阳线，在第二个涨停板出现的时候，我已经赚了一倍，在当时来看，对于这样的收益我已经非常满意。

两根涨停后，股价再度出现高开的走势，大幅的高开让我很高兴，但是盘中却一直回落，这让我想起冲高回落的走势，然后我就在这一天股价盘中回落的过程中卖掉股票。从收盘的角度来看，这一天的K线形态太难看，股价走势让人分不清是庄家出货还是震仓，因为从这一天的量来看庄家肯定可以跑掉不少。

卖掉之后股价就跌了一天，然后便开始一路小涨，不过现在的心态好多了，没有因为它涨就心急或是后悔卖掉。此时我做的交易计划是：若吃掉大阴线的开盘价我就再把股票买回来，一旦股价再创新高，就能证明这还是庄家在建仓。

无形：

买点的设置没有问题，卖出也没有什么问题。就算后边再狂彪也不要觉得可惜，未来的事谁都不知道，我们只能服从眼前的数据进行操作。卖出必须要有一种不悔的心态，今天卖出，明天市场出现买点再重新接回来就可以了。

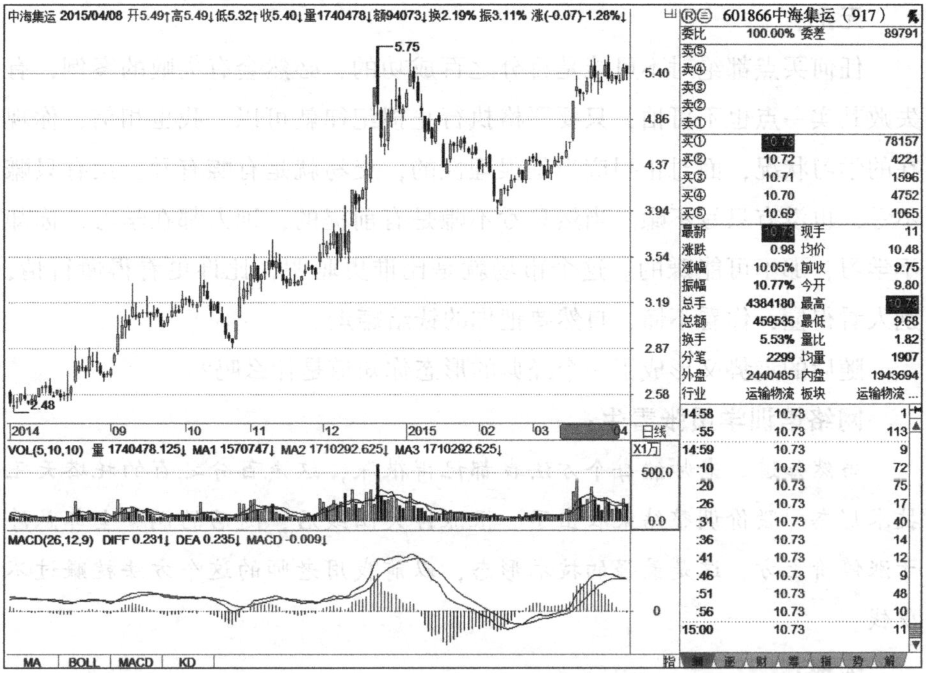

图6-3 中海集运（601866）2014年10月至2015年3月走势

网络培训学员张雪生：

大阴线卖出之后，股价一直没有突破这个高点，所以我也就一直没有买进，随后股价便在后期出现了一轮下跌的走势。在下跌的过程中我进行了一笔交易，虽然亏损出来了，但我的止损严格按老师的方法操作，所以亏得无怨无悔。

也就是在2015年1月19日，因为受查处融资融券事件的影响，股价大幅下跌。当时老师在中午给学员加课，记得您说过：牛市中的利空，特别是第一个出现的重大利空，不但不是风险，反而是机会！因为此时人人害怕，而人人害怕的时候肯定就不是风险，否则庄家怎么出货？反而是出了几次利空市场都上涨以后，再有利空时，投资者容易麻痹大意，这个时候利空的累积效应才会出现，下跌也才会开始。因此，我结合老师所讲的内容，在股价跌的时候买了一些。短线的确有一点盈利，不过股价随后出现破位，我在破位点止损出局。

无形：

任何买点都绝对不可能是百分之百成功的，必然会有失败的案例，有失败其实一点也不可怕，只要严格执行止损纪律就可以。我也相信，你现在的学习状况，面对止损应当是很理性的，交易就是有赚有亏，没有只赚不亏，也没有只亏不赚。当然只亏不赚是有前提的，别人都在学习，你却不学习，那不可能赚的。这个市场就是比谁更聪明，比谁更看得懂行情，别人看得懂，你看不懂，自然要把你的钱给赚走。

随后的走势又形成了一个经典的形态你知道是什么吗？

网络培训学员张雪生：

当然知道。老师的每个方法我都记得很深，这是百分之百的托塔天王技术形态。股价调整结束收出了一根涨停大阳线后，随后的调整全部悬浮于涨停价上方，这是最强的技术形态，以前我用老师的这个方法就赚过不少钱。

无形：

股价涨停后调整说明有抛盘涌出，庄家可能不愿意去主动承接，让市场自行消化，按理说抛盘的涌出股价应当跌，但却跌不下来，全在涨停价上方，这说明庄家又想让市场消化抛压，又不想让股价下跌，所以暗中托盘。这可是强势股常见的技术特征。

网络培训学员张雪生：

托塔天王形成后，我在3月24日股价突破高点的时候买进，虽然买了之后并没有马上上涨，但我持股的时候却是非常的坦然，艺高人胆大，有老师这么好的方法在手，还有什么可担心的？托塔天王托的时间越长，庄家所花费的资金就越多，股价未来就会涨得越猛。

无形：

托塔天王的位置有什么说法吗？

网络培训学员张雪生：

这个位置可太好了，它正好出现在大阴线的上方，跟之前的调整位置一样，都是形成强势形态后，在前高点上方震荡。老师曾说过，这是潜伏买点，就像猎豹潜伏下来，一点点的靠近猎物，然后猛地扑上去一样。

无形：

潜伏形态都是在前高点附近出现的，弱一点的在前高点下方附近潜伏着，强的则会在前高点上方潜伏，实战时优先选择在前高点上方潜伏的目标。

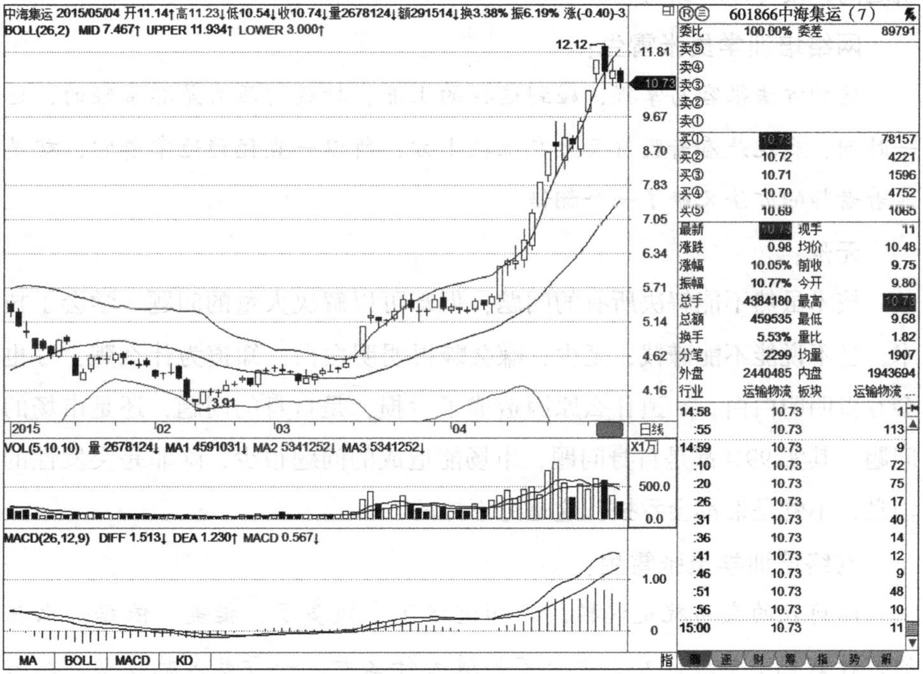

图 6-4　中海集运（601866）2015 年 4 月走势

在图 6-4 中，中海集运的股价在上涨的时候形成了一个很经典的技术形态，你能说一下是什么吗？

网络培训学员张雪生：

这难不倒我。这种形态是龙游九天，超级强势的上涨形态。

无形：

没错。这种形态意味着什么？是用来追涨还是持股的？

网络培训学员张雪生：

这是一种持股的方法，不是买入的方法，要买的话只能是追了。只不过并不是所有的个股都适用，它只适合于超级强势的个股。

无形：

再复习一下龙游九天的技术要点：股价上涨时，K 线全都跑到布林线指标上轨的上方，把原来上轨的压力转变成为支撑。只要股价没有回到上轨之内，便可以一路持仓。

网络培训学员张雪生：

这种方法很容易掌握，碰到这样的上涨，持股的压力是非常轻的，这一时期，我就是看着股价天天在上轨上方，所以一直稳稳地拿着它，就是靠着老师的方法又赚了一个翻倍。

无形：

技术虽然不能解决所有的问题，但却可以解决大量的问题。学会了技术，且不说能不能赚钱，至少，赚会赚得明明白白，知道为什么赚；亏也会亏得明明白白，知道什么原因造成了亏损，是自身的问题，还是市场的问题。其实 99%都是自身问题，市场能造成的问题很少，除非是突发性的消息，不管是谁都会亏损，这是逃不掉的。

网络培训学员张雪生：

以前我的交易就是这样，只知道赚了，钱多了，挺美。依据什么赚的，什么也不知道，亏了更是不知道为什么亏，一亏起来就较劲，结果越亏越多，一赚起来就害怕赚的钱别再没了，就赶紧卖，折腾下来赚少亏多。

无形：

这些情况我也经历过，很多的投资者也正在经历着，但这都是成长的必经之路。

网络培训学员张雪生：

再给老师汇报一下这只个股的最终操作结果。我是在股价回到布林线指标通道内时卖的，第一天回到通道时因为看着是一根小阳线所以没卖，但第二天是根阴线的时候我就马上卖掉了。

无形：

整体处理的卖点还是不错的，只不过加入了一些你个人的做法，用我教的方法，结合自己的经验调整一下是没问题的，但核心的东西可千万不能变。这个卖出点非常完美。

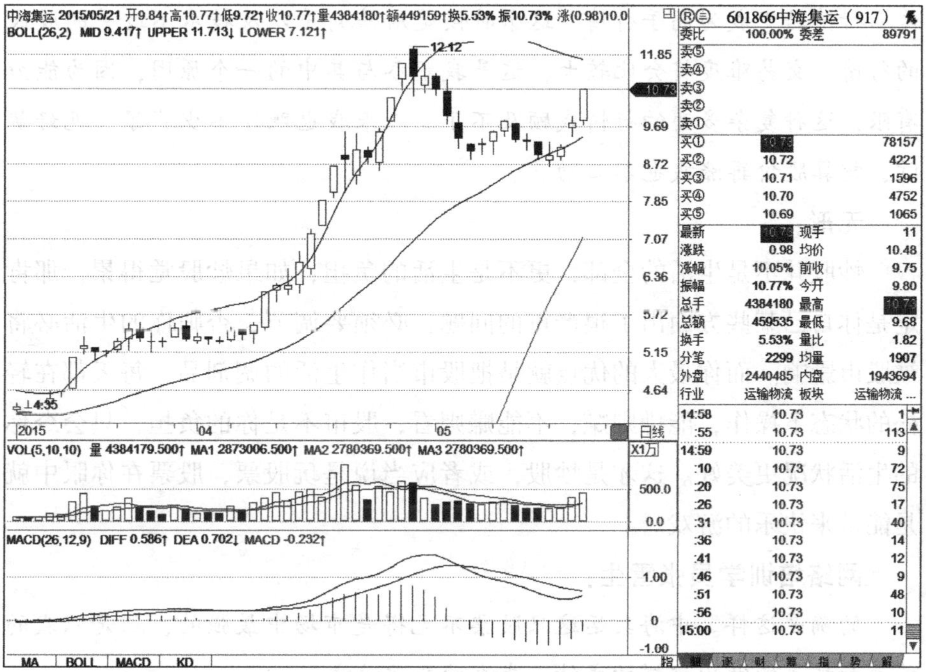

图 6-5 中海集运（601866）2014 年 7—10 月走势

网络培训学员张雪生：

卖出之后，股价果然出现了回落的走势，以前卖了之后股价猛涨，现在绝大多数的情况是卖了之后股价要么下跌，要么原地踏步，继续猛涨的情况很少出现。

无形：

卖出也是一门学问，卖掉之后股价可以涨，但是其涨势也应当是接近末期，也就是不会涨太多。但如果卖掉之后还会涨很多，那肯定是卖出的技巧有问题。

这只个股回落以后又形成了怎样的技术形态呢？

网络培训学员张雪生：

形成了布林线指标逢低买进的形态。股价打到了布林线指标的中轨，可以在中轨价格处逢低买进。虽然我知道这个方法，但是我没有去操作，因为这一轮行情我觉得赚得差不多了，后面的行情就像老师说的：将会由傻瓜行情转变成为高手行情。这个时候是屠杀新手以及技术不过关的股民的行情，交易难度将会比较大，这是我不参与其中的一个原因，因为能力有限，这种复杂多变的行情我顾及不了。二来我也赚了不少钱了，见好就收，就算股价再涨我也不心动。

无形：

炒股并不是生活的全部，更不是生活的负担，如果炒股觉得累，那肯定是你自己某些方面出了很严重的问题，必须要调节，否则你的生活必将被股市影响。而你最大的优点就是把股市当作生活的调剂品，每天都在轻松的状态下操作，能赚则赚，不能赚则看，股市不是你的负担，只会令你的生活状况更美好。这才是炒股，或者应当说是玩股票，股票在你眼中就是能带来快乐的游戏。

网络培训学员张雪生：

的确是这样。中海集运这只股票不见得是市场中最强的，但是以我的能力和技术能做出这样的成绩，我真的非常满意。

第二节 文峰股份案例解析

一对一现场培训学员刘文君：

其实买文峰股份，并不是从股价刚开始起涨时发现的，而是在2014年12月11日晚上选股时选出来的，我把老师教的方法都做成了指标进行选股，节省了不少的精力和时间。文峰股份是根据五日变值的方法选出来的。

无形：

这只个股后期的涨幅巨大，在2015年春节以后，你应该是那一时期学员中收益最高的一个。

好股票自然有它独特的技术特征，文峰股份能涨这么多，它的走势肯定有其他个股所不具备的特征。首先请说一下你日常交易的思路。

一对一现场培训学员刘文君：

我用的是寻找强势股战术。

无形：

强势战术容易捉到大牛股，不过我们也需要清醒的认识，就像老虎、狮子一样，强势股是个股中的王者，而王者的数量是非常少的，所以，这类个股的数量并不多。不过虽然数量少，但它们的特点很突出，非常容易找到它们。当然，还需要记住一点：当前是强势，不代表以后也还是强势，现在是弱势不代表以后就不会强起来。强弱是会随时转换的。

一对一现场培训学员刘文君：

文峰股份就是这样。买进它以后，其实是想着换股，因为它的确看着比较弱，当时中小板创业板都涨疯了，每当想换掉它的时候，它就冒出一根大阳线，于是我就又多等几天，没想到后来一飞冲天。

无形：

这说明这只个股与你有缘，一想换股就出大阳线，是这只个股在挽留你。

图 6-6 文峰股份（601010）2014 年 9—11 月走势

对于文峰股份 2014 年 9—11 月的走势你是怎么看的？

一对一现场培训学员刘文君：

利用老师的五日变值方法选出来文峰股份之后，我对它的走势进行分析。一根涨停大阳线出现之后，股价形成了一段时间的震荡走势，而就是这个震荡让我对它产生了兴趣，因为它差不多震荡了三个月，但是，股价的调整低点却全部在涨停大阳线的上方。

当时我分析是托塔天王，但仔细看看又不是，我认为是一个强势调整的大箱体。

无形：

它的走势的确不是托塔天王，而是整体的强势形态。庄家给出一个板的空间而后去建仓，如果没有庄家在里边，股价不可能在涨停价上方盘着，早就跌下来了。不过这样的走势就自身的走势来说，是有强势特征的，但就当时的整体市场来讲，它没有任何的强势可言。

一对一现场培训学员刘文君：

老师说的这一点我现在明白了。您总结出许多方法，符合这些方法的走势就可以称之为强势，但这种强势只是自身的强势，有可能自身强势就是整体市场的强势，也有可能它只是自身强，跟别的个股一对比，它就不是很强。

无形：

我们要对所有在涨停大阳线收盘价上方震荡的个股进行关注，大多数情况下，这类个股就算不是市场中的王者，也都会有非常不错的表现，并且横的时间越长，说明庄家建仓的量越大，而庄家只有买到了大量的股票，才有能力发动个股的暴涨行情。

一对一现场培训学员刘文君：

同时，股价在震荡的时候，于涨停大阳线上方还形成了一个非常标准的 W 底形态，当时我为了体会老师所说的上升趋势中的 W 底，在第二个低点处试验了一下，不是为了操作，就是为了体验方法，感觉按老师所说的 W 底的方法来做，心里就是比较踏实，比起下跌以后的抄底操作来讲，您的方法的成功率就大很多。

无形：

上升趋势中的 W 底是个股自身强势的一种形态，也是较为多见的形态，对于喜欢进行逢低做多交易的投资者来说，这个交易的方法是必须要掌握的。它的买点可以设置为两个，一个就是传统的买点，突破颈线时介入，另一个是激进的买点，在右侧低点受到支撑时，可以买进，跌破左侧低点止损。

一对一现场培训学员刘文君：

这种个股自身强势的案例还是很多的，好多走牛的个股都会出现这样的调整形态，而且还会有一些相应的变形形态，文峰股份在后期还出现了上升趋势中的 W 底。

图 6-7 文峰股份（601010）2014 年 11 月至 2015 年 2 月走势

一对一现场培训学员刘文君：

在 2014 年 12 月 11 日文峰股份形成了五日变值的走势。我按老师的思路编的指标发出了出击的提示，挨着看个股的时候，发现了它，其实当时有比它走得更强的股票，但不知怎么回事，一看它长时间在涨停板上方横盘，然后股票名字里也有一个文字，就有了好感，可能就是老师说的我与这只股票有缘吧。

无形：

五日变值是一种实战交易过程中非常好用的方法，其技术形态简单，但反映的市场事实却意义重大，死叉形成，股价下跌是很正常的事，但五天内又重新拉回。这是谁拉回去的？肯定不是普通投资者，所以，这样的技术形态暴露了庄家的操作意图。

一对一现场培训学员刘文君：

大的形态有 W 底迹象，小的形态在五日变值出现后又有低点抬高的迹象，所以就买了它。当时为了以防万一，我止损的设置没有按老师的思路设置，按老师思路是指标再翻绿就要止损；我是设在了大 W 底部的右侧低点处，如果跌破这里就出局，不破位就持有，如果破位造成的亏损为 10%，我是可以承受的。

无形：

止损的设置允许大家自行调整，但原则就是形态失败造成的亏损一定要在可承受范围之内。就拿你的止损来说是 10%，有的朋友可能觉得大，这时就可以再调整一下，比如放在五日变值时的低点处。总之只要亏损的预期幅度在可承受范围之内，并严格执行止损纪律，就不会有任何大问题。

同时，止损是在买进时就要设置的，它与开仓价是一起决策的。不能买了之后不设止损，跌下来再设，这可是大错特错的。

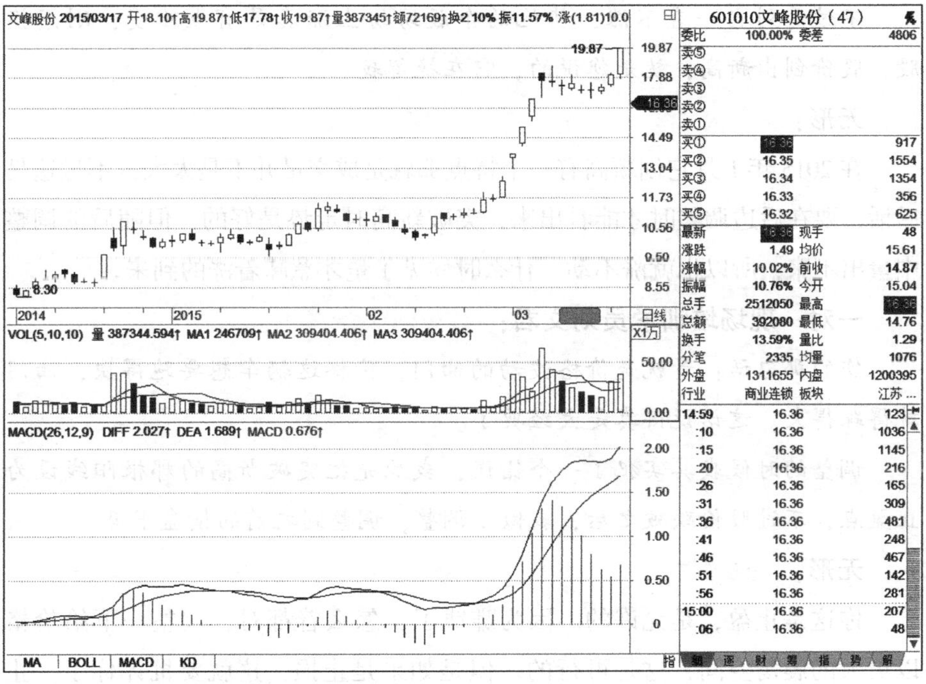

图 6-8 文峰股份（601010）2014 年 9—12 月走势

一对一现场培训学员刘文君：

五日变值出现之后没多久，股价便收出了第一根涨停的大阳线，我一看高兴坏了，认为股价要开始启动，谁知只涨了两三天便又开始调整。当时分析，调整是正常，庄家在这里也需要震仓。可是这一调就是一个多月，可把我折磨坏了。

无形：

股票的交易就是这样。一是比的技术，二是比的心态。我常说：七分心态，三分技术。就算是我，如果心态乱了，也照样连着赔钱，心态一乱，什么技术方法全都会抛到脑后。

一对一现场培训学员刘文君：

涨停之后，我以第一根涨停板的收盘价作为止盈，后来的波动始终没有破位，跟之前的走势完全一样。

不过看到它一直不涨，其他的个股纷纷上涨真是有点难受，刚想换股，股价创出新高，就是您说的，它在挽留我。

无形：

在2015年1月它创新高有一个特点那就是成交量并不是太大，不过这是后话，要在后边调整时才能看出来，突破新高时走势是好的，但随后的调整中量出不来，所以也就涨不动，什么时候见了量才意味着涨的到来。

一对一现场培训学员刘文君：

您的那句话：量就是价格波动的油门，价格这辆车想要跑得快，油门就得踩得大。这话说得真是太经典了。

调整的时候我其实犯了一个错误，我原先把突破新高的那根阳线设为止盈点，不过股价跌破之后，我做了调整，调整到之前的横盘下沿。

无形：

你这是止盈，是允许的。因为赚钱了，怎么着都对，调整一下给价格以更大的震荡空间，这是可行的。但是如果是止损，这就要批评你了。止损位一旦设定，只允许把亏损值调小，而绝对不允许把亏损值设大。这是铁律，绝对不能变更。

当然，也不能因为你后边赚了很多钱就说你什么操作都对。这个位置的处理其实也是有错误的，以后一定要注意避免。否则你设到前箱体下沿，真到了这又不舍得走，是不是还得再调？这调来调去什么时候是个头？

一对一现场培训学员刘文君：

到了2月下旬好日子来了，股价再度形成突破，先是中阳线突破，而后大幅跳空高开并且明显放量，这一下美了，主升浪就要来了。后几天涨停心情真的很爽，总算我没白坚持。

上涨了之后股价调整，我当时的思路是：之前庄家折腾了这么长时间，只涨这几个板还是不够的，所以我就把最后一个涨停板的收盘价设成了止盈，如果破位我就走人，后来股价虽然调整了，但却始终在我的止盈位之上，随后又一根涨停大阳线突破，也验证了我预测的正确性。

无形：

其实这里又犯了一个错误，你预测股价的波动，有了主观的看法，你认为庄家不会只拉一波就算，后边的走势的确是这样。但当时你依据什么技术理由这样预测？是无理由的瞎猜测。我说过的，学习我的方法有一个大忌，那就是预测行情，这是万万要不得的，一切分析必须要以当前的技术为依据。

当然，你把止盈位设在最后一个涨停板处，这是常规的止盈方法，这个技术的细节处理是正确的。

一对一现场培训学员刘文君：

谢谢老师的批评。我知道这样操作的确是不对的，因为以前交易就一直是这样，所以有时也难免会犯预测行情的错误。虽然有了预测的行为，但交易的制度还是严格按您的方法来执行的。

股价涨的时候连串的涨停，而后突破又是以涨停的方式进行，并且创新高时的涨停成交量还很温和，这说明庄家根本没有在这里出货，这个位置并不是顶部区间。

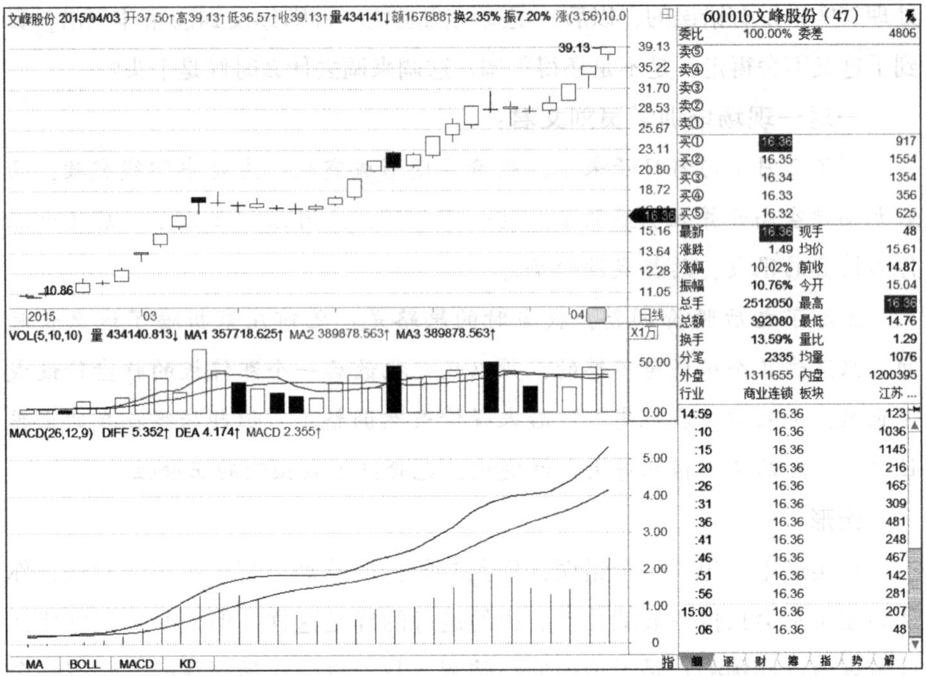

图 6-9 文峰股份（601010）2014 年 9—12 月走势

一对一现场培训学员刘文君：

收出了突破大阳线之后股价继续上涨，这一段时间涨停板随时可见，资金天天都拉大阳线，这要是在参加老师现场培训之前，想都不敢想能赚到这么多钱，并且每一步的交易都有着统一的技术理由。

无形：

在我的交易体系里，我很看重统一的交易理由这个理念，许多投资者进行操作，这次是这个理由买的，下次是另一个理由买的，交易一百次能有一百个理由，这是绝对不行的。正规的做盘，其交易理由必然是高度一致的，也就是说，这些方法都可以不断地复制。如果交易的时候技术理由无法做到统一化，那就说明这些方法不具备复制性，而不具备复制性的方法，也没有必要浪费时间和精力去学习。

这只个股在上涨的过程中出现过大幅震荡的走势，在大阴线和上下影线处你的持仓依据是怎样的？

一对一现场培训学员刘文君：

大阴线出现的时候，的确有些紧张，这是以前交易留下的心理毛病，也请老师理解。但是，此时我制定的交易策略就是以那根突破大阳线的收盘价作为止盈，继续采取一致的交易策略：牺牲一个涨停板的利润空间，来换取有可能更大的收益。

无形：

别说大家见到大跌会担心，我也一样，这一点无须自责，只要是人就绝对不可能面对大跌走势一点感觉都没有，谁要说股价大跌不为所动，这绝对是说假话。只不过新手可能会因为股价压力而不知所措，老手则会稳住心神冷静应对。

在股价上涨的过程中，牺牲一个涨停板的利润，多给股价留出一定的空间让其正常波动，如果庄家还想继续拉高股价，那么，股价的波动必然会在这个合理的范围之内，但如果庄家要出货，那这个空间就肯定不够用。

大阴线的持仓你完全按照培训的教程进行的操作，那上下影线震荡的时候又是如何持仓的？

一对一现场培训学员刘文君：

思路一致。上影线出现时，我用昨天涨停大阳线的收盘价作为止盈位，由于再往前一天股价并没有涨停，所以用涨停价不合适，因此，我就以开盘价作为止盈操作。

无形：

虽然在细节上止盈的设置有所不同，不过，其总体思路大致都一样，从后面的走势来看，牺牲一个板的空间，的确在后期换来了三个板的盈利。

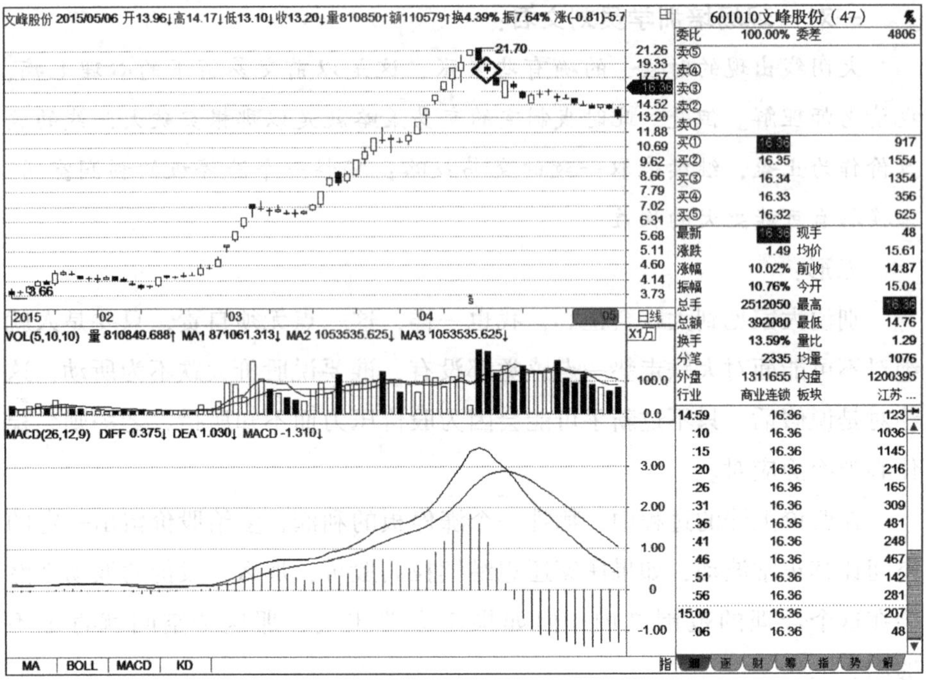

图 6-10　文峰股份（601010）2014 年 9—12 月走势

一对一现场培训学员刘文君：

在股价连续上涨以后，文峰股份要除权了，当时拿不准主意，曾向老师请教了一下，除权的股该如何操作。您当时告诉我，如果庄家继续拉升，就不会因为除权而下跌，同样，如果庄家出货，也不会因为除权而停下来，除权并不是主因。只不过除权以后，股价会变得低了，所以一些不明真相的投资者就会错误地认为股价低的时候应该买进。所以，许多庄家的确是在除权后开始出货操作。

无形：

在实战操作的时候，最好复权来看，而不要除权去看。这样可以使 K 线的走势较为连续，形态不断档才可以更好地进行连续分析。

对于除权的个股可以再教你一个小技巧：以除权当日的 K 线作为参照，如果未来股价在除权第一根 K 线上方波动则可以持有，但如果跌破了除权日的 K 线实体，就需要卖出。

一对一现场培训学员刘文君：

这个技巧您在现场培训时提过，不过我没留心，因为我不做新股所以也没当回事。不过这一次操作文峰股份的时候把这个方法给忘了，要不我就可以在大阴线出现的第一天，文峰股份跌破除权阳线的时候就卖掉，这样就可以把卖点提升10%。老师的方法真是好啊，各种形态都有应对的方法。

无形：

这些都是我实战时总结的方法，以前我操作时也碰到过除权的股，所以对此进行过研究。同时，这个除权的方法我用在期货市场开盘日，也就是期货市场首根K线的用法，也是非常棒的。

接着来说一下你卖出的技术依据吧。

一对一现场培训学员刘文君：

我的卖出依据与之前的持股依据完全一样，将那些螺旋桨K线的收盘价视为止盈位，如果跌破这一天的收盘价我就出局。不过在实际出局的时候也碰到了点小问题，大阴线后第二天股价直接跳空低开，我计划的卖点价格成交不了，看到盘中股价上涨无望我就赶紧全部卖掉。

无形：

应对策略没有问题，碰到股价跳空这就不能按正常的技术来操作，但你有破位就止盈的意识这就足够，毕竟机会是市场给的，市场不给你心目中的出局价，那就赶紧出局，以防价格跳空低开后继续下跌。

一对一现场培训学员刘文君：

虽然没有卖到心目中的价位，但也赚了很多的钱，非常知足。从买进到持股，再到最后的卖点，每一处的细节都看得清清楚楚，交易过程中虽然也会有一些担心，但是与之前整晚都睡不踏实相比，对心态的控制也提高了好多，这才是做股票的快乐所在。

无形：

做股票就要轻轻松松，快快乐乐的，我们是来赚钱的，赚了钱难道不是开心的事吗？所以，如果你不提高自身的交易素质，钱越赚越少的根本问题其实就在自己身上。

第三节

晋西车轴案例解析

网络一对一培训学员李玉群：

晋西车轴是我参加了老师培训后操作的一只从头到尾都明明白白的个股，这也是我从开始炒股到现在不再稀里糊涂交易的第一只股票。虽然跟别的老学员比我的收益不一定是最高的，但对我来说却是最难忘的一见交易的经历。看透一只股票，完全按照老师的技术有理有据地进行交易，而后实现收益，这种感觉真是太美妙了。

无形：

炒股最重要的不仅是获得盈利，更重要的是你是否可以看得懂股价波动时的各种技术信号。不管是买进，还是持股，或是卖出，是否都严格按照技术的要求来进行操作。当你完全按技术来做的时候，完全按当前的数据制订交易计划的时候，股价不管如何波动，你都会看得清清楚楚、赚得明明白白；就算形态失败，也知道亏在了哪里，更知道未来若出现这样的走势该如何应对。

你先来说一下这只个股的选股思路吧。

网络一对一培训学员李玉群：

说起选股非常惭愧，一是跟别的学员相比，我不会编指标，老师教的方法我虽然会用，但是面对好几千只股票，想选出符合老师技术形态的个股，对我来说的确是要费一些劲儿；二是人也上了些年纪，在电脑前一只只股票去翻，身体有些吃不消。所以我采取了一个笨办法，就是多听别的学员在交流什么股票，学员的交易水平都非常不错，他们交流的一些个股，有很多都非常不错，然后我在这些个股中寻出来自己最心仪的股票，再按老师的方法交易。

无形：

选股的方法给你做过培训，不过你由于自身的原因无法使用，这个可以理解。你采用的这个方法很不错，其实我有时做的一些股票也是按照这种方法找到的。现在学员们的交易水平真的很不错，个股走势的好坏他们都看得清清楚楚，并且都是按照我的理念来进行选股，学员们就好像我的选股软件，也的确为我节省了不少选股的时间。

其实你只要掌握了我的方法，就算不去刻意选股，随便挑一只个股然后按这些方法来做，都可以取得不错的成绩。当然，好方法如果配合上好走势收益就可以更高了。

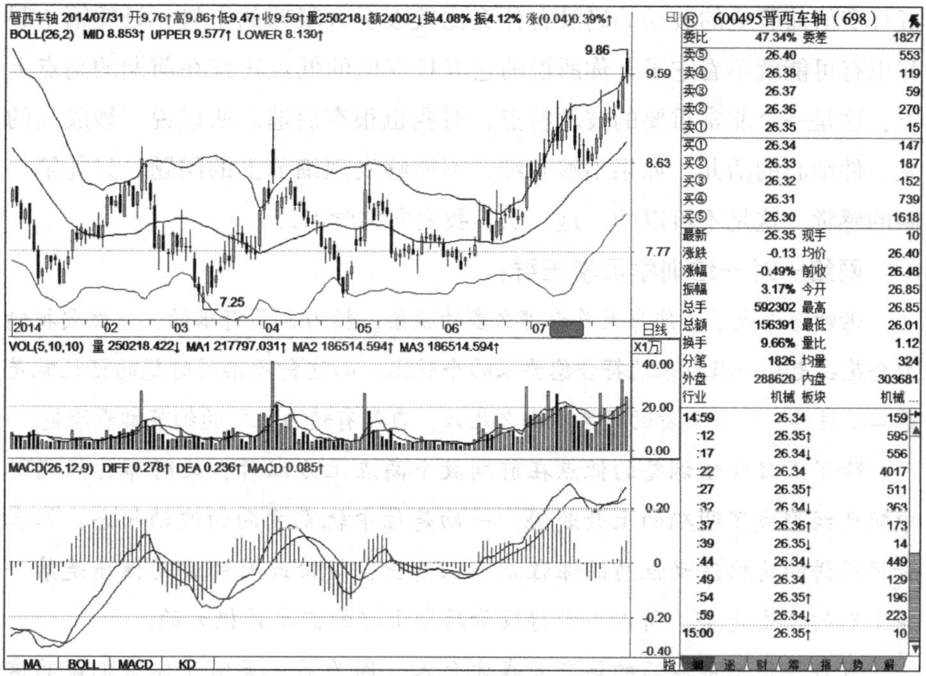

图 6-11 晋西车轴（600495）2014 年 7 月走势

网络一对一培训学员李玉群：

那天听到有学员提示晋西车轴，因为我是山西人，所以对家乡的个股更有好感。然后它又有符合行情的概念，所以我就盯着它了。

当时学员们说它是根据五日变值选出来的，我一看它在 2014 年 7 月的确形成了五日变值的走势。不过学员们说它形成五日变值之前的整体走势并不是太强，之前的走势杂乱无章，当时市场中还有形态更好的股票，所以晋西车轴应当作为备选的对象。我却提出了不同的观点，的确，五日变值前它的形态不强，但强势股都是一步步走强的，也不可能上来就形成强势。而且它形成五日变值时，我分析其调整低点正好在前期的高点上方，我认为这个位置还是比较好的，也正是由于调整低点在前期数个高点的上方，所以我才选了它进行操作。

无形：

你选股时观察的非常细心，如果是我看一眼之后，我可能也放弃了，五日变值前股价的波动的确没有什么比较吸引人眼球的走势，只凭第一眼我也有可能就不看它了。你所说的它五日变值的低点正好在前期的高点上方，这是一个非常重要的技术特点，对我也很有启迪。所以说，炒股真的是一件细心的活儿，如果不够心细，不能够发现细节上的问题，只凭第一眼的感觉，这是不可以的。这一点，我要向你学习。

网络一对一培训学员李玉群：

老师您谦虚了，您每天要看那么多的股票，精力也是有限的，自然要把精力全花在走势一眼看来就符合您要求的个股上。而这种股票用时髦的话说就是第二眼股票，我每天看的股票就那么几只，自然有精力把它的细节都看清楚。

除了五日变值调整的低点在前期数个高点上方以外，此时布林线指标中轨已经形成了明确的上升趋势，一切是往中轨无方向的波动状态，结合老师所讲的价格波动性质的课程就可以看出，股价此时的波动性质是第一轮上涨的攻击走势，所以我觉得股价后期上涨的概率是极大的。

五日变值形成以后的第三天我才介入，因为第一天听了学员们说的这只个股以后，我又花了两天的时间仔细对它进行观察，确定股价的走势都符合老师要求的技术条件后才动手买入。

无形：

如果严格来讲，从发现这只个股形成买点，到确认它的走势是否符合要求，大家完全可以在一个小时内制定出交易的策略。不过你用了两天的时间也跟你的现实情况有关，所以，这两天的时候也不算过分。对于一只可以持续上涨的个股来说，就算这两天一天一个涨停板全错过了，也没有任何关系，股价的上涨也不会就指着这两天的时间。

买进这只个股之后，你的止损是如何设置的？

网络一对一培训学员李玉群：

止损我是严格按照老师所说设置的，一旦买入就必须要设止损，而绝不能等股价跌下来才设。所以，我买进这只个股后，止损是设置在五日变值形成时的调整低点处。我是这样想的，如果跌破这个低点就形成了老师所说的空头形态双降走势，这样的形态如果出现，对多方不利。同时，这个止损点位也差不多是股价跌破布林线指标中轨的位置，所以，止损位的设置符合老师所教的技术内容。

无形：

止损位的设置非常合理。如果跌破你所说的点位，其实是股价又回到了原来的箱体之中，这就会使上升的形态无法延续。同时，你的开仓点距离止损点幅度并不大，就算是全仓杀入，造成的亏损也完全在可承受范围之内，从风险数值的角度来说，止损位的设置也是非常合理的。

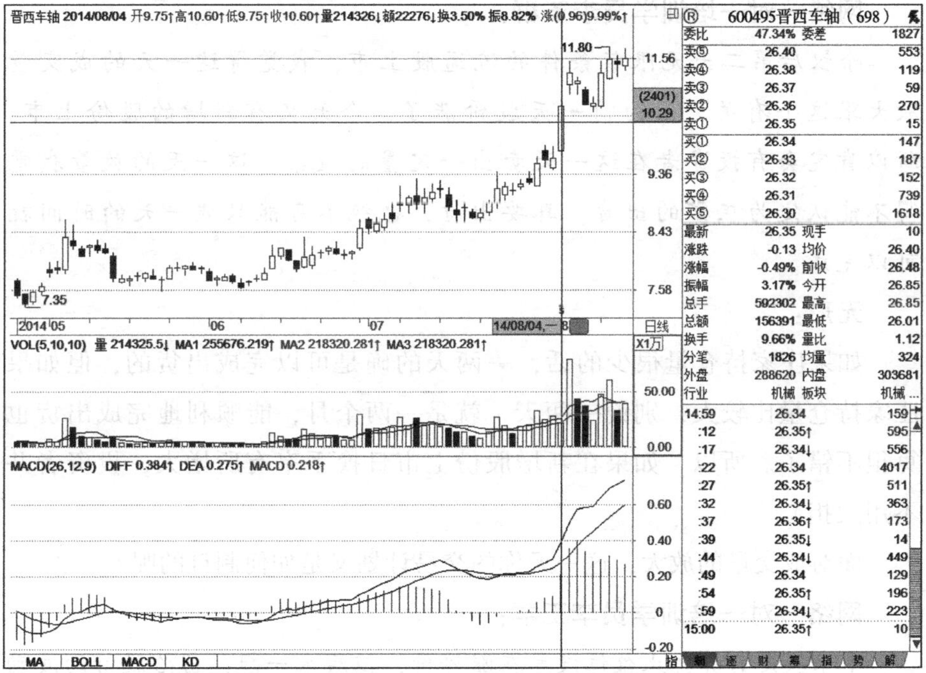

图 6-12　晋西车轴（600495）2014 年 8 月走势

网络一对一培训学员李玉群：

2014 年 8 月 4 日股价除权，而后涨停，这一天我很高兴，不是因为它送股又分红，而是因为这根涨停板居然是无量的。用老师的话说这种无量涨停的 K 线就是黄金 K 线，它意味着庄家根本没有在这个点位进行出货操作。既然这个位置庄家根本不想出货，我决定紧紧跟随庄家的步伐，坚定地进行持股操作。

无形：

许多投资者对除权都非常看重，一旦股价除权就会觉得有什么重大的事情发生一样。所以我要求学员们必须要复权看行情，不管什么股票，如果你复权来看的话，其实你根本找不出哪根 K 线是除权的，这说明什么问题？庄家的交易并不会因为除权而改变，除权仅是公司分配利润的一种方式，而不会因此影响庄家的操作计划。因为面对除权，所有的投资者都是统一的起跑线，所以，不必把除权当回事。

网络一对一培训学员李玉群：

除权后第二天无限售条件的流通股上市，我觉得这一天的成交量放大跟这个有关，因为前一天股价涨了，今天又有新增的股份上市，所以肯定会有投资者在这一天卖出一定量的股票，这一天的放量我觉得不能认定为庄家的出货。真要出货，也绝不可能只凭一天的时间就可以完成。

无形：

如果庄家持仓量很少的话，一两天的确是可以完成出货的，但如果庄家持仓量比较大，别说一两天，就是一两个月，能顺利地完成出货也算很不错了。所以，如果在新增股份上市日换手率有所增大，投资者并不用太担心。

面对成交量的放大，这一天你的交易计划又是如何制订的呢？

网络一对一培训学员李玉群：

本来我是打算把止盈位设置在涨停价，但后来一想，留给股价的波动空间太小，所以，我根据老师大阳线的强势支撑原理，把止盈位设在了涨停阳线实体的三分之一处，如果跌破大阳线的三分之一我就止盈出局。什么时候股价再创新高，我再重新接回来。

无形：

你的止损位设置有理有据，止盈设置也是如此。看来对于止盈止损这方面的知识，我对你可以完全放心了，这一块知识你掌握得非常不错。

在刚买进股票以后的多数情况下，是不会马上产生盈利的，这个时候，就需要先设置止损位，防止价格下跌，保护资金的安全。而当股价有了上涨产生盈利之后，接下来必须要做的事情就是设置止盈位，以此来确保到手的收益不会全部吐给市场。不会止损的投资者，到头来都要付出惨痛的代价，而不会止盈的投资者，到头来都会白忙一场。

网络一对一培训学员李玉群：

股价调整受到了涨停大阳线收盘价支撑后便又涨了回去，完全消化了新增股份上市的压力。如果庄家没能力克服这个压力，那么，股价是不可能回到起点的，而回到起点重新给了高点短线套牢投资者解套的机会，这说明庄家完全做好了准备，同时，这样的走势我认为庄家已经完全有能力掌控股价的涨跌了。

无形：

调整后回原点，这样的走势说明庄家对这一区域的控制能力非常强，不说后面的走势，只是当前的走势，庄家已经达到了想让股价涨，股价就可以涨，想让股价跌，股价就可以跌的控制程度，所以这个点位往往不会是顶部，而是完全可以继续持股的区间。

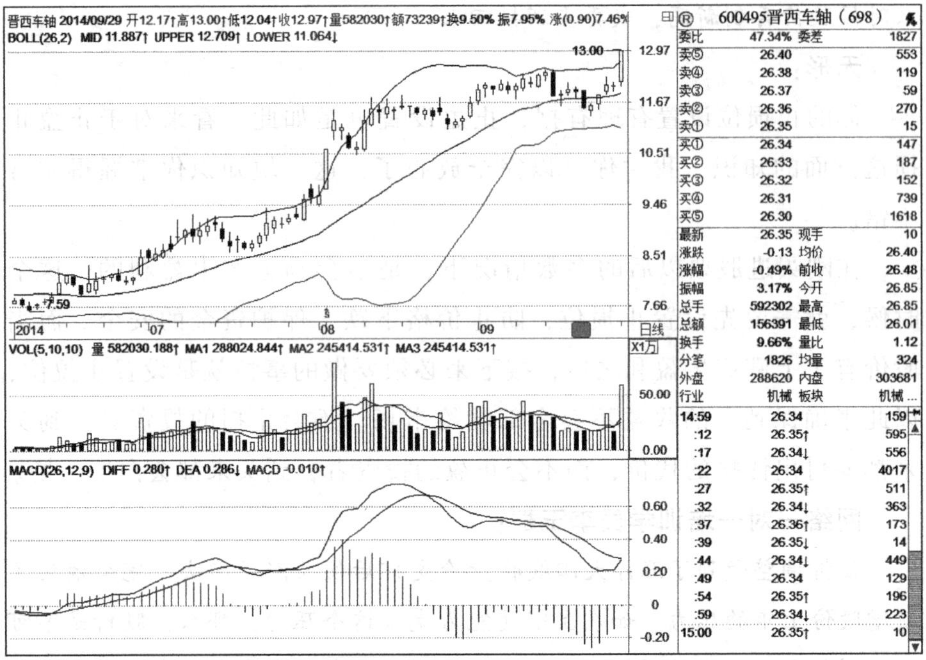

图 6-13　晋西车轴（600495）2014 年 9 月走势

网络一对一培训学员李玉群：

股价吃掉了新增股份上市日的高点后并没有快速拉升，而且又形成了长时间的震荡走势，虽然此时的震荡并不显眼，但我又发现了一个重要的形态：股价的低点纷纷抬高，同时，高点也有所抬高，形成了老师所说的多头双抬走势，这说明股价此时的波动多头依然很好地控制着局面。

无形：

股价的震荡有多种原因，有可能是庄家的建仓工作还没结束，所以，暂时不想让股价涨上去，还想在这一区间多拿一些货。因此，股价在此区间形成明显的多头形态也是有技术理由的。如果庄家不想在这个位置操作，或是择机出货，那么，股价是绝对不可能形成多头形态之双抬走势的。

股价在这一区间没有涨，形成了调整的态势，你的交易策略又是如何的？

网络一对一培训学员李玉群：

8月末，我是以涨停大阳线的收盘价做止盈位的，到了9月中旬，我就直接以布林线指标的下轨进行止损。因为老师讲过，只要布林线指标下轨的支撑存在，那就意味着从指标的角度来讲，多头形态并未破坏，股价还会有进一步上涨的可能。

无形：

这两个调整低点的止盈位设置的非常理想。特别是在布林线指标中轨向上的时候，直接以下轨作为止盈这更是非常不错的选择。只要多头形态确立，布林线指标下轨的支撑作用将会是非常强大的。

网络一对一培训学员李玉群：

股价调整到中轨附近以后，受到了支撑再度上涨并创新高，虽然没有收出涨停板，但是这一天的涨幅为7.46%，也算得上是大阳线。突破以大阳线的方式进行，同时，成交量明显放大，再加上K线顶部布林线指标上轨，所以我觉得这天的走势很有可能就是上涨行情的开始，所以这一天我又加了一些仓。

无形：

你加仓的策略是正确的。其一是有技术依据，其二是在持仓有盈利的情况下进行的加仓，这符合加仓的要求。许多投资者的加仓却不是这样，都是亏了之后企图摊低成本而进行的加仓，结果仓越加越多，亏损也变得越来越大。持仓一旦出现亏损，就意味着市场对之前的判断给出了否定的态度，在持仓方向不对的情况下加仓，进行的则是错上加错的操作，这样的做法必须要摈弃。正确的加仓必须在持仓有盈利，且有技术理由的情况下才可以进行。

增加的这部分仓位你的止损又设置在了哪里？

网络一对一培训学员李玉群：

加仓的止损与之前仓位的止损或止盈不能混为一谈，两份不同价位的持仓，其止损位也是完全独立的。我把加仓的止损设在了这根突破大阳线的开盘价处，如果股价跌破这根大阳线，就说明上涨行情并不会马上开始，股价还要震荡一段时间，因为持仓位较高，所以没必要参与之后的震荡。

无形：

加仓部分的止损位设置合理。如果跌破突破大阳线，股价又回到了之前的震荡形态之中，这肯定不利于后期的上涨，这个位置的止损设置显示出你对止损技巧的掌握已经非常熟练，不管碰到什么样的下跌行情，我相信，相比其他的投资者，你的亏损幅度必然是极其有限的。

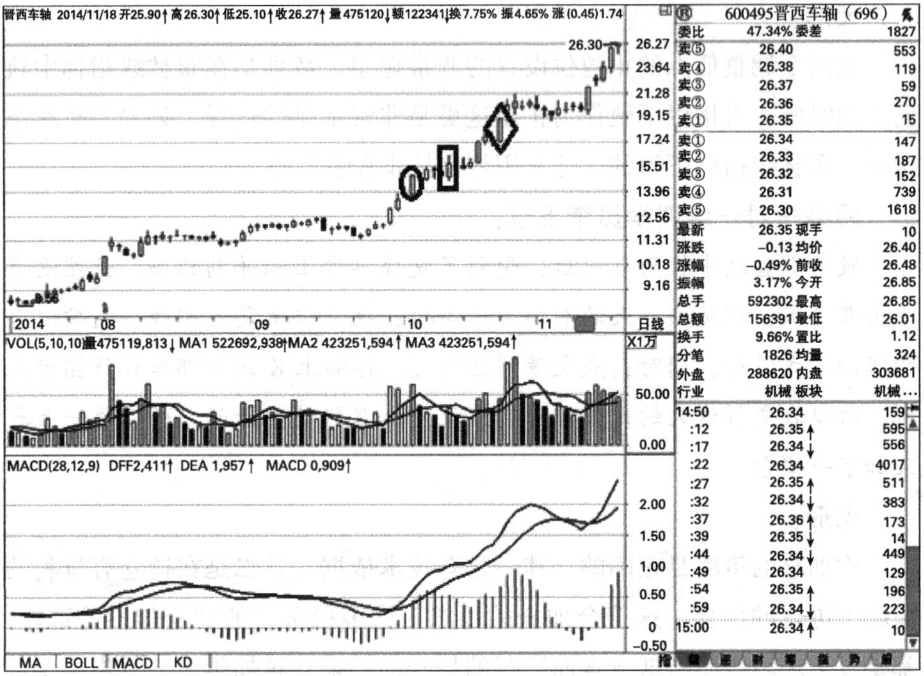

图 6-14　晋西车轴（600495）2014 年 10 月走势

网络一对一培训学员李玉群：

形成了突破大阳线之后，股价在后期的确进入了主升浪的行情，这说明老师的加仓技术是非常棒的。之后股价上涨的过程中，我始终按照老师的 K 线持仓方法牢牢地拿着股票，不知不觉也实现了翻倍的收益。

无形：

如果股价连续收阳线，持仓的时候压力是很小的，但是，一旦调整出现，才是对持仓技术的考验。连拉三根阳线后股价出现了调整，也就是图 6-14 中圆圈处的走势，这个时候你的止盈策略是什么？

网络一对一培训学员李玉群：

此时我的持仓策略是：牺牲一个涨停板，给股价留下足够的波动空间，从而换来更高的收益。此时股价的调整幅度很小，顺利地渡过了调整期。

无形：

在图6-14中，方框处的股价收出根阳线后再度调整，此时又是如何持仓？

网络一对一培训学员李玉群：

我以这一根阳线的开盘价作为止盈位，如果跌破这个位置就出局，一旦跌破股价就会回到调整区间内，这样就会拉长调整的周期，使我对后期的走势无法做出准确的判断，所以有必要先撤出来一下。不过当时分析，调整时成交量萎缩得厉害，这样的走势绝非是庄家的出货行为。

无形：

上涨放量、调整缩量是非常完美的量价配合形态，此时股价上涨的概率将会是极大的。这一区间只要没有破坏形态的走势出现，都应当坚定地进行持股操作。

后面股价再度收出涨停大阳线时你是如何处理的？

网络一对一培训学员李玉群：

按照老师的做法，以跌破大阳线收盘价为止盈位。不过我发现经常有这样的情况：调整中的下影线有时会瞬间击破涨停大阳线。所以，我并没有按老师的持仓方法来做，我是用涨停大阳线的三分之一处进行的止盈，因为我发现调整虽然会击破一下涨停板，但往往不会跌破大阳线上端的三分之一，而一旦跌破往往会引发较长时间的调整。

无形：

你这种做法是非常棒的。不要完全照我说的做，一定要加入个人的观点，大的框架不变，小的细节完全允许学员们根据自身的状况进行调整。你的做法真是值得鼓励。

按这些方法，股价后期的上涨您完全可以一直持有。

网络一对一培训学员李玉群：

老师的这种持仓方法真是非常适合我们这些水平并不是太高，脑子也转得不快的学员使用，既简单又实用。

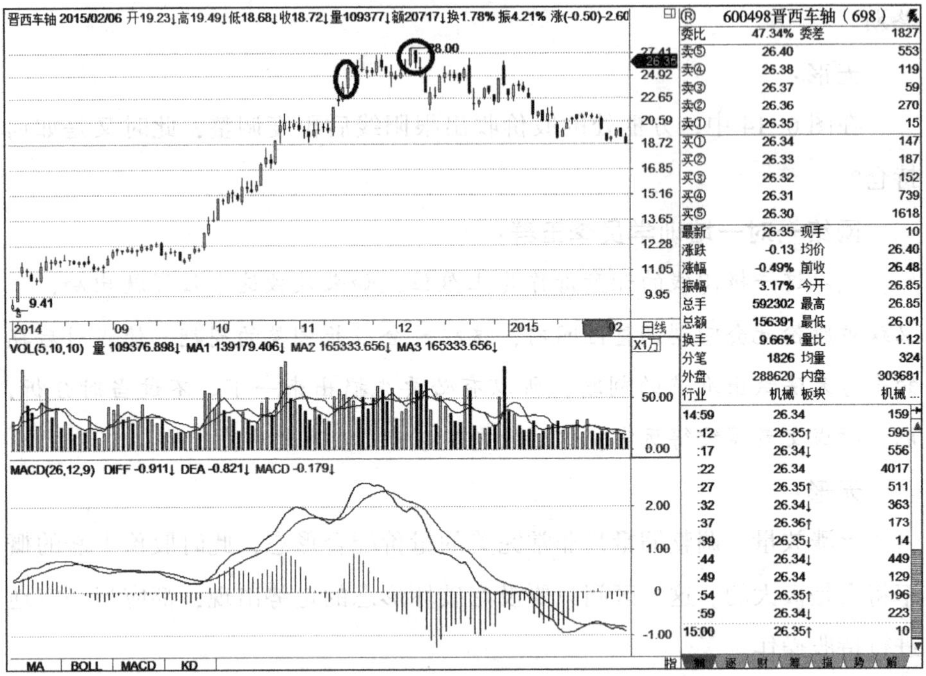

图 6-15　晋西车轴（600495）2014 年 11—12 月走势

股价再度上涨之后，我采取的策略就是继续以大阳线上端实体的三分之一处进行止盈，因为老师曾说过，对于快速上涨的个股来说，它们的日线往往不会破掉昨天的阳线收盘价。但是我进行了调整，只要不跌破大阳线三分之一我就持股，破掉就先减半仓。

在 11 月中旬，最后一根大阳线出现，而后股价跌破了这根阳线的三分之一，所以，我减掉了半仓。减仓后，我把止盈重新调整为跌破这根阳线的开盘价就清仓。而后的震荡，一直在我的止盈位上方，所以继续按兵不动。

无形：

达到第一步的止盈条件减半仓，而后再重新设定一个更低点位的止盈位，留给股价以合理的波动空间，如果再破掉这道止盈便需要离场出局，这就是止盈的二道红线原理。你的做法非常好。这种止盈技巧是中长线持股时必须要掌握的方法。

网络一对一培训学员李玉群：

调整一番之后股价再创新高，由于这根阳线实体并不是很大，所以，我把这根阳线的开盘价设为新的止盈位。第二天，股价的下影线便打破了我的止盈位，于是我就进行了清仓的操作。至清仓，我获得了150%多的收益，虽然这样的收益在当前大牛市的背景下并不算太高，但让我感到欣喜的是每一步的操作都有技术的理由，而没有盲目性的操作，更没有凭着感觉去交易，我觉得这是我自参加学习以来最大的收获，我相信只要坚持用老师的方法来做，别说一个150%的收益，就是10个150%的收益我都能做到。

第四节 太空板业案例解析

一对一现场培训学员陈建强：

我的性格比较急躁，受不了中长线持股的折磨。

清清楚楚记得老师操作的三个要求，您不知道，可把我折磨坏了，行情那么好，您却不让我放开手脚去搏一场。第一个要求是每天看盘，找出你认为强的股票，然后盯着它，不许交易，坚持一个月。第二个要求是从第二个月开始，只允许做一只股票，只允许买100股，这只股票不管涨跌，周一买进周五卖出，中间不允许卖出。第三个条件是买进一只股票，仍然只许买100股，一有盈利马上卖掉，如果亏损则持有，当亏损过到5%时止损卖出，坚持一个月。您说：你能走好这三步再来跟我学习。

无形：

第一个要求我是练你的定力，练你的耐心，因为我知道，依你的性格，你根本不可能做到，一下子由原来想怎么操作就怎么操作，变成天天盯着强势股而不能去买，我深信你过不了这一关。结果我错了，以你的性格居然还真熬过来了。

第二个要求是练你持股的耐心。不让你操作，也许你可以在这一个月中不开电脑，我也不知道你是不是在看盘，而让你买100股的目的，就是让你操作，但只能买一只股票，然后余下的钱都闲着，依你的性格，你闲不住，买了100股股票，马上就会想买另一只股票。没想到的是，你居然又做到了。

第三个要求就是专门不让你盈利，只要赚钱就让你卖，逼着你接受亏损的事实，达到5%止损是练你的执行力。一个投资者不能正视亏损，是不可能成熟的。这一步你完成得也不错。

其实这三个要求是我故意为难你的，真没想到你居然可以做到，并且坚持了三个月，所以我遵守我的诺言教你。

一对一现场培训学员陈建强：

我就知道老师是有办法拯救我的，虽然那三个月是痛苦的煎熬，但是，我慢慢发现，我的心性真的有所收敛，原来不操作并不是那么难受的事，反而有了更多的时间可以理性地思考我以前的错误。

老师根据我的脾气教我的是短线战法，结合分时线进行短线快进快出的交易方式，这样的方法真的是我所喜欢的。

通过七天的学习，在确定自己可以做到老师所要求的行为时，我开始了操作。第一只个股我做的就是太空板业，这也是完全按照老师的要求所操作的第一只个股，我就以这只个股的交易向老师做一个汇报，其中如果有什么错误，也请老师继续批评。

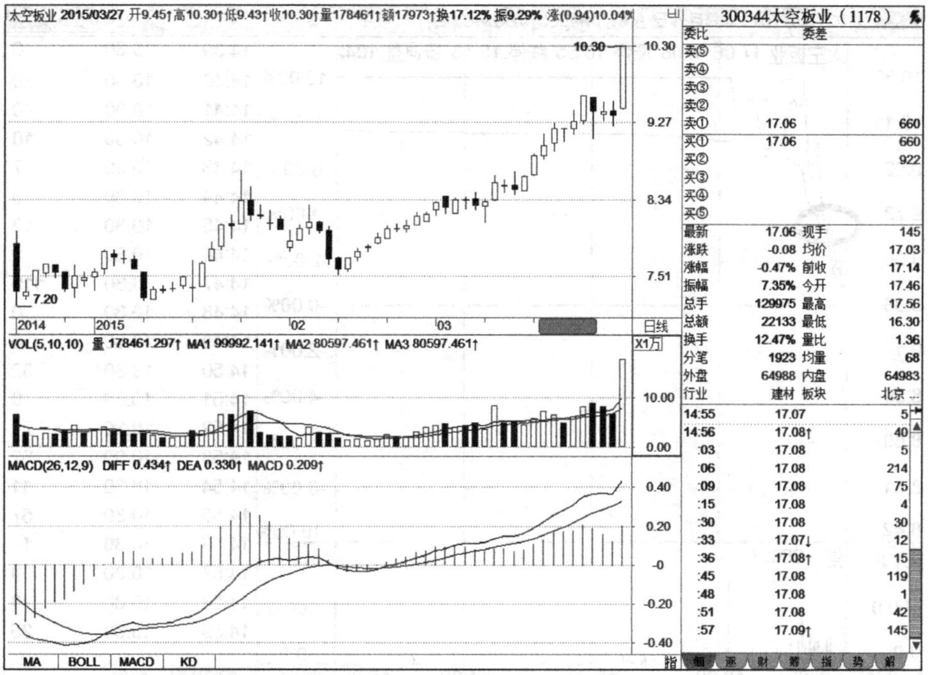

图 6-16 太空板业（300344）2015 年 3 月 27 日走势

一对一现场培训学员陈建强：

太空板业是我依靠老师要求的操作纪律以及老师的技术捉到的有生以来第一个技术性涨停板，以前也碰到过买进就涨停的现象，但那全是凭运气，而不是凭技术。

这一天买进的理由是：个股之前一连串的上阳线上行，随后调整形成了一个高点，而后使用突破方法进行的操作。

无形：

由于你的性格原因，所以我更多的建议你进行突破的操作，一是这种交易成功率比较高，二是就算形态失败亏损的幅度也是比较小的，三是如果形态成功，往往当天便见利，所以非常适合你。

一对一现场培训学员陈建强：

下面结合买入的分时图给老师说一下我的买入理由。

14:39	10.30	0
14:40	10.30	20
14:41	10.30	40
14:42	10.30	10
14:43	10.30	7
14:44	10.30	3
14:45	10.30	13
14:46	10.30	3
14:47	10.30	119
14:48	10.30	0
14:49	10.30	0
14:50	10.30	82
14:51	10.30	0
14:52	10.30	21
14:53	10.30	32
14:54	10.30	11
14:55	10.30	57
14:56	10.30	17
14:57	10.30	0
14:58	10.30	0
14:59	10.30	25

图 6-17 太空板业（300344）2015 年 3 月 27 日分时走势

在图 6-17 中，太空板业突破前的高点价格为 9.62 元，所以，我就盯住了这个价格，2014 年 3 月 27 日，股价盘中一下子跳空了 9.62 元，我当时想急着冲进去买，但想起了老师所说的：如果买点一闪而过，就别急着追，等后面价格调整后，再根据调整的形态介入。所以我就等调整的出现。突破后很快就调整了，调整的时间很短，幅度也很小，符合了老师所说的强势调整形态，所以我就盯死了分时线的突破，价格向上突破了盘中调整高点时我就杀了进去。这个点位不仅突破了日线的新高，也创出了盘中的新高，我觉得买点完全符合老师的要求。

无形：

你的买点非常不错。如果是我也会这样操作。假如 9.62 元能买进就买，买不进，肯定也会在跟你一样的盘中突破位介入。其原因你说的也很棒，突破日线高点后，又形成了强势调整，调整时间短，调整幅度小，这样的走势涨的概率是极大的。

一对一现场培训学员陈建强：

买了以后股价大幅上冲，当时我真是高兴。虽然以前也有过一买就赚的经历，但都是靠蒙的，而现在是靠实打实的技术做到的，所以真是高兴。最终股价在当天封死涨停。

无形：

用成功的方法买入以后，涨的概率是大的，这是我们追求的，但能不能涨停，这是在买点出现时我们不能预测的，因为我们的资金影响不了涨停，只能是庄家说了算。只要买点出现，股价上涨的概率就大，那么，这个买点就值得我们入场进行操作。

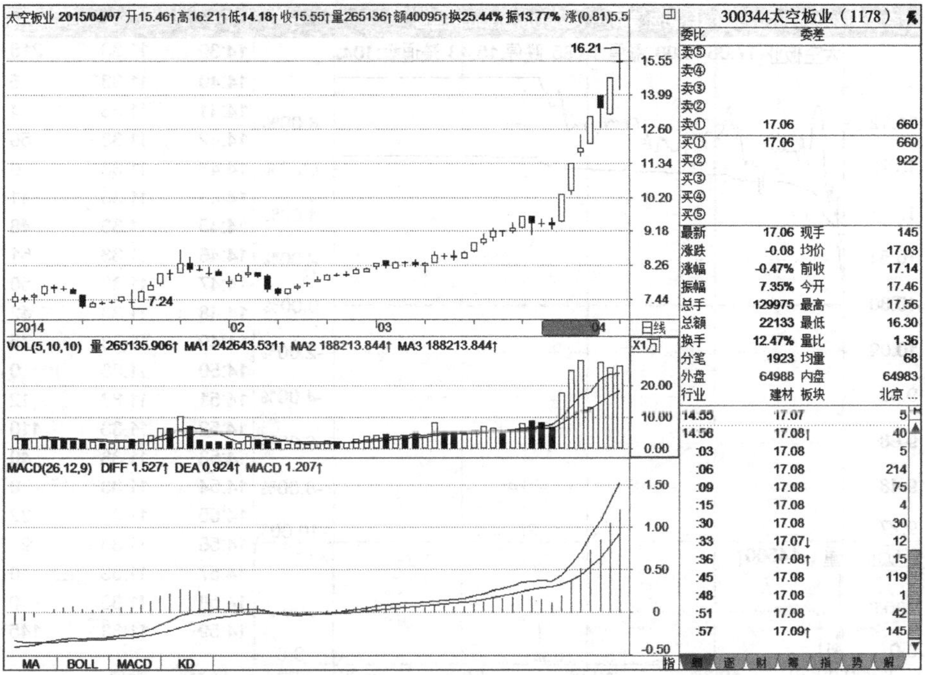

图 6-18 太空板业（300344）2015 年 3 月末至 4 月初走势

一对一现场培训学员陈建强：

买了太空板业以后股价连续上涨，主要的上涨波段我基本上都按老师的方法捉住了，虽然在调整时对一些细节的处理可能不是太理想，但相对我以往的交易，这轮操作简直是太完美了。

无形：

完美的操作是我们的追求，但却不是现实。如果纯按技术做，只能做到百分之七八十的完美，绝对的完美还需要有很多运气的成分在里面。所以，千万不要去追求纯对的完美，只要买进有技术理由，持股有技术理由，卖出有技术理由，这就算是完美的操作。

一对一现场培训学员陈建强：

其实要按老师的日线方法来操作，这只股票可以从启动一直拿到相对的最高点，只不过我的耐心还需要进一步的磨炼。等分时战法做熟练以后，再继续跟老师学习更多的日线操作方法。

图 6-19 太空板业（300344）2015 年 3 月 30 日分时走势

一对一现场培训学员陈建强：

您说过，短线交易就是强则持，见调整则出。所以，股价涨停后第二天我便随时留意着调整是否出现，准备好了随时按技术出局。

不过这一天的走势还比较好，开盘股价便快速上冲，一波上涨后调整，虽然微微跌破均价线，但很快又收了起来，所以，我把这个低点设成止盈位，如果股价再跌破这个低点，我就卖掉，不跌破我就持仓。

无形：

这个盘中的持仓方法很正确。股价上涨后调整，此时留下的第一个调整低点可以作为短线止盈的位置，不破位形成低点抬高，那就说明多头形态依然确立，如果破位，那就说明多头形态暂时消失，就应当在跌破前低点的时候止盈出局。

一对一现场培训学员陈建强：

由于止盈位一直没破，所以就又赚到了一个涨停板。

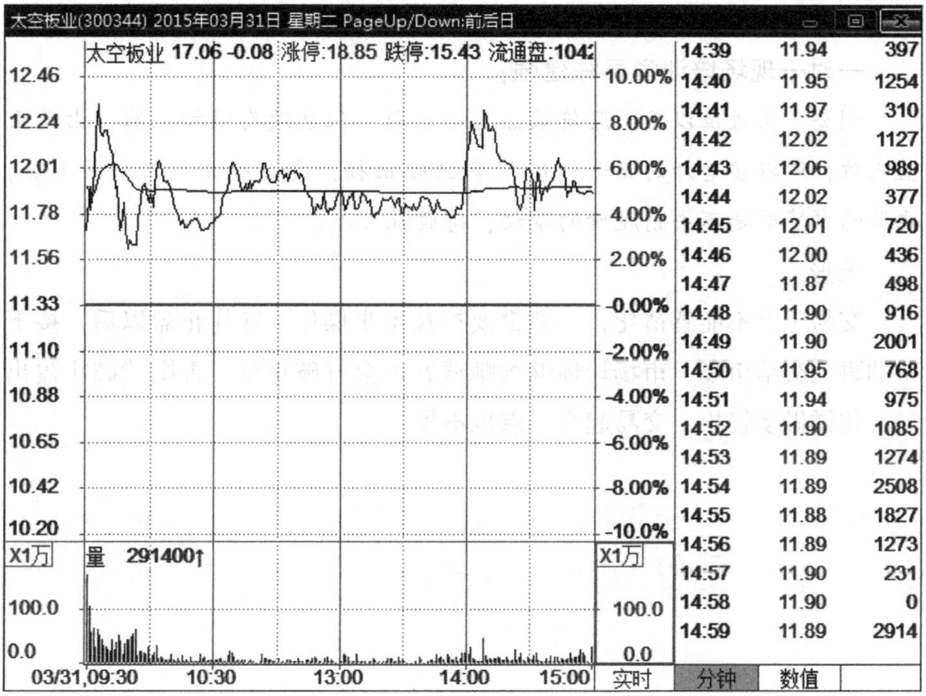

图 6-20 太空板业（300344）2015 年 3 月 31 日分时走势

一对一现场培训学员陈建强：

两个涨停之后股价在 3 月 31 日开盘上冲后便出现了调整，我当时想，涨了两个涨停，就算今天收出根阴线也正常，我该怎样设置止盈位呢？于是想到了老师用涨停大阳线收盘价为止盈的方法。所以这一天我就一直盯着昨天的收盘价。

第一波杀跌后形成了一个低点，我一看，低点高于上一个交易日收盘价，所以我就调整了一下止盈位，把止盈放在了那个开盘后的第一个低点处，其交易的方法与上一个交易日盘中持股的方法完全一样。

无形：

你的这种调整止盈位的方法非常好。第一道止盈位以大阳线涨停价做止盈，这本身就有理由，如果股价继续保持强势，则不会回到涨停价以内，但如果股价走弱，则肯定会跌破涨停价。当你看到股价留了一个调整低点后，把止盈位调整到低点处，提高了盈利的幅度，同时，又有十足的技术理由，这样的做法是非常正确的。

一对一现场培训学员陈建强：

调整了止盈位以后，股价虽然未破止盈，但也没有继续上涨，由于止盈未破，所以按老师的话说：股价要么破止损，要么破止盈，如果不破，要做的事情就是不去猜股价的波动，持股就可以。

无形：

交易千万不能感情化，一切都要按技术来操作。守住止盈以后，接下来的事就交给市场，市场让你继续赚钱就不会打破止盈，否则就破止盈出局，这样做多轻松，交易起来一点也不累。

图 6-21　太空板业（300344）2015 年 4 月 1 日分时走势

一对一现场培训学员陈建强：

掌握了老师的技术以后，4 月 1 日这一天股价的波动就太容易操作了。一开盘股价便快速上涨，虽然有调整，但调整的幅度都不大，持仓没有任何压力。

无形：

这一天的走势非常简单，就算是不学习我的方法，投资者也可以在这样简单的波动形态中一路拿到涨停的。不过也要知道，这种形态极其简单的波动可不是每天都能看到的，多数的波动都是有一定复杂性的，只要掌握了解决这些复杂性波动的技巧，面对简单的形态就更容易了。

一对一现场培训学员陈建强：

短短几天的工夫资金快速膨胀，这样的交易真是有种成功感，赚钱是一种快乐，但赚得明明白白，这才是最大的满足。

图 6-22 太空板业（300344）2015 年 4 月 2 日分时走势

一对一现场培训学员陈建强：

4 月 2 日的走势不是太好，开盘后股价下跌形成了一个低点，而后反弹，于是我把早盘期间的低点作了止盈，因为一旦跌破这个低点，也就意味着跌破了昨天涨停大阳线的收盘价，两个位置正好重合在了一起。

无形：

这个位置的止盈设置的确合理，止盈设好后，接下来的事就是等结果，依然老思路，市场让你继续赚钱，股价就必然不会破位，否则，也就是时候离场了。

一对一现场培训学员陈建强：

这次的低点没有守住，股价随后便跌破了开盘的低点，我一看破位马上进行卖出操作。虽然卖点从当时来看并不是太好，卖出后股价就反弹了，但我一点也不后悔，因为股价的波动满足了我出局的要求。

无形：

以当前数据作为操作依据的原则是正确的，在破位点你所能知道的就是股价破位，至于后面的走势根本没有数据，所以，要做的就是在破位时执行出局的交易计划。从卖出行为来看，你的交易真的成熟了许多。

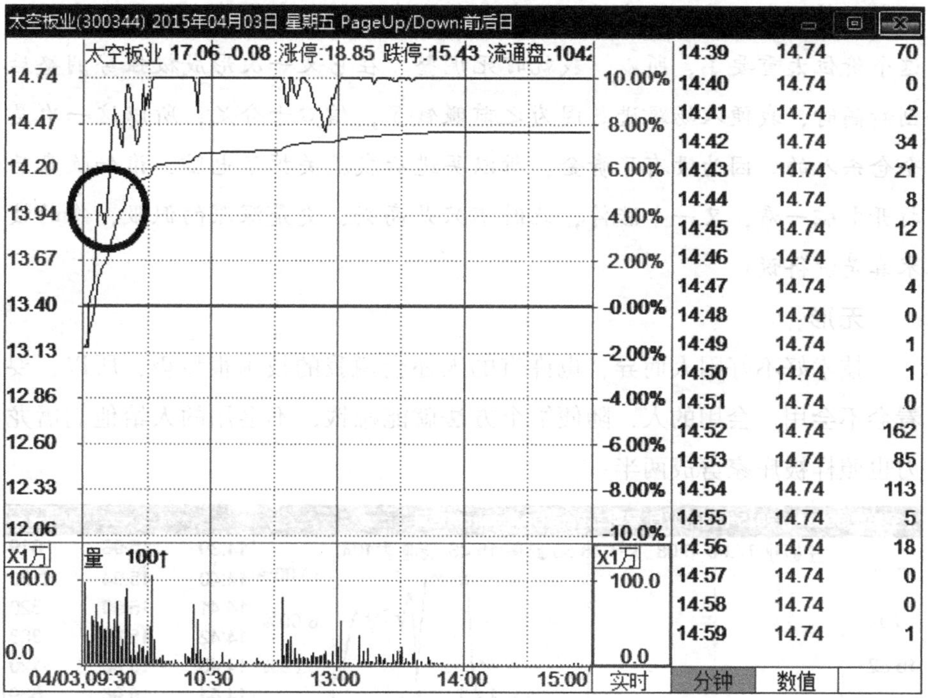

图 6-23 太空板业（300344）2015 年 4 月 3 日分时走势

一对一现场培训学员陈建强：

卖掉这只个股后，原本我想换股再来操作，不过想起了老师说的，强势股就算有调整，也要尽量多观察几天，因为可能还会有交易的机会。所以我继续盯着它，并依据日线的形态，我又重新定下了入场的标准：突破 13.95 元就入场，因为 13.95 元是上一个交易日调整阴线的开盘价，越过这个价格便意味着股价再次形成了突破。

无形：

你的介入理由很对。上一个交易日股价调整了，并留下了最高开盘价，如果后期继续调整，则必然会在上一个交易日最高开盘价下方波动，但如果调整结束则会继续上涨，此时的买入依据与你刚买进股票时的技术依据完全一样。

一对一现场培训学员陈建强：

股价在4月3日一开盘便快速上涨，但在13.95元处便停止了上涨，形成调整，我一看，日线的调整高点与盘中的调整高点基本重合，这说明这个价位太重要了，所以，我就盯死调整。在它又一次形成极强势调整后创新高时，我便入场跟进。因为之前赚钱了，信心十分足，所以这一次是全仓杀入的。因为没有了资金，所以买进后我就关掉了电脑，谁知收盘后打开电脑一看，又一个涨停，此时不只是高兴，更是深深的佩服，您的技术真是没得说！

无形：

技术好不好因人而异，也许有的人还会说我的技术很垃圾，所以，要看会不会用。会用的人，随便给个方法就能赚钱，不会用的人给他们屠龙刀也照样被庄家劈成两半。

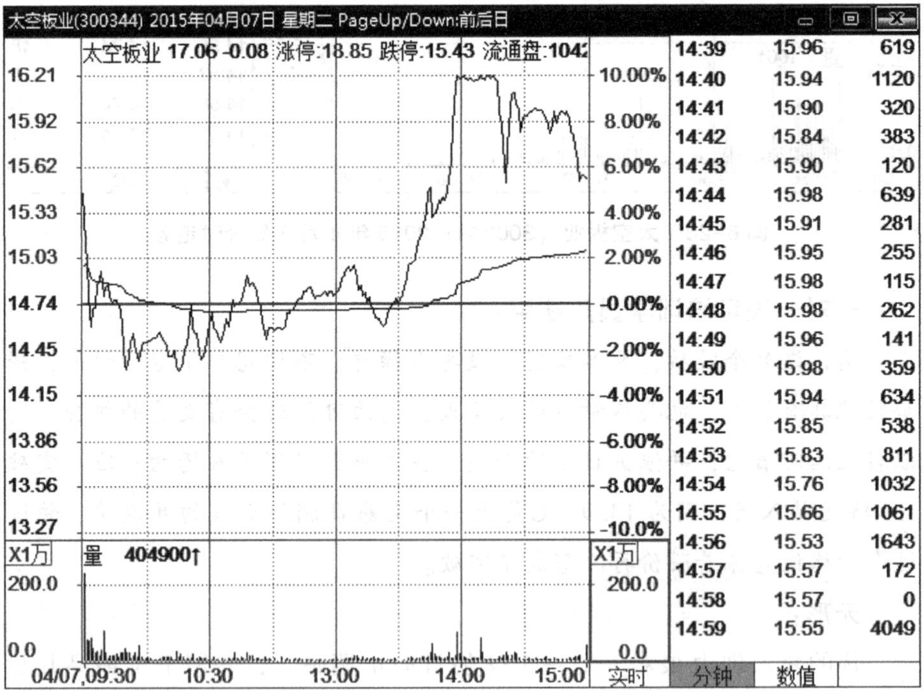

图6-24 太空板业（300344）2015年4月7日分时走势

一对一现场培训学员陈建强：

4月7日一开盘股价便快速下探，当时的计划是破上一个交易日涨停价就卖，不过手慢了一点，等准备卖时，股价反弹了，这时我便把刚才的低点调整成了止盈位。

无形：

手法始终未变，看似一成不变，却解决了许多问题。成功的方法就是这样，需要的就是不断地去复制。

一对一现场培训学员陈建强：

反弹没多久股价便破位，按纪律进行止盈操作。到了下午，我发现股价形成了低点抬高与高点抬高的形态，符合了老师所说的多头形态中的双抬走势，所以在突破早盘新高以后的调整区间又做好了介入的准备。股价一突破小幅调整的高点，再次入场，其操作手法与之前的几次完全一样。

无形：

从分时形态来看，股价震荡，但双抬迹象非常明确，你选择的介入位也非常好，突破前期高点，创下盘中新高，再加上强势的调整形态，所以买点的位置完全正确。

一对一现场培训学员陈建强：

买入之后股价又触及涨停价，但没有封死，最后跌了下来，收盘价跟买入价相差无所。原来买入时设置的止损位是下午的调整低点，但收盘后我想了一下，改为下午开盘后不久的波动高点也就是15元处，我是这样想的：如果股价强，那么，肯定是不会破掉下午15元的那个高点；如果弱，那么肯定会破掉15元，就算设在下午的低点处，也肯定会破掉。这样，还不如以高点作为止损，以求股价必须形成强势的波动。

无形：

止损你做了调整，严格来讲止损是不允许变动的，但你的做法是正确的，把大的止损调小了，这是可以的。但绝对不允许把小的止损调大，这一点一定要坚持！

图 6-25　太空板业（300344）2015 年 4 月 8 日走势

一对一现场培训学员陈建强：

4 月 8 日股价是低开，这是自上涨以后的第一次低点，当时的感觉不是太妙，这么强的上涨，应当继续上攻才对，低开肯定不是好事，可能要调整了。于是我密切关注我上一个交易日设定的 15 元的止损。

开盘后小幅下探而后走出一个弱势反弹的形态，我一看感觉更是不妙，于是在股价破位向下杀跌 15 元的时候就按纪律卖掉。

无形：

进行止损操作一要坚决，二要不悔。止损点出现，就算股价后期涨停，也不要因此而后悔。该买则买，该卖则卖，这是原则，不可动摇，在原则问题面前都动摇的投资者是绝对不可能赚到钱的。

一对一现场培训学员陈建强：

之前的交易挺顺利，这笔交易开始出现亏损。老师说过，要找软柿子捏，那些让你亏钱的股票都是硬柿子，与你相克，不要硬碰硬。所以我觉得既然我开始在太空板业身上亏钱了，虽然只是亏了一点，但这也不是一个好兆头，所以我就打算后期不操作它了，准备换股操作。

无形：

许多投资者就爱和一只个股较劲，在它身上亏的钱必须从它身上赚回来，其实大可不必这样执着。你是赔给了市场，不是赔给了某只个股，市场那么多只股票，从谁身上赚不是赚？

后 记

本轮行情的上涨背景

从2014年7月至笔者完稿的2015年5月，股市出现了一轮暴涨的行情，资本市场迎来了又一轮的牛市。这一轮上涨得益于国家的各项改革和政策，如“一带一路”“互联网+”“中国制造2025”等。这里，笔者想从另一个角度谈一下本轮行情上涨的背景。

股市稳健上涨和控制CPI孰轻孰重？答案很明显，对于任何国家来说，都是控制CPI更为重要。CPI得不到有效控制，会影响到国民经济的稳定和发展。2006年与2007年，股市暴涨，国民经济各个部门和产业的产品和服务的价格都在上涨，资本市场和实体经济的泡沫越来越大，这样的“泡沫繁荣”是不会长久的，一旦泡沫破灭，给股民和国家经济将造成很严重的后果。

本轮牛市，与上一轮牛市明显不同，而且有一个现象：就是国内大宗商品的期货价格在股市上涨的时候纷纷大幅下挫。期货商品价格大幅下行，意味着没有任何通胀压力，而正因为没有通胀的压力，股市的上涨空间才能打开，所以，我们不用担心股市上涨会带动实体经济的价格上涨，从而导致国民经济有通货膨胀的危险。如果现在通胀压力很大，管理层将会出台一系列的政策给经济和市场降温，但是现在除了有针对股市的降温政策外，并没有任何给市场经济降温的举措，反而更多政策都是鼓励经济发展的。

笔者认为，本轮牛市，改革是行情爆发的诱因，而CPI打开了股市上涨的空间。